最新版

JN015158

金正恩時代の
政治・経済・社会・
国際関係

3RD ED. ★
INTRODUCTION TO
NORTH
KOREA

朝鮮入門

礒﨑敦仁 | 澤田克己
慶應義塾大学教授 | 毎日新聞論説委員

東洋経済新報社

はじめに

　北朝鮮では1948年9月の建国以来、金日成、金正日、金正恩という
3代にわたる権力世襲がなされ、今もなお独自の個人支配体制を堅持し
ている。中国やベトナムは社会主義の旗を掲げたまま改革開放路線に転
じたものの、北朝鮮は追随しようとしない。

　冷戦が終結してソ連・東欧の社会主義体制が崩壊した際に、それら諸
国からの支援を失った北朝鮮は苦境に陥った。1994年7月に金日成が死
去した際に日米韓では北朝鮮崩壊論が語られ、金正日が2011年12月に
死去した際には20代後半で権力を継承することとなった金正恩の指導力
を疑問視する見方も強く出された。だが現実には、現在にいたっても体
制崩壊の明確な兆候は見られない。ソ連の歴史は69年間で幕を閉じた
が、北朝鮮はすでに建国から75年を超えた。

　北朝鮮経済の現状や国際的な制裁の効果についても、安易な断定は禁
物である。1990年代後半の「苦難の行軍」では数十万人以上の餓死者を
出す経済危機に見舞われたが、2000年ごろまでには最悪の状況を脱し
た。金正恩政権が核実験とミサイル発射を高い頻度で繰り返した2016、
2017両年には国連安全保障理事会決議に基づく経済制裁が格段に強化さ
れた。核・ミサイルの開発資金を断つために外貨収入源を封じるのはも
ちろんのこと、石油輸入にも厳しい制限をかけるというものであった
が、開発にブレーキがかかったとは言えない。制裁は本来の目的を達成
していないのである。

　新型コロナウイルスの世界的流行にあたって北朝鮮は国境封鎖という
世界で最も厳格な対応を取った。国民生活に大きな影響を及ぼしたこと
は疑いようがないものの、さまざまな兵器の開発は続いた。外貨収入源
を断とうとする制裁には、洋上での「瀬取り」に代表される密輸やサイ

バー犯罪による外貨稼ぎといった手段で対抗している。

　北朝鮮の核・ミサイル開発は北東アジアの安全保障環境における大きな不安定要因となっており、日本や韓国にとっては直接的な脅威である。日本の対北朝鮮政策は核・ミサイル問題と日本人拉致問題の包括的解決を追求するというものであるが、展望が開けない状態が続いている。北朝鮮は、国連加盟国のうち日本が国交を有していない唯一の国家でもある。だが隣国である以上、嫌いだから無視すればいいということにはならない。問題の所在と背景を知り、それに対する処方箋を考えねばならない。

　本書は、北朝鮮がなぜ「理解不能」と思われるような言動をするのか、その論理構造を知るとともに、日米韓中など各国がいかに北朝鮮と向き合ってきたかについて、具体的な出来事の描写と大量のデータで読み解くものである。「理解不能」な国であるからこそ、「崩壊」論のような安易な説明に飛びつくことなく、客観性を保ちながら自ら考えることが求められる。

　私たちは、北朝鮮という国の全体像をバランスよく平易に解説しようとする『LIVE講義 北朝鮮入門』を2010年11月に上梓した。だが、2011年12月に金正日が死去したことで同国を取り巻く状況は大きく変わった。金正恩政権初期の体制が整ったタイミングを捉えて全面的に加筆・修正したのが、2017年1月に上梓した『新版 北朝鮮入門』である。幸いなことに、北朝鮮を知るための「最初の1冊」として多くの読者から好評を得ることができた。本書では、それをさらに全面的に書き換えた。『新版 北朝鮮入門』刊行後の動きを追加するだけでなく、歴史的な背景などを理解しやすくするため章の構成などを含めて一新した。

　この間にも、北朝鮮情勢は大きく動いた。金正恩は2018年6月に史上初の米朝首脳会談を実現させたが、米国との交渉が決裂するとそれまで以上に対決姿勢を鮮明にした。米国との交渉を通じて安保理制裁を解除させようとした姿勢を一転させ、国連制裁の存在を前提に「自力更生」で「正面突破」を図る方針を打ち出したのである。米本土を射程に収める大陸間弾道ミサイル（ICBM）の開発を急ピッチで進め、米軍の動向

を探る偵察衛星の運用などを目標として掲げた。

　さらには、核の先制使用もありうるという強硬姿勢を打ち出した。対外政策においても米中対立が深まると中国に接近し、2022年2月にロシアがウクライナ侵略を始めると露骨にロシア寄りの姿勢を取った。これに対してロシアは2023年9月の朝露首脳会談で、北朝鮮の宇宙開発に協力する姿勢を示すことで応じた。ウクライナ侵略は第2次世界大戦後の世界秩序を揺るがしたが、北朝鮮はそれに便乗して有利なポジションを得ようと動いたのである。

　本書は、大学生や一般読者を想定した北朝鮮に関する網羅的なガイドである。より深く知りたい場合には、巻末の文献リストなどを参考にしてほしい。特に北朝鮮の政治外交通史を知るためには、平岩俊司『北朝鮮：変貌を続ける独裁国家』（中公新書、2013年）や和田春樹『北朝鮮現代史』（岩波新書、2012年）をあわせて読むことをお勧めする。

　本書は、著者の2人が章別に分担執筆するのではなく、すべての内容、記述について幾度も議論を重ねて完成させた。改訂を重ねるたびに内容が充実し、説明もわかりやすくなったものと自負している。その過程においては、政府に所属しているため名前を明らかにできない方を含め、多くの専門家にご協力いただいた。とりわけ北朝鮮情勢分析のスペシャリストである坂井隆氏（元公安調査庁）からは草稿の段階で多くの貴重なご指摘をいただいた。2017年版出版の際には室岡鉄夫氏（防衛省防衛研究所）にご助言をいただいている。著者の能力的にも、時間的制約からもすべてを反映することはできなかったが、本書の完成度を高めることにつながった。深く御礼申し上げたい。もちろん本書の記述に問題があるとすれば、それは著者である2人に帰するものである。

　2024年2月

礒﨑敦仁
澤田克己

目 次

第1部
北朝鮮を知る

第1章
王朝国家・北朝鮮 ··· 2
3代世襲小史

第2章
体制が揺るがない理由 ··· 32
北朝鮮の政治体制

第2部
北朝鮮と世界

第6章
なぜ日本人を拉致したのか ……………148
日朝関係

第7章
対話路線の期待と破綻 ……………176
米朝関係

巻末資料

コラム目次

図・表・年表　目次 ————————————————————————————

凡　例

・北朝鮮の正式国名は朝鮮民主主義人民共和国、韓国は大韓民国であるが、本書では基本的に「北朝鮮」「韓国」と表記する。英語では北朝鮮がDemocratic People's Republic of Korea（DPRK）、韓国はRepublic of Korea（ROK）である。国際会議などで単にKoreaと表記する場合には韓国を指す場合が多く、北朝鮮はDPR KoreaもしくはDPRKと表記するのが一般的となっている。英文ニュースではNorth KoreaとSouth Koreaも使われる。なお使用するのは同一言語であるものの、それぞれ「朝鮮語」「韓国語」と異なる呼び方をする。北朝鮮は平壌、韓国はソウルのことばをそれぞれ標準語の基準としている。

・韓国では北朝鮮のことを「北韓」と呼ぶが、南北対話などの際には「北側」なども使われる。本書では固有名詞に加え、韓国人の発言などでこうした言葉が使われた場合、基本的にそのまま「北韓」などと表記した。

・北朝鮮では韓国のことを「南朝鮮」などと呼んできた。近年は政治的意図を持って違う呼称にすることもあり、本書では基本的に北朝鮮の使用する語を直訳して使用した。

・朝鮮語で「秘書」と呼ぶ朝鮮労働党の役職は、日本での慣習に従って「書記」と訳した。同様に「総秘書」「第1秘書」は、それぞれ「総書記」「第1書記」とした。

・読者の読みやすさを考慮し、新聞・書籍等を引用する際、漢数字を算用数字に改めたものがある。

・公的発表や歴史的事実でなく、特定の情報源に依拠する記述などの場合、脚注もしくは本文中に引用元を付した。

北朝鮮（朝鮮民主主義人民共和国）の概要

面　積	12万3138平方km（朝鮮半島全体の55%、日本の33%）
人　口	約2578万人（2020年、国連統計部）
首　都	平壌（ピョンヤン）
民　族	朝鮮民族
言　語	朝鮮語
略　史	3世紀終わり頃に氏族国家成立。三国時代（4世紀頃〜668年）。統一新羅（676〜935年）。高麗（918〜1392年）。朝鮮（1392〜1910年、1897年10月に国号を大韓帝国と改称）。日本による統治（1910〜1945年）を経て、第2次大戦後、北緯38度以北をソ連が占領。1948年に朝鮮民主主義人民共和国政府樹立。
基本政策（政治）	「金日成・金正日主義」を指導的指針とし、朝鮮労働党の領導の下にすべての活動を行う（憲法第3条・第11条）。
基本政策（経済）	生産手段を国家と共同団体が所有する社会主義的な所有制度と、自力更生路線を標榜する中央集権的な計画経済制度が基本。2002年7月以降、一部に市場経済的手法を導入。2010年以降、対中貿易が大幅に増加。
支配政党	朝鮮労働党（党員約600万人、2021年）
通　貨	ウォン 1ウォン＝約0.168円（2023年、公定レート）、約0.018円（同、実勢レート）
名目国民総所得	36.7兆韓国ウォン＝284億ドル（2022年、韓国銀行推定） 韓国は2193.5兆ウォン＝1兆6732億ドル（2022年、韓国銀行）
1人当たり所得	143万ウォン＝1091ドル（2022年、韓国銀行推定） 韓国は4248.7万ウォン＝3万2409ドル（2022年、韓国銀行）
主要貿易相手国	中国（15.3億ドル、全体の96.7%）、ほかにベトナム、アルゼンチンなど（2022年、大韓貿易投資振興公社＝KOTRA）
軍事支出	軍事支出不明（2023年の「国防費」は「国家予算歳出総額」の15.9%と発表されたが、『防衛白書』の見解は「実際の国防費の一部にすぎない」）
兵　力	陸軍110万人、海軍6万人、空軍11万人、戦略軍1万人（ミリタリーバランス2023推定値）
核・ミサイル問題	2006年10月、2009年5月、2013年2月、2016年1月、9月、2017年9月に核実験を実施。各種のミサイル発射実験を継続。2012年4月改正憲法で「核保有国」であると明記。

（出所）外務省ウェブサイトなどをもとに著者作成。

北朝鮮の国旗

朝鮮労働党の党旗

北朝鮮の地図

（注）平壌市、南浦市、羅先市は道クラスの別格扱い。

第 **1** 部

北朝鮮を知る

第1章

王朝国家・北朝鮮
3代世襲小史

日本を「100年の宿敵」とする背景〈北朝鮮成立前史〉

　北朝鮮の正式国名は「朝鮮民主主義人民共和国」である。朝鮮半島中央部の**北緯38度線**近くを走る**軍事境界線**を境に北半部を実効支配している。南半部は韓国が実効支配するが、互いに島嶼部を含む朝鮮半島全域を自国領だと主張してきた。そのため南北を隔てるのは「国境」ではなく、休戦状態において南北を分ける「軍事境界線」とされてきた[1]。分断は、かつて朝鮮を植民地支配した日本が連合軍に無条件降伏した1945年8月にさかのぼる。植民地支配から解放された朝鮮を38度線で分割し、以北をソ連軍、以南を米軍が分割占領した。

　北朝鮮は日本を「100年の宿敵」「1000年の宿敵」と表現することがある。その背景を知るためには、近代以降の日本と朝鮮の関係を見る必要がある。

　16世紀末に豊臣秀吉の朝鮮出兵[2]があったものの、江戸時代となった17世紀初頭に日本と朝鮮の関係は正常化された。大きな変化に見舞われ

---

1) 金正恩は韓国と同一民族であることを否定する「二つのコリア」路線を取るようになり、2024年1月には韓国との境界について「国境線」という表現を使い始めた。金正恩による対南政策転換は第8章を参照。
2) 文禄・慶長の役。北朝鮮と韓国では当時の干支からそれぞれ「壬辰・丁酉祖国戦争」「壬辰・丁酉倭乱」と呼ぶ。

年表1-1　北朝鮮解放・建国期の動き

	出来事
1945年8月	日本の敗戦。38度線以北はソ連軍、以南は米軍の軍政下に
9月	金日成がソ連から帰国
10月	朝鮮共産党北部朝鮮分局が組織される（金日成が12月に責任書記に） 金日成が初めて平壌市民の前に姿を見せる
1946年5月	北朝鮮共産党と改称
8月	朝鮮新民党を吸収して北朝鮮労働党に改称
1947年2月	北朝鮮臨時人民委員会が名称から「臨時」を外す
1948年2月	朝鮮人民軍を創建
8月	38度線以南で国連監視下の単独選挙（5月）を経て大韓民国（韓国）成立 第1期最高人民会議代議員選挙
9月	朝鮮民主主義人民共和国（北朝鮮）樹立、金日成は首相に
1949年6月	南北の労働党が合流して朝鮮労働党に。金日成は初代中央委員長に
1950年6月	北朝鮮が韓国に侵攻し、朝鮮戦争始まる

たのは19世紀後半のことである。

　明治維新（1868年）を経た日本はいちはやく西洋主導の近代秩序を受け入れたが、中国を中心とする冊封体制に組み込まれていた朝鮮は消極的な姿勢を取った。朝鮮の支配権を争った日清戦争（1894〜1895年）と日露戦争（1904〜1905年）に勝った日本は、1905年の日韓保護条約で大韓帝国から外交権を奪い、1910年には併合条約によって植民地とした[3]。

　第1次世界大戦（1914〜1918年）後に民族自決の機運が世界的に高まったことを受け、朝鮮では1919年3月1日に三・一独立運動が起きた。ソウルでの独立宣言書朗読を契機とし、朝鮮全土で繰り広げられた独立闘争である。武力鎮圧されたものの、上海に結集した朝鮮人の独立運動家は4月に「大韓民国臨時政府」を設立した。臨時政府は国際的に承認されることなく終わったが、韓国の憲法は自国を臨時政府の系譜に連なるものだと位置付けている。

　日本の朝鮮支配は当初、総督に司法・行政・立法の三権を握らせた

3）　植民地とは、本国と異なる法体系によって統治される領土を指す。戦前の日本では、台湾と朝鮮に内地と異なる法体系が適用された。

上、言論・出版や集会、結社の自由を認めないという強権的な「武断政治」であった。だが三・一独立運動の衝撃は大きく、言論の自由などを限定的ながら認める「文化政治」への転換を余儀なくされた。ただ1931年の満州事変以降は再び締めつけを強め、朝鮮も戦時動員体制に組み込まれていった。

　朝鮮は日本の支配下で経済的な近代化を迎え、人口も増加した。それは、西洋列強の植民地だったフィリピンやインド、エジプトなどで19世紀以降に起きたのと同じ現象であった。列強は自国の経済的利益を増大させるために植民地経済の活性化を望み、そのために多額の投資を植民地に注ぎ込むようになった。結果として、財政的には宗主国側の赤字となるのが常態化していた。

　後に北朝鮮の指導者となる金日成（キムイルソン）は、日本の統治が始まった直後の1912年4月15日に生まれた。金日成は少年時代に満州（中国東北地方）に渡り、そこで中国共産党が組織した東北抗日連軍に参加した。その後、満州での抗日パルチザン活動が困難となったためソ連に逃れ、ソ連極東方面軍傘下にある第88特別狙撃旅団の大隊長となった。抗日運動の成果は限定的であったが、日本の植民地支配から脱したばかりの北朝鮮において、「抗日闘争の英雄」というカリスマ性は民心掌握の大きな武器となった。

粛清繰り返した「建国の父」〈金日成の権力掌握〉

　朝鮮半島北部における日本軍の武装解除を担当したソ連軍は、ヨシフ・スターリン政権の信任を受けた朝鮮人共産主義者を重用しながら軍政を敷いた。金日成はそのうちの一人で、1945年9月に朝鮮半島に戻り、ソ連軍政当局の指導下で朝鮮共産党の再建に尽力することとなる。10月に朝鮮共産党北部朝鮮分局が組織され、12月には責任書記となった。10月14日には平壌で開かれたソ連軍歓迎大会において初めて市民の前に姿を見せた。33歳であった[4]。

　現在の朝鮮労働党は、分局の会議が始まった10月10日を創建記念日

1945年10月14日、祖国に凱旋し、ソ連軍歓迎大会に出席した金日成。後方にはソ連軍
幹部が並ぶ。写真提供：コリアメディア／共同通信イメージズ

としている。金日成が組織のトップに立ったことを重視する姿勢を示す
ものといえる。「北部朝鮮分局」という名称が物語るように、当時は南
北分断が長期にわたるとは考えられていなかった。北部朝鮮分局は1946
年5月に北朝鮮共産党と名称を変更し、8月には友好関係にあった朝鮮
新民党を取り込んで**北朝鮮労働党**となった。

　党の体制整備と並行して政府機構の整備も進められた。1947年2月に
は**北朝鮮臨時人民委員会**として活動していた行政機関の名称から「臨時」
が外れ、**北朝鮮人民委員会**となる。さらに1948年2月には**朝鮮人民軍**の
創建が発表され、これにより党、軍、政の3者がそろうこととなった。
なお朝鮮人民軍の創建記念日は金日成政権下で抗日パルチザン活動に関
連する1932年4月25日に変更されたものの、金 正 恩時代になって「正
規軍」発足の2月8日に戻された。政権の歴史解釈に合わせた記念日の
移動は、北朝鮮では珍しくない。

　米ソ対立が激しくなる中、分断は1948年に固定化されることとなっ

4）金正日が後継者として表舞台に登場したのは38歳、金正恩は26歳の時であった。北朝鮮では
　金正日の生年は1942年とされるが、1941年説も根強い。金正恩の生年は公表されていないが、
　米国に亡命した叔母が米紙『ワシントン・ポスト』とのインタビューで、自らの息子（金正恩
　にとっては従兄弟）と同い年の1984年生まれだと証言した。

た。国連の監視下で南朝鮮だけの単独選挙が行われ、8月15日に大韓民国樹立が宣言されたのである。解放まで米国で活動した独立運動家の李承晩が初代の大統領となった。北朝鮮でも最高人民会議（国会）の選挙と憲法制定を経て、9月9日に朝鮮民主主義人民共和国樹立が宣言された。金日成は最高指導者である首相に就任した。李承晩が73歳だったのに対し、金日成は36歳という若さであった。

　金日成の権力基盤が最初から盤石だったわけではない。後ろ盾であるソ連との政策調整が必要なのはもちろん、国内にも多くの政敵を抱えていた。解放から建国にかけての時期には、金日成を中心とした**パルチザン派**のほか、朝鮮民族ながらソ連国籍を有するソ連派、中国共産党の下で抗日闘争を展開した延安派といった有力な派閥が存在した。北朝鮮労働党結党時の委員長は延安派の金枓奉で、金日成は副委員長であった。

　さらに、ソウルを拠点として米軍政下で地下活動を展開した南朝鮮労働党の有力者も次第に平壌へ逃れてきた。彼らは南労党派と呼ばれた。1949年6月に南北の労働党が合流して**朝鮮労働党**となる。金日成はこの時に党中央委員会の初代委員長となるが、党内の有力派閥は残っていた。

朝鮮労働党の前身である北朝鮮共産党の中央庁舎（平壌）は党創建事績館として活用されている。2008年8月撮影

　建国から2年足らずで勃発した朝鮮戦争は、金日成が党内権力を強化する契機となった。北朝鮮では米帝国主義の傘下にある韓国が北朝鮮に侵攻した「北侵」によって始まったとされているため、この戦争は米帝を打ち負かした「**祖国解放戦争**」と呼ばれる。休戦協定に署名した1953年7月27日は「勝利記念日」「戦勝節」である。

　開戦翌日の1950年6月26日に軍事委員長に就任して全権を掌握した金日成は、国内の統率を乱したとして延安派とソ連派の中心人物を粛清した。金日成はその後、南労党派を攻撃した。解放戦争が起これば南朝鮮各地で人民蜂起が起きると南労党派は主張していたのに、実際にはそのような蜂起がなかったと批判した。南労党派の幹部たちは「米帝に雇われたスパイ」「反党宗派分子」として糾弾され、1953年3月には10人に死刑判決が下された。南労党派のリーダーとして党中央委員会副委員長を務め、副首相兼外相の地位にあった朴憲永も1955年12月に死刑となった。朴憲永は、朝鮮戦争開戦を前にモスクワと北京を金日成とともに訪問し、韓国への攻撃について双方から了解を取り付けていた。金日成は、戦争目的を達成できなかった責任を朴憲永ら政敵に押し付けたのである。

　ソ連派と延安派は、後述する「スターリン批判」を背景に1956年8月の党中央委員会8月全員会議[5]で反撃を試みたが、失敗に終わる。両派は金日成の個人崇拝を批判したが、逆に党指導部に対する「宗派的陰謀」「反党的陰謀」を企てた不満勢力として処分された。ソ連派と延安派は事件後にソ連と中国に助けを求めて失地の回復を図ったが、金日成はこの後、1年ほどかけて両派を排除した。さらに、粛清を免れていた一部の南労党派勢力も排除して権力基盤を固めた。

　1967年5月の党中央委員会第4期第15回全員会議では、植民地朝鮮に残って抗日パルチザン活動をしていた甲山派を粛清した。満州などで抗日闘争をした金日成の足場であるパルチザン派に最も近かった派閥の排除にも成功したことになる。その後の北朝鮮では、最高指導者の権力に

5）日本メディアは「総会」と訳すことが多い。

涙は本物だったのか

　1994年7月に金日成主席が死去した時、北朝鮮の人々が大きな声を上げながら涙を流している姿が世界中に伝えられた。泣き方があまりにも激しいので、日本や韓国では「うそ泣きではないか」「泣かないと忠誠心がないと批判されるのではないか」といぶかる声が出た。

　しかし、脱北者の多くは、あの時は本当に悲しかったのだと証言している。北朝鮮の人々にとって、金日成というのは苦しい抗日闘争を闘い抜いた「偉大な」人物である。国民が神のように崇拝していたのは教育・教化の結果であるものの、強いカリスマ性を持った指導者であった。

　ある脱北者は「（経済的に）苦しかった時でも、金日成死去後の3年間の服喪期間中は誰も文句をいわなかった。禁止されたわけではないけれど、首領様の服喪中にはどんなことがあっても我慢するという雰囲気があった」と話した。金日成のカリスマ性を物語るエピソードである。

公然と挑戦するグループの存在は認められなくなった。

　1990年前後の社会主義体制崩壊に伴ってソ連や東欧諸国の外交文書が公開されたことで、金日成時代に関する論争のいくつかには最終的な決着がついた。その1つが朝鮮戦争勃発の経緯である。それまでは北朝鮮の主張する「北侵」説を支持する見解もあったが、ソ連の外交文書によって北朝鮮が奇襲攻撃した「南侵」だったことが明確になった。

権力闘争での勝利〈金正日の権力掌握〉

　金日成が1994年7月8日に死去すると、党書記だった長男の金正日（キムジョンイル）が権力を継承した。金正日は1942年2月16日生まれだとされる。北朝鮮の正史では朝鮮半島北部の白頭山（ペクトゥサン）という霊峰で生まれたことになっているが、実際には現在のハバロフスク周辺でソ連軍に身を寄せていた金日成・金正淑（キムジョンスク）夫妻の間に生まれた。幼少期にはロシア語の名で「ユーラ」と呼ばれていたという。

　金正日への世襲が正式に決まったのは31歳だった1974年のことであ

る。1973年9月の党中央委員会全員会議で党書記に選出されていた金正日は、1974年2月の全員会議で「主体偉業の偉大な継承者」として最高意思決定機関である政治委員会の委員となった[6]。ただし金正日という名前と姿が公にされ、いわば「公式化」されたのは1980年10月の**第6回党大会**であり、それまでは名前の代わりに「**党中央**」というコードネームが『労働新聞』などで使われた。

1980年10月の第6回党大会を祝う夜会に臨む金日成（左）と金正日（右）。写真提供：AFP＝時事

　社会主義国では例のなかった世襲が選択されたのは、ソ連と中国という社会主義陣営における二大国での出来事が強く影響している。モスクワでは1956年2月の第20回ソ連共産党大会で「**スターリン批判**」が起きた。絶対的な権力を振るったスターリンの死から3年経ち、ゲオルギー・マレンコフとの権力闘争に勝利して最高指導者となったニキータ・フルシチョフによって生前のスターリンの暴虐ぶりが暴露されたのである。個人崇拝は否定され、スターリンの権威は地に落ちた。中国では1971年9月、毛沢東の後継者に指名されていた林彪による毛沢東暗殺未遂事件である「**林彪事件**」が起きた。金日成は、この2つの事件を教訓として「**身内への権力継承**」を決心したとみられる（年表1-2）。

　しかし、身内といっても長男に限られるわけではない。弟の**金英柱**^{キムヨンジュ}を後継者として考えた時期もあったとされる。金英柱の名前は、金正日への世襲が決まった翌年の1975年7月を最後にいったん公式報道から消えた。再び公式報道に出てきたのは1993年7月であった。1997年に韓国へ

6）政治委員会はその後、政治局に改称された。

年表1-2　金正日後継決定と国際情勢

	出来事
1956年2月	ソ連でスターリン批判
1961年7月	金正日、朝鮮労働党に入党
1964年4月	金正日、金日成総合大学を卒業して党での活動開始
1965年4月	金正日、金日成のインドネシア訪問に同行
1967年5月	甲山派を粛清。金日成に反対する派閥はなくなる
1971年9月	中国で毛沢東暗殺未遂事件（林彪事件）
1972年10月	金正日、党中央委員に
1973年9月	金正日、党書記（組織指導部・宣伝扇動部担当）に
1974年2月	金正日、党政治委員会委員に。後継者に決定
1980年10月	第6回朝鮮労働党大会で金正日が公の場に初登場

　亡命した党書記の**黄長燁**（ファンジャンヨプ）は、後継指名を受けた金正日が叔父の金英柱を北朝鮮北部・両江道（リャンガンド）の山奥に送り、18年間にわたって軟禁状態に置いたと証言している。この間に権力基盤を盤石なものとして自信をつけた金正日は、金英柱を1993年12月の最高人民会議第9期第6回会議で国家副主席という名誉職に祭り上げた。

　1954年生まれで10歳余り年下の異母弟、**金平一**（キムピョンイル）は「兄である金正日より父に似ており、父のお気に入りだ」といわれていた。青年期に入ると「平一こそ後継者だ」という噂もあったという。だが金平一は、1988年から2019年まで大使などの役職でハンガリーやチェコ、フィンランドなど欧州諸国に駐在することとなった。権力の中枢から遠ざけておくため、30年以上にわたって本国への帰任が許されなかったと見られている。

　一方で金正日は、金日成をたたえる「**記念碑的建造物**」を全国各地に作って孝行息子ぶりをアピールした。記念碑的建造物とは、平壌市内にある主体思想塔（チュチェ）や凱旋門のような巨大建造物を指す。**主体思想塔**は、北朝鮮の統治イデオロギーである「主体思想」を考案した金日成の業績をたたえる高さ170mの石塔である。金日成の70歳の誕生日だった1982年4月15日に除幕式が行われた。塔の基部には、金日成の年齢に合わせて70年×365日＝2万5550個の花崗岩が使われているという。

　主体思想塔より1日早く除幕式が行われた**凱旋門**は、抗日革命闘争に勝利して祖国へ凱旋した金日成の業績をたたえるとして建てられた[7]。1万個以上の花崗岩を使い、高さ60m、間口52.5mに及ぶ。外観はパリの凱旋門を思わせるが、それより10m高く世界一の大きさだとされる。

　金日成は1960年代初めから「人民が瓦屋根の家で白米のご飯と肉のスープを食べ、絹の服を着られるようにする」ことを経済面での目標としていた。記念碑的建造物の総工費は公表されていないが、白米のご飯と肉のスープを目標に掲げざるをえないような国にとって過重な負担であったことは間違いない。だが金正日にとっては、儒教的価値観の残る北朝鮮において金日成と同世代の長老たちを心地よくさせ、自らの権力掌握をスムーズに進めることの方が優先される課題であった。

　権力基盤を固めるうえでは、金正日の芸術的才能も無視できなかった。ハリウッド映画を含む外国映画の一大コレクションを持ち、別荘にまで専用の映写室を作らせる金正日は、巧みな演出家という側面を持っていた。娯楽の少ない北朝鮮では、映画や演劇は思想教育の大切な道具である。

　思想教育というのは、国民の洗脳を意味する。1964年に金日成総合大学を卒業した金正日は朝鮮労働党の組織指導部と宣伝扇動部で活動した。人事を担当する**組織指導部**と思想宣伝を統括する**宣伝扇動部**は党の最重要部署である。金正日は1973年に党組織および宣伝扇動工作担当の党書記になり、名実ともに両部門を統率するようになった。

強調される「白頭の血統」〈金正恩への後継決定〉

　北朝鮮は金日成から金正日へ、そして**金 正 恩**（キムジョンウン）という3世代にわたる世襲を選択した。3代世襲による国家権力の継承は、封建制を否定する社会主義とは相容れない。しかし『労働新聞』などの公式メディアを

7）北朝鮮の正史は、植民地支配からの解放を「対日戦の勝利（によって勝ち取った）」と規定している。

2010年10月、朝鮮労働党創建65周年記念閲兵式に出席した金正日（左）と金正恩（右）。写真提供：共同通信社

使って「革命の血統」や「白頭の血統」を強調する思想教育を徹底してきた結果、北朝鮮国民からは違和感を持たれなくなったとされる。

「白頭」は、朝鮮半島北端で中国との国境に位置する白頭山（中国名「長白山」）である。金日成が1930年代後半から1940年代前半にかけて抗日パルチザン活動の拠点とし、金正日が誕生した地であるというのが公式の歴史となっている。「**白頭の血統**」は、金日成、金正日、金正恩に連なる血統を指す言葉として使われる。より広く金一族を指す場合には、金日成誕生の地とされる万景台の名を使った「**万景台家門**」となる。

金正日が最終的に後継決定を急いだのは、2008年8月に自身が病気で倒れたためだとみられる。北朝鮮当局の依頼を受けて平壌で治療にあたったフランス人医師は後に脳卒中だったと明かした。そして同年末までには、金正恩を後継者とすることが正式に決まったとみられている。金正恩が党中央軍事委員会副委員長という要職に就いて後継者であることを内外に示したのが2010年9月なので、2年間で準備作業が進められたことになる。後継者に決まってから党大会での公開まで6年かけた金正日に比べれば、短い準備期間であった（表1-1）。

表1-1　金正日と金正恩の後継プロセス比較

	金正日国防委員長			金正恩国務委員長
1973年9月	党中央委総会で組織・宣伝担当書記		2008年8月	金正日が脳卒中で倒れる
1974年2月	後継者に決定。「党中央」として活動開始		2008年末	後継者に内定か
1980年10月	第6回党大会で政治局常務委員。公式化（名前を公開）		2010年9月	党中央軍事委副委員長（委員長は金正日）。公式化（名前を公開）
1991年12月	軍最高司令官		2011年12月	金正日死去。直後に軍最高司令官
1992年4月	共和国元帥		2012年4月	金正日を「永遠の総書記」「永遠の国防委員長」にして、自身は新設の党第1書記と国防委員会第1委員長
1993年4月	国防委員長		2012年7月	共和国元帥
1994年7月	金日成死去		2016年5月	新設の党委員長
1997年10月	新設の党総書記（金日成は党中央委員会総書記）		2016年6月	国防委に代えて新設の国務委の委員長
1998年9月	金日成を「永遠の主席」にして主席職廃止。明文規定なしで国防委員長を「国家の最高ポスト」に格上げ			

後継内定から公式化（名前公開）、実際の権力継承までの期間

	公式化まで	権力継承まで
金正日	6年8カ月	20年5カ月
金正恩	約2年	約3年

　金正恩という名前が対外的に明かされたのは2010年9月28日である。朝鮮中央通信が午前1時すぎに「金正日同志が朝鮮人民軍指揮成員たちの軍事称号を引き上げる命令を下達された」という記事を配信した。軍最高司令官である金正日が27日付で発令した将官級人事で、6人を大将に、1人を大将に次ぐ位である上将、6人を中将、27人を少将にそれぞれ任命したという記事であった。『労働新聞』や『民主朝鮮』も28日付の1面トップで報じた。

　記事には、大将になった6人のうち3人の名前が出ていた。金正日の妹である**金慶喜**と、金慶喜の夫である**張成沢**の側近といわれた崔龍

金正恩後継をほのめかした音楽政治

　後継者として金正恩の名前が急浮上したのは2009年1月15日である。韓国の通信社・聯合ニュースが、情報消息筋の話として「金正日の後継者に決まった」と報じた。金正恩の誕生日だった8日に、金正日が党組織指導部に後継指名を盛り込んだ教示を出した、という内容であった（教示は、「お言葉（マルスム）」と同様に最高指導者の言葉を指す）。その後、金正恩後継を示す情報が日本や韓国経由で一気に流れ始めた。

　その時に注目されたのが、「足音」「足取り」を意味する**「パルコルム」**という歌の登場である。北朝鮮には**「音楽政治」**という言葉もあり、音楽や映画が思想宣伝の重要なツールになっている。平壌の町ではいたるところで指導者礼賛など政治的メッセージの込められた歌が聞かれ、重要行事では**「金日成将軍の歌」「金正日将軍の歌」**が国歌とともに流される。

　北朝鮮の公式報道をモニターするラヂオプレス（RP）が、初めて「パルコルム」の存在を確認したのは2009年2月23日に報じられた朝鮮人民軍第264大連合部隊の芸術公演であった。その後、世襲を示唆する言葉が歌詞にあることが確認された。

海、さらに「金正恩」。金正恩の名が北朝鮮の公式報道に出てきたのは初めてであった。

　北朝鮮は「党の最高指導機関選挙」を目的とした**第3回党代表者会**を28日に開くと予告していた。1980年の第6回党大会から30年ぶりに開かれる大規模な党の会議でもあり、金正恩が党の要職に就き、表舞台に出てくると予想されていた。しかし実際には、党代表者会を経ずに前日の軍人事で大将に任命されたのである。

　金正恩は党代表者会で党中央委員に選ばれ、引き続いて開かれた中央委員会全員会議で党中央軍事委員会副委員長に就任した。中央軍事委員会の委員長は金正日である。前日の大将任命に引き続いての党中央軍事委副委員長就任で、後継者であることが明確に示されたと評価できる。金正恩の「公式化」である。

　北朝鮮メディアは2日後、代表者会の後に金正日が党幹部たちと一緒

年表1-3　金正恩の軌跡

	出来事
1984年1月8日	金正日の三男として生まれる。母は高容姫
1996年夏 〜2001年1月	スイスの首都・ベルンの公立校に留学 （学校に顔を出したのは2000年末まで）
2008年8月	金正日が脳卒中で倒れる
年末頃	金正日の後継者に内定
2009年1月	韓国で「金正恩への後継決定」と報道
2010年3月	韓国軍哨戒艦「天安」沈没事件
9月	人民軍大将に 第3回朝鮮労働党代表者会で表舞台に登場（公式化） 党中央軍事委員会副委員長
11月	延坪島砲撃事件
2011年12月	金正日死去 朝鮮人民軍最高司令官に
2012年4月	第4回党代表者会で新設の第1書記に 最高人民会議で新設の国防委員会第1委員長に
7月	共和国元帥に
2013年2月	3回目の核実験
3月	党中央委員会全員会議で「並進路線」を打ち出す
5月	「経済活動に特恵保証」の経済開発区を設置する法律制定
12月	張成沢を処刑
2016年1月	4回目の核実験。北朝鮮は「水爆」と主張
5月	第7回党大会で新設の党委員長に
6月	最高人民会議で新設の国務委員長に
2018年3月	初外遊として中国へ
6月	史上初の米朝首脳会談
2019年4月	最高人民会議代議員から外れる（選挙は3月） 初の施政演説
2021年1月	第8回党大会で総書記に

（注）生年は米国に亡命した叔母の証言による。北朝鮮は公開していない。

に撮った記念写真を配信した。金日成の遺体が安置されている平壌の錦繍山記念宮殿[8]の壁に掲げられた巨大な金日成の肖像画を背に、100人以上の幹部が並んだ記念写真である。最前列中央の椅子に座った金正日から向かって左側2人目に、金正日の服に似た黒いジャンパー姿の若い

8）後に金正日の遺体も安置し、2012年2月に錦繍山太陽宮殿と改称した。

年表1-4　公式化直後から活発に活動を始めた金正恩

	出来事
2010年9月27日	朝鮮人民軍大将に
28日	党中央軍事委員会副委員長に就任し、後継者であることが明確に
30日	写真初公開、金正日と党幹部の記念写真で最前列中央部に
2010年10月5日	朝鮮中央通信、金正日の軍視察に同行したと報道
6日	朝鮮中央通信、金正日の公演視察に同行したと報道
9日	訪朝した中国共産党政治局常務委員、周永康と金正日の会談に同席『労働新聞』、金正恩氏を中央に配した写真を1面に掲載
10日	党創建65周年軍事パレードで各国メディアのカメラの前に登場
11日	中国代表団、金正日との会談に同席した金正恩に贈り物
22日	北朝鮮高官、訪朝した中国代表団に後継者であることを確認
27日	朝鮮中央テレビ、訪朝した中国中央軍事委副主席、郭伯雄と談笑する姿を放送

男性が写っていた。若さと序列から金正恩だと判断された。

　金正恩はこの後、公開の活動を精力的に始めた。金正日の軍部隊視察や公演観覧、劇場視察への同行が写真付きで報じられるようになり、10月9日には訪朝した中国共産党政治局常務委員の周永康と金正日の会談に同席した。この会談については、中国中央テレビが周永康と握手する金正恩の姿をニュースで流した。中国も後継者として認めたという明確なサインである。

　金正恩時代には妹の**金与正**も重要な役割を果たすようになった。2011年12月に金正日の葬儀を取り仕切る金正恩に付き従うように立つ姿が初めて捉えられ、2014年3月の第13期最高人民会議代議員選挙の際に「党中央委員会の責任幹部」の一人として公式報道に登場した。2016年5月に党中央委員、2017年10月には党政治局候補委員となった。思想宣伝を統括する宣伝扇動部や人事を担当する組織指導部の要職を兼ねているとみられた。最高人民会議でも第13期の途中となる2010年代半ばから代議員として活動を始め、2021年9月には国家の最高指導機関である国務委員会の委員となった。

　2020年代になると金与正名義の**談話**が発表され始める。初めて出た2020年3月の談話は、短距離弾道ミサイルを発射したと北朝鮮を批判し

北朝鮮の人名表記は悩ましい

　日本のメディアは金正恩の名を長らく「金正雲（김정운）」と表記していた。2009年秋に『毎日新聞』が入手した内部文書によって、カタカナで表記すると同じ「キムジョンウン」ながらハングル表記は김정은であることが判明したものの、漢字表記はわからなかった。表音文字のハングルでは同じ表記になってしまう漢字に「恩」「銀」「垠」があった。金正恩が2010年9月に表舞台に登場した直後、在日本朝鮮人総聯合会（朝鮮総連）傘下の通信社である朝鮮通信が北朝鮮の国営朝鮮中央通信に漢字表記を問い合わせて「金正恩」であることが判明した。

　金正日についても同様のことがあった。1970年代は「金正一」と表記されてきたが、1980年10月に初めて公式メディアに登場してから「金正日」であることが確認された。どちらも発音は同じである。北朝鮮では日常的に漢字を全く使用しないため、人名表記での混乱は珍しくない。

　金正日の妹であるキム・ギョンヒは「金敬姫」と表記されてきたが、本書は朝鮮中央通信の日本語版サイトにある「金慶喜」を使用する。日韓では金正恩の母親コ・ヨンヒは長らく「高英姫（고영희）」と表記されてきた。しかし、平壌で墓参した藤本健二が墓石に刻まれた2文字目は「엉」ではなく「용」だったと証言しているため、本書ではこれに依拠して相当する漢字を当て「高容姫」とした。ただし「容」は当て字であり、「勇」「踊」なども考えられる。

　た韓国政府を「身の程知らず」と決め付け、米国追従だと非難するものであった。その後、対米メッセージも金与正の談話として出されるようになった。北朝鮮の主張を強く込めたメッセージを米韓両国に対して発信する役割を担っているとみられる。

　金正恩と金与正には**金正哲**（キムジョンチョル）という兄もいる。3人は10代のころ、スイスの首都ベルンで一緒に暮らしながら学校に通っていた。金正哲は政治に関心を持っていないと言われており、2011年2月にシンガポール、2015年5月にロンドンで開かれたギタリスト、エリック・クラプトンのライブなどで目撃されたが、北朝鮮国内で動静が伝えられたことはない。

バスケに熱中した少年時代〈金正恩のスイス留学〉

　金正日の子供のうち、正男、正哲、正恩の息子3人と娘の与正は、小中学生から高校生にかけてスイスなどに留学したことがわかっている。正男は1980年代初めにジュネーブとモスクワ、正哲は1993年から98年までスイスの首都ベルンで、それぞれインターナショナルスクールに通った。正恩は1996年から2001年初めまでベルンに留学したが、インターナショナルスクールに在籍したのは最初の1学期だけで、その後は自宅近くの公立校に移った。与正も1996年から2000年までベルンの公立小学校に在籍した記録が残っている。

　そのうち金正男だけは母親が違う。正恩ら3人は高容姫の子供で、ベルンでは一緒に住んでいた。金正日が子供たちを留学させた理由は不明である。ただ、正男の世話役として同行し、後に西側へ亡命した伯母の成蕙琅は手記で、平壌での金正男の生活について「塀の外の世界と徹底的に隔離された状態」にあったと記している。それは教育的に望ましくないと考え、留学させたということである。日本生まれの高容姫も同じような問題意識を持って、子供たちをスイスに送り出した可能性が考えられる。

　金正恩については、スイスの首都ベルンの公立中学に留学していたことが2009年6月に『毎日新聞』で報じられて明らかになった。その後に日本や韓国、米国のメディアによって留学時代のエピソードが発掘されたため、兄2人や妹の与正より詳細な生活実態が知られている。

　金正恩は1996年夏から2001年初め頃までベルンに留学した。ベルンには兄の金正哲が1993年から留学しており、「パク・チョル」という偽名でベルン・インターナショナルスクールに通っていた。「パク・ウン」という偽名を使った金正恩も最初は同じ学校に通ったが、数カ月で退学した。自宅近くの公立小学校に転校し、その後も、隣接する公立中学校に進学した。

　妹の金与正も同時期にこの公立小に通った。現地教育当局の記録には、金正恩は1985年10月1日生まれで、父親はパク・ヨンスという北朝

スイス留学中の1999年に同級生と一緒に笑顔を見せる金正恩（2段目左端）。

鮮大使館員だと記載されている。3人の両親役は、叔母に当たる高容淑^{コ ヨンスク}とその夫である李剛^{リ ガン}が担っていた。高容淑と李剛夫妻は1998年に、子供たちを連れてベルンから米国へ亡命した。当時、米国政府は金正恩が誰かすら知らなかったという。

　当時も数学教師として在籍していた公立中校長ペーター・ブリらの証言によると、金正恩は自宅から300mほどの学校まで1人で歩いて通っていた。親友だったジョアオ・ミカエロの家を放課後に訪ねる時も、1人で自転車に乗ってやってきて、ミカエロの母親が作った軽食を食べてから一緒に宿題をしたり、テレビゲームをしたりしていた。一方、兄の金正哲は常にボディガードのような少年と一緒に行動していた。金正恩の警護はきわめて手薄であった。

　金正恩はバスケットボールが大好きだったという。ブリは「休み時間はいつもバスケだった。背は高くなかったが、頑丈な体つきで運動神経はよく、バスケ

金正恩がスイス留学中に住んだマンション。兄・正哲、妹・与正も一緒に住んでいた。2009年6月撮影

も上手だった」と振り返る。友人たちも「ゲームを組み立てていく積極的なプレーヤーだった」と証言している。

　ただ、やはり普通の外国人生徒ではなかった。周囲を驚かせたのが、ミカエロを誘って全米バスケットボール協会（NBA）の欧州遠征試合を観戦するためパリまで日帰りしたことである。2人は学校を早退して北朝鮮大使館の車でパリへ向かい、夜の試合を観戦して帰ってきた。ベルンからパリまでは高速道路で6時間程度という距離ではあるが、さすがに「運転手付きの車でパリまで」と校内で話題になったという。

　金正恩は、ミカエロには「北朝鮮の指導者の息子だ」と打ち明けていた。ミカエロが相手にしないでいると、金正日と一緒に写った写真を見せたという。ミカエロには誰だかわからなかったが、後にテレビのニュースで金正日の写真を見て驚いたと述べている。

　ポルトガル出身の移民家庭で育ったミカエロは、『毎日新聞』の取材に「ウン（金正恩）と僕は2人ともドイツ語で苦労していた。席が隣だったということもあるけれど、2人ともドイツ語で苦労していたから仲良くなったのだと思う」と話した。ブリも金正恩について「数学は得意だったが、ドイツ語での調べものが必要な社会科は苦労していた」と振り返っている。

　金正恩は2000年の暮れ、昼休みに職員室を訪れ、担任教師に「あす帰国する」と告げて姿を消した。半年ほど後にベルンを再訪してミカエロとは会っているが、それ以降、長らくベルンでの友人や知人との接触はなかった。しかし、金正恩は北朝鮮の最高指導者になった後、ミカエロを2回平壌に招待して旧交を温めたという。

金正日「先軍」路線からの脱却　〈金正恩の権力掌握〉

　2011年12月17日の金正日死去を受けて、金正恩は30日に**朝鮮人民軍最高司令官**に就任した。2012年4月には憲法を改正して金正日を「永遠の国防委員長」とし、自らは新設の**国防委員会第1委員長**に就いた。金正日は自身が務める国防委員長を国家の「**最高領導者**」だと位置付ける

規定を憲法に盛り込んでいたが、ポストの名称を変えながら引き継いだ形である。同様の理由で、金正日が総書記という肩書きで君臨した朝鮮労働党では**第1書記**という新設ポストに就任した。なお、7月には「共和国元帥」の称号を贈られており、国内では「敬愛する元帥様」と呼ばれるのが一般的である[9]。

　当時の金正恩は20代後半という若さであったため、日米韓などでは、金正日が生前に指名した「後見役」による事実上の集団指導体制になるのではないかという見方もあった。だが金正日の永訣式（葬儀）で金正恩と一緒に霊柩車を囲んだ高官らは次々と排除され、金正恩に権力を集中させる体制作りが急速に進んだ。「事実上のナンバー2」とみられた叔父の張成沢も2013年12月に粛清された。金正日時代から権勢を振るってきた張成沢を大きな波乱なしに粛清できたことは、金正恩が絶対的な権力者としての地位を短期間で確立させていたことを意味する。張成沢粛清の詳細については後述する。

　金正恩の職位は2016年に替わった。党では5月の第7回党大会で新設された委員長、政府では6月の最高人民会議（国会）第13期第4回会議で**国務委員会委員長**に、それぞれ推戴された[10]。国務委員会は、金正日時代に国家の最高指導機関とされた国防委員会に代わる組織として新設された。金正恩の職位はその後も名称変更を重ねているが、どちらにしても絶対的な権力者であることに変わりはない。

　第7回党大会は、1994年7月の金日成死去後に長く続いた「先軍路線」という危機管理体制に終止符を打つものであった。北朝鮮国内の状況は、未曽有の経済難から脱して落ち着きを取り戻した。後継体制の構築を考え始めた金正日も、党が国家を指導する本来の体制に戻そうとしていた。金正恩が後継者として公式の場に出てきた2010年9月の第3回党代表者会で党規約を改正し、党の再建を図ったのである。ソ連型の統治への回帰だといえた。

9）金日成は「**偉大な首領様**」、金正日は「**偉大な将軍様**」が一般的な呼称である。
10）組織の長として人をおしいただくこと。韓国でも一般的に使われる。

　党大会は前回大会からの成果を誇示する場である。金正日が後継者として公式化された1980年の第6回から36年間にわたって党大会が開かれなかった背景には、冷戦末期からの経済的苦境があった。開かなかったのではなく、誇示するような成果がなくて開けなかったと考えるべきであろう。北朝鮮を取り巻く国際情勢は依然として厳しいものの、国内情勢は好転したという判断が第7回党大会開催の背景にあったと考えられる。

　第7回党大会で決められた人事は危機管理体制からの脱却を象徴した。党の中核を担う政治局常務委員は、金正恩以外の4人がすべて党官僚出身者となった（表1-2）。黄 炳 瑞 は軍総政治局長という肩書きだが、もともとは党の中枢である組織指導部の副部長を務めていた。軍に送り込まれたのは金正恩政権になってからである。大幅な入れ替えとなった政治局委員と政治局候補委員の人事も同様で、いずれも軍人は少数であるだけでなく、非軍人よりも低い序列に置かれた[11]。北朝鮮版のシビリアン・コントロール（文民統制）である。

　外相だった李洙墉 が政治局委員、外務次官だった李容浩 が政治局候補委員に入った。その直後、李洙墉は党副委員長兼国際部長に、李容浩は後任の外相に、それぞれ昇格した。党大会の翌月となる6月の最高人民会議では、2人とも国務委員会の委員に選出された。金正恩が、この時点では外交に強い関心を抱いていたことを示していた。国務委員会は国防委員会を引き継いだものだが、国防委員会に名を連ねていた軍人たちの多くは国務委員に選ばれなかっ

表1-2　朝鮮労働党第7回党大会で選出された
**　　　　政治局常務委員**

	主な肩書き
金正恩	党委員長、党中央軍事委員会委員長、国務委員長
金永南	最高人民会議常任委員会委員長
黄炳瑞	朝鮮人民軍総政治局長、国務委員会副委員長
朴奉珠	内閣総理、国務委員会副委員長
崔龍海	党中央委員会副委員長、国務委員会副委員長

11）日本メディアは通常、政治局委員を「政治局員」、政治局候補委員を「政治局員候補」と訳している。

た。

　金正恩が党大会で3時間以上にわたって読み上げた事業総括報告でも、金正日の路線と一線を画す姿勢が明確に示された。金正日時代を象徴する「強盛大国」「強盛国家」という言葉は1回も使われなかった。その一方、党大会で改正された党規約には金正恩政権が重視する「並進路線」が明記された。経済建設と核開発を同時に進めるという並進路線は、2013年3月の党中央委員会全員会議で打ち出されたものである。

■強調される「革命のバトン」〈金正恩の後継問題〉

　金正恩は自らの家族を国民に見せており、この姿勢は父とは異なる。金正日時代にも妹の金慶喜や、その夫である張成沢が重用されたものの、国営メディアで動静が報じられるのは党や政府の高位に就いている人物としてであり、金正日の親族だからではなかった。金日成の妻である金正淑も同様で、抗日パルチザン闘争を夫と共に戦った英雄と位置付けられていた。

　このような特徴は、金正恩が2011年末に権力を継承した直後から見られた。2012年7月に北朝鮮の国営メディアが金正恩の現地指導に同行する若い女性の姿を伝えるようになり、同月末に夫人の**李雪主**だということが明かされたのである。平壌市内にできた綾羅人民遊園地の完工式に金正恩が夫人同伴で出席したというニュースで、金正恩の腕を取って一緒に歩く李雪主の写真が朝鮮中央通信によって世界に配信された。

　李雪主はその後もたびたび金正恩の現地指導などに同行し、腕を組む仲むつまじい姿をアピールした。2018年3月の金正恩訪中に同行した際や、9月に韓国大統領の文在寅が平壌を訪問した際には、昼食会や晩餐会で相手方の夫人と席を並べるなどファーストレディーとしての役割を務めた。金正恩の母である高容姫が北朝鮮メディアに全く出てこなかったのと好対照をなしている。

　2022年11月には娘の存在も公開された。新型の大陸間弾道ミサイル（ICBM）「火星17型」を試射した際、金正恩と一緒に娘が姿を見せたの

平壌市内の綾羅人民遊園地を訪れた金正恩の腕を取って一緒に歩く夫人の李雪主。
2012年7月に朝鮮中央通信が公開した。写真提供：朝鮮通信＝時事

である。北朝鮮メディアは「愛するお子さまと女史」も試射に立ち会っ
たと報じた。「女史」は李雪主を指すが、娘のほうを先に紹介したこと
が特徴的であった[12]。白い上着と赤い靴を身につけ、ポニーテールの長
い髪を青いリボンでくくった少女が、金正恩と手をつないでミサイルの
前を歩いたり、両親の間で笑顔を見せたりする写真が公開された。

　少女はその後もさまざまな場に金正恩とともに姿を見せるようになっ
た。2023年2月には朝鮮人民軍創建75周年を祝う閲兵式（軍事パレー
ド）を観覧する雛壇に姿を見せた。少女の呼び方は当初の「愛するお子
さま」に加えて「尊貴であられるお子さま」が使われていたが、閲兵式
では「尊敬するお子さま」に変わった。「尊敬する」という修飾語は、
後継者として登場した時期の金正恩や、2018年に文在寅の夫人を接遇し
た李雪主などに使われてきたが、金正恩の妹である金与正には使われた
ことがない。

　閲兵式には李雪主も出席したが、雛壇に並ぶ椅子は娘のほうが立派で
あった。前日に開催された「記念宴会」では娘が宴席の中心に座り、両
親が彼女をはさんで着席する写真が報じられた。最高指導者にまつわる

12)「女史」は、韓国でも大統領夫人に対する敬称として使われる。

2023年2月の朝鮮人民軍創建75周年記念閲兵式に出席した金正恩と「お子さま」。写真
提供：朝鮮通信＝時事

北朝鮮の報道写真は緻密な計算の下で撮影され、公開される。写真は、娘の存在をアピールしようとするものであった。

　少女は10歳前後だと推定された。幼い娘の存在が公開された理由は不明だが、何らかの意図があるのは確実である。金正恩時代に入ってから、北朝鮮では「白頭の血統」に加えて「革命のバトン」という言葉も頻繁に使われるようになった。娘の公開は、何らかの形で後継問題に関係していると考えるのが自然な解釈であろう。

　ただし、金正恩の家族構成の全体像が明かされていないことには注意しなければならない。韓国の情報機関である国家情報院は、少女の姿が公開された際に第2子だと推測した。長子は男、第3子は性別不詳だとされる。娘の名前と関連しては、米国の元プロバスケットボール選手の**デニス・ロッドマン**の証言が注目された。金正恩に招かれて2013年9月に訪朝した際、「**キム・ジュエ**」という名前の娘に会ったというものである。ただ朝鮮語を解さないロッドマンがその名を正確に聞き取れたかを含め、不明な点は多い。北朝鮮が公式に発表するまで、この問題について断定的に語ることは難しいだろう。

金ファミリーの人物情報

金日成：キム・イルソン。1912年4月15日生まれ。日本の植民地支配に抵抗する抗日パルチザン出身で、1948年の北朝鮮建国時に政府の「首席」である首相に就任。1972年憲法改正で新設の主席に。1994年7月8日死去時には主席、党中央委総書記、党中央軍事委員長、共和国大元帥。遺体は錦繍山太陽宮殿に安置されている。**「偉大な首領様」**。死後制定された「主体年号」で生年が元年とされ、誕生日は**「太陽節」**とされた。

金正日：キム・ジョンイル。1942年2月16日ロシア・ハバロフスク近郊生まれ。1941年生まれという説もある。北朝鮮の正史では中朝国境の聖地・白頭山にあった抗日パルチザン密営で生まれたとされる。1974年に金日成の後継者として党政治委員（現在の政治局委員）に。1980年第6回党大会で政治局常務委員などの要職に就いて公開の場に初めて登場。1991年軍最高司令官、93年国防委員長。94年金日成死去から3年間の服喪を経て97年党総書記。国防委員長を国家の最高指導者とする先軍政治を展開した。金日成死去までの呼称は「親愛なる指導者同志」、その後は**「偉大な将軍様」**。2011年12月17日死去後に「永遠の総書記」「永遠の国防委員長」、共和国大元帥。誕生日は**「光明星節」**とされた。

金正恩：キム・ジョンウン。1984年1月8日生まれ。兄に金正哲、妹に金与正、異母兄に金正男。1996年夏から2001年初めまで、スイス・ベルンの公立小中学校などで学んだ。バスケットボールと漫画を好んだ。学校の授業はスイス・ドイツ語で行われる。入学時に習熟度別で一番下のクラスに入った英語は次の学期からは中級クラスになり、成績も平均以上だった。本来は必修のフランス語は履修が免除された。数学や美術、体育、家庭科は好成績だが、理科と社会は苦手。スイスからの帰国後は軍関係の経歴を積んだとされる。2010年9月朝鮮人民軍大将。この人事で初めて公式報道に登場した。同月に党中央委員、党中央軍事委副委員長に就任し、金正日の後継者であることが明確となった。2011年12月の金正日死去で権力を継承。同月軍最高司令官、2012年4月党代表者会で新設の党第1書記に。金正日は「永遠の総書記」とした。同月の最高人民会議で新設の国防委員会第1委員長。7月共和国元帥。2016年5月第7回党大会で新設の党委員長、6月最高人民会議で国防委第1委員長に代わって新設された国務委員長。2021

年1月第8回党大会で新設の党総書記。**「敬愛する元帥様」**。

金正哲：キム・ジョンチョル。1981年9月25日、金正日と高容姫の第1子として誕生。金正日にとっては二男となる。金正恩の実兄。公の役職は公表されていない。1993年から98年までスイス・ベルンに留学。近年はシンガポールや英国などでのエリック・クラプトンのコンサートで目撃されている。

金与正：キム・ヨジョン。1987年9月26日生まれ。金正恩の妹。1990年代にスイス・ベルンの公立小学校で学ぶ。2011年12月金正日死去の際、公開の場に初めて登場。2014年3月から公式報道に名前が出るようになり、9月には党第1副部長より格上に。2016年5月第7回党大会で中央委員。6月最高人民会議では代議員になっていることが確認された。2018年2月に韓国で開催された平昌冬季五輪開会式に出席し、その後も米韓に対するメッセージを自らの名義で発している。

李雪主：リ・ソルチュ。金正恩の妻。1989年生まれといわれる。2012年7月以降、北朝鮮メディアが金正恩とともにいる姿を報じるようになった。金正恩が首脳外交を展開した2018年以降、首脳晩餐会に同席する姿が見られる。

金主愛？：キム・ジュエ。金正恩・李雪主夫妻の娘。2022年11月に新型の大陸間弾道ミサイル（ICBM）を試射した際、金正恩と一緒に立ち会う姿が初めて公開された。北朝鮮メディアは当初、「愛するお子さま」と伝えたが、3カ月後には**「尊敬するお子さま」**との呼称も使われはじめた。2024年1月時点で、名前は公開されていない。韓国の国家情報院は、金正恩夫妻の第2子であると推定。第1子は男児で、性別不詳の第3子もいるとされるが、未確認情報にとどまっている。2013年9月に金正恩の招きで訪朝した米国の元プロバスケットボール選手、デニス・ロッドマンが「ジュエ」という金正恩の娘に会ったと語っていることから、この名前である可能性もある。

高容姫：コ・ヨンヒ。1950年6月26日生まれ。大阪市生野区で在日朝鮮人として生まれ、1961年に在日朝鮮人帰国事業で家族と北朝鮮へ。金正日総書記の事実上の正妻として、正哲、正恩、与正という2男1女をもうけた。2004年5月に死去。「容」の漢字表記は「踊」「勇」の可能性もある。

図1-1　金ファミリーの家系図

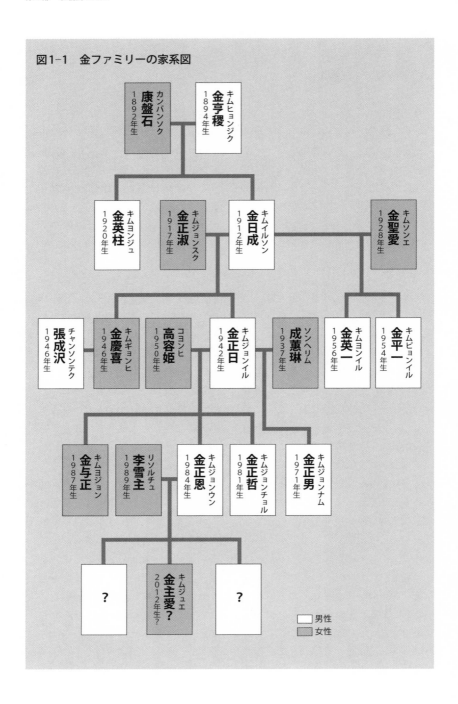

NBAスター選手を歓待

　「世界は昨年（2013年）、米国の北侵戦争演習が始まる1日前に行われた米国バスケットボール選手団のわが国訪問について、その時期をさまざまな角度で分析し、熱気を帯びた報道戦争を繰り広げた。これは、敬愛する金正恩元帥様の独特な外交術の誇示である」「元帥様は親しみを込めてロッドマンを2回も平壌に迎えて最上の歓待を行う配慮を見せた。自らがお会いになり、宴会まで準備してくださった。お若い将軍は確実に違う。敵意を抱いている米国政府には強硬だが、米国の人民たちには善意で対する人間的な義理心と活力をお持ちの方であられると感嘆を禁じえなかった」

表1-3　金正恩が面会した外国の民間人

	氏名と主な肩書き
2012年7月	藤本健二（金正日の元専属料理人） ジョアオ・ミカエロ（スイス留学時代の友人）
2013年2月	デニス・ロッドマン（元NBA選手）
4月	ジョアオ・ミカエロ
9月	デニス・ロッドマン マイケル・スパバ（NGO「白頭文化交流社」代表、ロッドマンに通訳として同行）
2014年1月	デニス・ロッドマン
2016年4月	藤本健二

　金正日時代に外交の司令塔と目されてきた姜錫柱が党機関誌『勤労者』に書いた論文からの引用である。1980年代から90年代にかけてNBAで活躍した米国のバスケットボール選手、デニス・ロッドマンは、金正恩が北朝鮮のトップとなった後に複数回面会した数少ない外国人の1人である。2013年2月に初めて訪朝して以降、金正恩とともにバスケットボールの試合を観戦したり、ヨットで遊んだりと歓待されている。彼の証言によって、金正恩・李雪主夫妻の間にキム・ジュエという名の女児がいることが判明した。

　「料理人」として有名になった藤本健二もそうだが、金正恩には私的な領域での外国人との接触を好む姿勢がうかがえる。姜錫柱論文は、そのようなスタイルの正当化を図るものである。

叔父と異母兄の衝撃的な退場〈張成沢処刑と金正男殺害〉

　金正恩による権力掌握の過程で衝撃的だったのは、叔父である張成沢の粛清である。1946年生まれの張成沢は金日成総合大学からモスクワに留学し、帰国後の1972年に金正日の妹である金慶喜と結婚した。その後は党内で高速昇進して青少年事業部長や組織指導部第1副部長を歴任した。失脚したとみられた時期もあるが、金正恩が後継者として表舞台に出てきた2010年9月に党政治局候補委員、それに先立つ6月には国家の最高指導機関である国防委員会の副委員長に就任していた。

　2011年12月の金正日死去後は金正恩の後見役グループの筆頭格となった。2012年4月には政治局委員へ昇格するとともに、金正恩政権が「スポーツ強国を目指す」という方針を打ち出して11月に設置した国家体育指導委員会の初代委員長に就任した。対中関係や経済建設を中心に権勢を振るい、北朝鮮メディアに報じられた金正恩への随行回数が最多だったことから、事実上の「ナンバー2」であると見られた。

　その実力者が、2013年12月8日の党政治局拡大会議ですべての役職から解任され、党から除名された。そして、4日後の12日には国家安全保衛部特別軍事法廷で死刑判決が下され、即日処刑されたのである。

　北朝鮮が公開した判決文は、金日成と金正日の「恩恵を誰よりも多く受けた」にもかかわらず、「現代的宗派の頭目」となって国家転覆の陰謀を企てたと張成沢を非難した。張成沢は審理過程で「経済が完全に破綻して国家が崩壊直前に至れば、私がいた部署とすべての経済機関を内閣に集中させて私が総理になろうと思った」などと自白したとされた。

　権力掌握過程との関係は不透明だが、金正恩の異母兄である**金正男**が2017年2月にクアラルンプール国際空港で殺害された事件も世界に衝撃を与えた。空港内で女性2人に襲撃され、猛毒の神経剤「VX」を顔に塗られて殺害されたのである。実行犯としてベトナム人とインドネシア人の女性が逮捕され、マレーシア警察は逃亡した北朝鮮国籍の男性4人を指名手配した。北朝鮮の国家機関による犯行であることが強く疑われたが、北朝鮮は関与を全面否定した。この事件を契機に、それまで良好

だったマレーシアと北朝鮮の関係は冷え込み、2021年3月には断交した。

　金正男は2001年5月に偽造旅券を所持していたとして成田空港で入管当局に拘束され、国外追放されたことでも知られる。妻と幼い子供、女性の付き人と4人で入国しようとし、取り調べに「東京ディズニーランドに行こうと思っていた」と語った。

　長男であるがゆえに日本や韓国ではかつて金正日の後継者だと考えられていたが、成田空港事件の時にはすでに後継者候補から外れていた可能性が高い。後継者に内定していたのであれば、特別な警護も付けずに家族で外国旅行をするとは考えづらい。金正日が2001年夏にシベリア鉄道を使って訪露した際に列車内で長い時間を共に過ごしたロシアの元極東連邦管区大統領全権代表コンスタンチン・プリコフスキーの証言も、金正男後継説を否定するものである。プリコフスキーによれば、金正日は、金正男と金正哲は政治に関心を持っていないと語り、この時点ですでに後継者として金正恩か金与正を考えていたという[13]。

　金正男は金正日の生前からマカオなど国外で過ごしており、殺害された時期には米CIAとも接点を持っていたとみられている。殺害との関係はわからないものの、金日成との関係性において金正男は金正恩と違ったという指摘もある。金正恩を生んだ高容姫は大阪生まれの元在日朝鮮人で、金正日との結婚を金日成には知らせなかったとも言われる。そのため初孫として可愛がられた金正男と違い、金正恩は祖父と接点を持てないまま育ったとされる。

13)「NHKスペシャル：キム・ジョンウン 北朝鮮 権力の内幕」2012年5月13日放送。

第2章

体制が揺るがない理由
北朝鮮の政治体制

憲法が党の指導性を規定〈北朝鮮の最高規範〉

　「朝鮮民主主義人民共和国憲法」は1948年9月の建国時に制定された。1972年12月に「社会主義」という言葉を入れて「**朝鮮民主主義人民共和国社会主義憲法**」と名称を変更し、その後、何度も改正を重ねてきた。北朝鮮憲法を特徴づけるのは、1972年に明記された次の条文である。

> **第11条**　朝鮮民主主義人民共和国は、朝鮮労働党の領導[1] の下に全ての活動を行う。

　朝鮮労働党が国家を指導すると憲法で規定している。北朝鮮にも他の政党が存在するものの、朝鮮労働党が優越的な地位にある。国家に対する**党の指導性**は、旧ソ連のほか、現在も中国やベトナムなど社会主義国家の憲法に明記されている。

　朝鮮労働党の原点は、解放直後の1945年10月に発足した朝鮮共産党北部朝鮮分局である。1946年8月に北朝鮮労働党と改称し、1949年6月にソウルを中心とした南朝鮮労働党と合併して現党名の朝鮮労働党と

---

1) 指導者や党による指導の意。

なった。金日成は朝鮮労働党発足時に中央委員会の初代委員長に就任した。この間の1948年8月に北緯38度線の南で大韓民国（韓国）、9月に北で朝鮮民主主義人民共和国（北朝鮮）が成立している。1966年に党中央委員会委員長は中央委員会総書記に変更され、金日成は1994年に死去するまでその地位を保った。

1980年の第6回党大会で金正日が公の場に登場し、後継者になることが明白となった。金日成死去後はすぐに金正日が党中央委員会総書記に昇格するとみられたが、実際には3年間の服喪期間が持たれた。「苦難の行軍[2]」と呼ばれた経済危機が大きな理由の1つだと考えられている。その間、国家の首班である主席や、朝鮮労働党中央委員会総書記のポストは空席の状態が続いた。

北朝鮮では、最高指導者の「**教示**」や「お言葉（**マルスム**）」が党規約や憲法以上に重視される。北朝鮮が報じる最高指導者の映像を見ると、周りにいる幹部たちは手帳を手に、お言葉を一言一句逃さぬようメモしているのがわかる。重要な教示は、『労働新聞』や朝鮮中央テレビなどを通じて人々にも伝えられる。党規約や「10大原則」では、金正恩個人の指導に従うべきだと明記されている[3]。

最高指導者名で発表された論文や談話は「**労作**」と呼ばれ、のちに整理されて著作集として出版される。そこには政治、軍事、外交、農業、貿易、人々の日常生活に至るまで、あらゆることに関する教示が収録されている。

最高領導者は国務委員長 〈国家首班ポストの変遷〉

北朝鮮憲法は第100条で「朝鮮民主主義人民共和国国務委員会委員長は、国家を代表する朝鮮民主主義人民共和国の最高領導者である」と規定する。2016年6月の改正で、国家の最高機関であった国防委員会を廃

---

2) 1990年代後半の食糧危機。第4章を参照。
3) 47頁のコラム「唯一的領導体系確立の10大原則」を参照。巻末資料の朝鮮労働党規約第1条も
「党中央の領導」に従うことを明記している。

止して**国務委員会**を新設し、国家首班が国防委員会第1委員長から**国務委員長**に変更された。金正恩が首班であることに変わりはない。

　第103条は「国務委員会委員長は、朝鮮民主主義人民共和国武力総司令官となり、国家のいっさいの武力を指揮、統率する」と定める。国務委員長の権限については、第104条が次のように規定している。

　①国家の事業全般を指導する。
　②国務委員会の活動を直接指導する。
　③最高人民会議の法令、国務委員会の重要政令と決定を公布する。
　④国家の重要な幹部を任命、または解任する。
　⑤外国に駐在する外交代表を任命、または召還する。
　⑥外国と締結した重要な条約を批准、または廃棄する。
　⑦特赦権を行使する。
　⑧国の非常事態と戦時状態、動員令を公布する。
　⑨戦時に国家防衛委員会を組織指導する。

　人事権の及ぶ範囲に関する項の書きぶりが、国防委員会を中心とした金正日体制での「国防部門の重要な幹部」から「国家の重要な幹部」に変わったが、絶大な権限を握っていることに変わりはない。

　北朝鮮の憲法では国家元首に関する規定が何度か変更されている。1948年の建国当時は首相が政府の「首席」であると規定されていた。1972年の「社会主義憲法」で首相制を廃止して主席ポストが導入され、首相だった金日成がそのまま主席となった。金日成死去から4年後となる1998年9月の改正で主席制が廃止されるまでは元首不在だった。1998年の改正では、憲法序文で金日成を「永遠の主席」と呼ぶ神格化が図られたが、元首については不明確な状況になった。

　金正日が国防委員長に就任したのは1993年4月で、まだ金日成が存命だった。当時は、金日成の務める主席が国家首班であり、国防委員長というポストにそのような重みは与えられていなかった。金日成の死後、金正日は国防委員長という肩書きで国家の最高指導者としての権力を振

るったが、憲法では「国家のいっさいの武力を指揮、統率する」（第103条）とだけ規定された。政府機関紙『民主朝鮮』や幹部の演説などによって「国防委員長は国家の最高職位」であることが対外的に表明されていたものの、国防委員長が「朝鮮民主主義人民共和国の最高領導者」であると憲法に明文化されたのは2009年になってからである。その間は、制度的裏付けのない状態が続いた。

　この時期にはむしろ、「国家を代表して外国の使臣の信任状、召還状を接受する」（第117条）とされた最高人民会議常任委員長が形式的な国家元首だと解釈された。実際に、その職にある金永南（キムヨンナム）は外国訪問の際に

最高指導者の肩書き

　北朝鮮の最高指導者について、日本のマスメディアでは「金日成主席」や「金正日総書記」「金正恩総書記」という呼び方が定着している。主席は国家、総書記は党の最高位である。日本や韓国の政府は国家の肩書きである「金正日国防委員長」「金正恩国務委員長」と呼んでいる。

　日本で「金正日総書記」という呼び方が定着したのは、金正日が金日成時代から「金正日書記」と呼ばれてきたことに加え、1997年に最高権力者のポストとしてまず党総書記に就任したからである。1993年に国防委員長になっていたが、当時はまだ最高権力者を意味するポストではなかった。1998年に国防委員長が実質的な国家の最高位のポストとされたが、日本メディアではすでに「総書記」という肩書きが定着してしまっていた。

　金正恩は党と国家の最高位に同時期に就いたが、日本メディアは「第1書記」と呼んだ。2016年に党委員長と国務委員長に就任して以降も「党委員長」が優先され、2021年には名称変更で「党総書記」となった。党の肩書きを主とすることは、党が国家に対して優位にあるという北朝鮮の論理を受け入れて、北朝鮮を特別扱いすることになりかねない。本来なら外国の指導者として「国務委員長」とすべきところだろう。

　韓国メディアは、敵である北朝鮮の最高指導者を呼び捨てにしてきた。2000年の南北首脳会談を契機に肩書きを付けるようになり、国家の職位である「国防委員長」や「国務委員長」を使っている。

各国の国家元首と対等の立場で会見をしていた。国務委員長が「国家を代表する朝鮮民主主義人民共和国の最高領導者」だと規定されるようになったのは2019年4月に憲法が改正されてからである。新たに「国家を代表する」と加えたことから、金正恩が務める国務委員長の職位が国家元首であることが明文化されたと言える。ただし、最高人民会議常任委員長についても、「国家を代表して」信任状や召喚状を授受するという規定が残された。

　金正日は、死去4カ月後となる2012年4月の憲法改正で「永遠の国防委員長」とされた。金日成の死後に「永遠の主席」と明文化した前例の踏襲である。国防委員長を欠番とした金正恩は、国防委員会に新設された第1委員長ポストに推戴された。第1委員長は「最高領導者」とされ、国防委員長の権限をそのまま継承した。さらに金正日は「永遠の総書記」と称され、金正恩自らは党に新設された第1書記となった。このような過渡期の体制は2016年5月の第7回党大会と憲法改正まで続いた。

　1972年まで「政府の首席」とされてきた首相職も金日成個人のものとなっており、北朝鮮にはこれ以降、首相という名称の職に就いた人はいない。現在、わが国の報道で「北朝鮮の首相」と報じられるポストは**内閣総理**を指しており、経済部門をはじめとする行政機関を金正恩の下で総括する役職である。北朝鮮は、首相と総理という言葉を明確に区別しているのである。

　なお、2019年4月改正憲法には、軍隊の使命を規定する条文に「金正恩」の名が刻まれた。「朝鮮民主主義人民共和国の武装力の使命は、偉大な金正恩同志を首班とする党中央委員会を決死擁護して、勤労人民の利益を保護し、外来侵略から社会主義制度と革命の獲得物、祖国の自由と独立、平和を守ることにある」（第59条）とされたのである。現指導者の名が憲法に入るのは北朝鮮史上初めてのことである。「金日成」は1998年9月、「金正日」は2012年4月にそれぞれ憲法に明記されたが、いずれも死後のことであり、序文に限ったものであった。ただ、2023年9月の改正によって「金正恩」の名前は削除された。

表2-1　歴代の首相と内閣

内閣首相		
1948年 9月〜	金日成 （キム・イルソン）	北朝鮮史上、首相は金日成のみ
政務院総理		
1972年12月〜	金一 （キム・イル）	金日成のもとで1950年代から副首相を務め、金正日の後見役として副主席も務めた
1976年 4月〜	朴成哲 （パク・ソンチョル）	元日本共産党員。軍第15師団長を経て外相。後に副主席も務めた
1977年12月〜	李鐘玉 （リ・ジョンオク）	軽工業相、金属化学工業相、鉱業相を歴任。後に副主席も務めた
1984年 1月〜	姜成山 （カン・ソンサン）	金日成の外戚といわれる。平壌市党責任書記、咸鏡北道党責任書記を歴任
1986年12月〜	李根模 （リ・グンモ）	党組織部長、党機械工業部長、平安南道党責任書記、南浦市党責任書記を歴任
1988年12月〜	延亨黙 （ヨン・ヒョンムク）	プラハ工科大学留学。総理解任後、慈江道党責任書記として復活し、2003年に国防委副委員長
1992年 4月〜	姜成山 （カン・ソンサン）	再任。在任中の1997年 2月死去
政務院総理代理		
1997年 2月〜	洪成南 （ホン・ソンナム）	プラハ工科大学留学。副総理兼国家計画委員長、第1副総理を歴任
内閣総理		
1998年 9月〜	洪成南 （ホン・ソンナム）	
2003年 9月〜	朴奉珠 （パク・ポンジュ）	龍川食料工場支配人、化学工業相を歴任
2007年 4月〜	金英逸 （キム・ヨンイル）	海運大学卒。9年間軍務。陸海運相歴任。総理解任後は清津港長に降格
2010年 6月〜	崔永林 （チェ・ヨンリム）	モスクワ大学留学。平壌市党書記歴任。退任後は最高人民会議常任委員名誉副委員長
2013年 4月〜	朴奉珠 （パク・ポンジュ）	再任。党中央委政治局常務委員、国務委員会副委員長を兼務。高齢により円満に引退
2019年 4月〜	金才龍 （キム・ジェリョン）	平安北道党書記、慈江道党委員長歴任。2021年に党組織指導部長に一時抜擢
2020年 8月〜	金徳訓 （キム・ドックン）	1961年生。大安重機械連合企業所支配人、慈江道党委員長、内閣副総理歴任

信任投票で賛成率ほぼ100%〈北朝鮮の選挙〉

　北朝鮮の国会は一院制の**最高人民会議**で、議員は代議員と呼ばれ、任

表2-2　歴代の最高人民会議代議員選挙

期	投票日	代議員数（人）	投票率（%）	賛成率（%）
1	1948年8月25日	572	99.97	98.49
2	1957年8月27日	215	99.99	99.92
3	1962年10月8日	383	100.00	100.00
4	1967年11月25日	457	100.00	100.00
5	1972年12月12日	541	100.00	100.00
6	1977年11月11日	579	100.00	100.00
7	1982年2月28日	615	100.00	100.00
8	1986年11月2日	635	100.00	100.00
9	1990年4月22日	687	99.78	100.00
10	1998年7月27日	687	99.85	100.00
11	2003年8月6日	687	99.90	100.00
12	2009年3月8日	687	99.98	100.00
13	2014年4月9日	687	99.97	100.00
14	2019年3月10日	687	99.99	100.00

期は5年である。17歳以上の人々が選挙権を持つが、選挙とはいっても実質的には信任投票である。2019年3月の選挙では687人の立候補者全員が当選し、投票率は99.99%、賛成率100%であった（表2-2）。

　北朝鮮では投票所で候補者名が印刷された投票用紙を渡される。2023年8月の選挙法改正までは「賛成なら標識をせず、反対なら候補者名に線を引く」と定められていた。線を引こうと鉛筆を持てば、反対票を入れようとしているとわかる仕組みである。改正後は緑色に縁取られた「賛成」と赤色の「反対」それぞれの投票箱が用意されるようになった。1950年代までの白（賛成）と黒（反対）の投票箱方式への回帰である。11月の地方人民会議（地方議会）選挙では、「賛成」箱に投票する金正恩の様子が大きく報じられた。結果は、道と直轄市の選挙で賛成票99.91%、反対票0.09%で、市や区域、郡の選挙では賛成票99.87%、反対票0.13%だった。こういった方式ではあるものの北朝鮮は「秘密投票」であると強調しており、反対票の存在はそれをアピールするものと考えられる。

　より大きな変更点は、事前に候補者を選ぶスクリーニングの導入であ

平壌中心部に位置する万寿台議事堂。国会にあたる最高人民会議が開かれる。2008年8月撮影

る。一部の選挙区では複数の候補者候補を立て、「選挙人会議」で代議員としての資格があるか審査するという。ただ、2023年11月の地方選挙で実際にどういった運用がなされたのかは明らかにされなかった。

　なお、選挙法には「予定された投票時間が過ぎても、投票を待つ者がいれば便宜を図る」「重病者や身体障害者のために『移動投票箱』による投票も可能とする」と定められてきた。そのため、遠洋漁業従事者などを除き投票率が100％近くなることは変わらない。脱北して中国で出稼ぎしている人たちが多かったコロナ以前には、投票のため自宅に戻る必要があったと言われており、選挙は住民統制の機能も果たしていた。

　外部社会が欺まんに感じるようなやり方であっても、北朝鮮は民主主義的な体裁を整えることにこだわっている。手間はかかるが、北朝鮮指導部にとっては自らの正統性を内外に示す重要なプロセスなのである。朝鮮労働党による一党支配や権力の世襲という現実の一方で、北朝鮮の言い回しを借りれば「民主主義的で人民的な選挙」によって選出された代議員による会議で方針が決定されるという形式が重視される。北朝鮮は自らの体制が民主主義に基づくものであると示そうとしており、むしろ韓国や日米での選挙を、「広範な勤労大衆が財産や知識の程度、性別、

人種、居住期間、年齢など、各種の制限条件や差別規定によって選挙から除外」されていると批判している。北朝鮮の選挙法は在外国民に選挙権と被選挙権の両方を認めており、日本に居住する朝鮮総連の幹部たちも最高人民会議代議員に選出されている。

　最高人民会議には**朝鮮社会民主党**と**天道教青友党**という2つの政党も議席を持ち、無所属議員も存在する。ただし、北朝鮮は憲法で国家に対する朝鮮労働党の指導性を定めており、他の政党は支配政党に従う衛星政党にすぎない。複数政党制は形式的なものであり、実際には政党間に競争は存在しないというヘゲモニー政党制をとっている。

　同様のことは宗教にもいえる。北朝鮮には朝鮮仏教徒連盟、朝鮮キリスト教連盟といった団体が組織されており、寺院には僧侶、教会には牧師がいる。平壌市内にある鳳水教会などは外国人観光客にも開放されているが、案内してくれる牧師は他の市民と同様に金日成・金正日バッジを着用している。北朝鮮の憲法は信教の自由を認めているが、これも「朝鮮労働党の領導の下で」となる。米国務省がまとめる世界各国の信教の自由に関する年次報告書は、北朝鮮について「信教の自由への尊重を著しく欠く」と非難している。

悲願だった「事大」からの脱却〈金日成と主体思想〉

　北朝鮮憲法では、**金日成・金正日主義**というイデオロギーが北朝鮮という国家の指導思想として規定されている。

> **第3条**　朝鮮民主主義人民共和国は、偉大な金日成・金正日主義を国家建設と活動の唯一の指導的指針とする。

　2019年4月の改正までは金日成・金正日主義ではなく、「主体思想」「先軍思想」が国家の「活動の指導的指針」とされていた。主体思想は金日成時代、先軍思想は金正日時代を象徴する。1972年の憲法改正で主体思想が盛り込まれ、2009年には先軍思想も併記されることとなった。

　主体思想は、思想における主体とともに、政治における自主、経済における自立、国防における自衛、の四本柱から成ると説明される。政治における自主とは、大国にも追従せずに自主的な政治外交を展開するということだが、現実的とは言いがたい。経済における自立も、必要に応じて国外からの投資や技術を受け入れたり貿易したりすることによる活性化の側面を阻害しかねない。

　国防における自衛は、早い段階で実行に移された。韓国には分断から半世紀を超えた現在も２万人規模の在韓米軍が駐留するが、北朝鮮では建国直後にソ連軍が撤退し、朝鮮戦争に参戦した中国の軍隊も1958年に完全撤退した。しかし、小国が自分の力だけで国を守るのは大変なことであり、とりわけ経済状況が悪化している北朝鮮にとっては大きな負担となる。戦車を動かしたり戦闘機を飛ばしたりするにも石油が必要だが、今の北朝鮮は戦争遂行に十分な量を確保できない。そのために資源を核開発に集中させ、一定の核能力を獲得した現在はそれを誇示することで自国の安全を担保しようと考えている。

　主体とは事大[4]の反義語である。つまり、ソ連や中国といった大国の力に依拠する、言いなりになる事大主義を排除しようとしたことから始まっている。古くから中国の強大な王朝に接してきた朝鮮半島の国家にとって、事大からの脱却というのは悲願でもあった。

　主体思想の体系化は、金日成総合大学総長や国際担当の党書記などを歴任した**黄 長燁**（ファンジャンヨプ）が中心となって進められたといわれる。「自らの運命の主人は自分自身であり、自らの運命を開拓する力も自分自身にある。ゆえに、革命と建設の主人公は人民大衆であり、革命と建設を促進する力も人民大衆の側にある」とされるが、その実現のためには人民大衆を正しい路線に導く首領が必要だと説明される。

　北朝鮮側の主張によれば、1955年12月に金日成が行ったとされる演説「思想活動において教条主義と形式主義を退治して主体を確立するために」が主体思想の原点である。金日成は「われわれは、あるよその国

4）弱い者が強い者に従うの意。朝鮮史では対中従属の意味で使われる。

の革命をしているのではなくまさに朝鮮の革命を行っているのである。この朝鮮の革命こそ、わが党の思想活動の主体なのである」と指摘したとされる。このテキストは後になって作成されたとの主張もあるが、当時の『労働新聞』には同様の文脈で「主体」という用語を確認することができる。

　当時、北朝鮮国内における金日成の権力基盤は盤石とは言えなかった。第1章で確認したように、政敵がいたのである。ソ連の影響を受けてきたソ連派、中国での活動経験を持つ中国派（延安派）と呼ばれる派閥が存在しており、彼らを排除するための道具としてこの論理が用いられた。冷戦期において、社会主義体制の根幹であるマルクス・レーニン主義をいかに解釈するかというイデオロギー解釈権の掌握は、社会主義国のリーダーにとって重要なことであった。

　1953年3月にソ連の独裁者、ヨシフ・スターリンが死去した。後継争いに勝利したニキータ・フルシチョフが1956年2月の第20回ソ連共産党大会で行きすぎた個人崇拝を否定する**スターリン批判**を行い、それに対して中国はソ連を修正主義だと批判した。その結果として始まったのが、社会主義圏全体を巻き込んだ中ソのイデオロギー論争である。**中ソ論争**は1960年代に入ると激化し、国境地帯での武力衝突にまで発展する。どちらが社会主義圏のリーダーであるのかが争われたわけだが、北朝鮮は困った立場に置かれてしまった。ソ連の全面的な支援の下に建国し、経済支援を受けてきた一方、北朝鮮側に立って朝鮮戦争を戦った中国とも特殊な関係にあったからである。

　1965年4月、金日成はインドネシアのアリ・アルハム社会科学院での講演で、思想における主体、政治における自主、経済における自立、国防における自衛が主体思想であるとした。どちらにも与しない自主の道を行くと述べ、中ソの双方から不興を買わないですむよう主体概念を体系的に説明したのである。一方で金日成は1961年7月にモスクワ、さらには北京を訪問して両国とそれぞれ同盟関係を結ぶなど、中ソをてんびんにかけて有利な条件を引き出すことを得意にしていた。大国との関係を結ぶにあたっても、自らが主導権を握ろうとすることが主体思想の要

諦である。

軍が歯向かわなければ体制安泰 〈金正日と先軍思想〉

　金正日政権下では1998年から**先軍政治**という用語がよく使われた。日本では軍事優先政治と訳されることもある。先軍政治は朝鮮労働党の「基本的政治方式」であると位置づけられ、その出発点は、1995年元日に行われた金正日の「タバクソル哨所」（朝鮮人民軍第214軍部隊）訪問であるとされた。1994年7月の金日成死去後、追悼行事以外にほとんど姿を見せなかった金正日は、翌年元日に突如として軍部隊を視察した。この視察が、後付け的に先軍政治の始まりとされたのである。その後、常に「強盛大国」「強盛国家」と両輪もしくは補完の関係で金正日体制を象徴してきた。

　その後、1999年6月頃から**先軍思想**という言葉が登場した。先軍という概念が思想に格上げされたのである。この先軍思想も主体思想と同様、金日成が創始したと説明され、「主体思想は先軍思想の根」であるとされる。先軍思想を登場させて体系化を目指すことで、金正日は金日成と並ぶイデオロギーの大家、創始者になりうると解釈された。2004年には、先軍思想が金正日の思想理論的総括であると主張されるようになった。金日成の思想を象徴する主体思想と並び称されるようになったのである。

　ところが、2005年8月になって突然、先軍革命領導の始まりは1960年8月25日だと説明が変わった。若き金正日がこの日、金日成とともに近衛ソウル柳京洙第105戦車師団を視察したことが先軍政治の端緒ということにされたのである。1942年生まれの金正日が、弱冠18歳の頃から推進してきたとすることで先軍政治に重みを持たせるとともに、軍歴を持たない金正日の正統性強化を狙ったとみられている。金日成が抗日遊撃隊「朝鮮革命軍」を満州で組織したのも18歳の時とされる。金正日による先軍政治開始を18歳の時までさかのぼらせることは、金日成の抗日ゲリラ闘争に匹敵する歴史の創造を図ったものといえる。金日成と金正日

がともに18歳の時から政治指導者として活動したという歴史を作ること
は、26歳で後継者として表舞台に登場した金正恩への権力継承をスムー
ズに進めるための地ならしともなりえた。

　ただし、先軍という発想自体は金正日政権になって始まったものでは
ない。朝鮮人民軍は、その起源を金日成に率いられた抗日パルチザンに
求めている。北朝鮮では、抗日パルチザンや朝鮮戦争を戦った朝鮮人民
軍の役割が長年にわたって宣伝されてきた。軍こそが体制の礎であると
の考え方は、社会に根付いている。

　金正日時代に軍をいっそう重視し始めた直接的な契機は、冷戦終結期
である1989年に起きた世界史的な変革にある。この年、東欧に存在して
いた多くの社会主義国で政治変動があった。共産党の一党独裁に不満を
募らせた市民が民主化を要求した結果、11月にはドイツでベルリンの壁
が崩れ、12月にはルーマニア大統領**ニコラエ・チャウシェスク**と夫人が
民主化勢力に同調した軍により拘束、処刑された。

　北朝鮮では、東欧革命の主たる原因が「軍の思想変節」に求められて
いる。たとえば2003年12月22日付の『労働新聞』は、「思想と信念の銃
を主力にして先軍時代を輝かしていこう」と題する論説の中で次のよう
に主張している。

　　「かつて社会主義を建設した多くの国では、革命運動で銃の政治思想
　的威力を強化することに相応の注意を払うことができず、さらに社会
　主義背信者らが起こした非思想化・非政治化の風に巻き込まれ、軍隊
　を思想精神的に武装解除させた。結局、社会主義と革命の獲得物が無
　惨に踏みにじられた際、軍隊は銃一発撃つことができなかった。国際
　舞台で主権国家の転覆を狙って展開される帝国主義の暴君の強盗的侵
　略行為がきわめて容易に実現し、数日間の反政府集会とデモだけです
　ぐに転覆、交代が起こってしまったのは、すべて銃が思想的に変質し
　信念が欠けたことと関連している」

　軍隊が変節して市民側についたことを批判しているのであり、軍は常

に社会主義を標榜する体制側にあるべきだという主張である。

　チャウシェスク処刑の半年前となる1989年6月には中国で**天安門事件**も発生していた。北京の中心にある天安門広場に学生や一般市民が集まり民主化を要求した事件である。中国共産党はこれを武力で鎮圧し、数千人ともいわれる死者が出た。

　北朝鮮にとって東欧革命や天安門事件が衝撃的な事件であったことは間違いない。後ろ盾であったソ連も1991年に崩壊した。金正日はこれらから自分なりの教訓を引き出したと考えられる。軍が体制側につけば中国のように体制維持を図れるが、もし市民側についてしまうようなことがあれば体制は崩壊してしまう。だからこそ、市民生活を犠牲にしても軍を優先するという方針が先軍政治、先軍思想として鮮明にされた。

　中国とソ連の後ろ盾を失い、北朝鮮は内外ともに厳しい状況に直面した。対外的には、何よりも軍事を優先させることで米国からの脅威に備えようとした。国内的にもソ連・東欧社会主義国からの援助が断たれた影響は大きかった。経済的苦境に陥り、配給制度が崩れていくなかで人々は必ずしも組織生活に従順ではなくなった。それは官僚社会にも及び、党組織や行政機関の機能が低下した。その中で金正日は軍の役割を強め、軍人を経済建設に動員しながら危機管理を図ることとなった。金日成が自らの権力を維持、強化するために主体思想を持ち出したように、金正日も自らの体制を守るために先軍思想を打ち出したのである。

金日成・金正日主義の登場〈金正恩時代の党規約〉

　党の国家に対する指導性が憲法によって規定されていることを考えれば、朝鮮労働党規約を読み解くこともまた重要である。ただし党規約の全文は公表されず、改正時に断片的な情報が開示されるのが通例である[5]。

　1997年7月に3年間の服喪を終えた金正日は、10月に総書記となった。

5）2016年5月の第7回党大会で規約が改正された時は1カ月も経たないうちに規約全文が外部に流出した。内部情報の流出については第5章参照。

当時の党規約に定められていたのは「党中央委員会総書記」だったが、規約にない「**党総書記**」というポストに推戴されたのである[6]。規約改正の手続きは取られず、「中央委員会で総書記を選出する」という規定も無視された。総書記就任は、地方の党組織が次々に推戴するという形で正当化された。

　後追いで規約が改正されたのは、金正恩が後継者として登場した2010年9月の第3回党代表者会でのことである。1980年10月の第6回党大会以来、30年ぶりの改正であった。金正日の総書記再任にあたって、党の最高機関である党大会が「党総書記を推戴する」と規約を改正した（第21条）。また、金日成時代の党中央委員会総書記についてはその役割や権限について明文化されていなかったが、この改正によって党総書記は「党の首班」であり、「党を代表して全党を領導する」「党中央軍事委員会の委員長となる」ことが規定された（第22条）。党代表者会についても「党最高指導機関を選挙したり、党規約を修正補充したりできる」というように、実態に合わせて権限を拡大させた（第30条）。従前の規約では中央委員を補選する権限のみ付与されていた党代表者会に、2010年の改正で党大会に準じた人事権が与えられたのである。

　党規約と無関係に進められた金正日への権力継承と、必要な改正を重ねながら進められた金正恩への権力継承は好対照をなす。金正日政権末期の動きからは、必要な手順をきちんと踏んでいこうとする姿勢が読みとれる。経済危機の中で権力を継承した金正日が、経済危機を乗り切った平常時の体制としてプロセス重視の路線に戻そうとしたものと考えられる。あるいは、健康不安を抱える中で後継体制の正統性を担保するために形式を重視した可能性もある。このようなプロセス重視のスタイルは、金正恩時代の特徴の1つとなっている。

　2010年9月の党規約改正の際、北朝鮮は序文だけを公開した。それによって、先軍政治、先軍革命といった言葉が新たに盛り込まれる一方、

6）日本メディアは、金日成の党での役職も「党総書記」と表記していたものの、正式な肩書きは党中央委員会総書記であった。

唯一的領導体系確立の10大原則

　金正日は自らへの後継が決まった1970年代に「党の唯一的思想体系確立の10大原則」を掲げ、行動の指針にするよう指示した。この指針は、金正恩時代になって「党の唯一的領導体系確立の10大原則」と修正された。「思想」が「領導」に変わっている。金日成、金正日、金正恩という3代指導者の「領導」に絶対的に従うという価値観を「思想」より上位に置いたことになる。この10大原則は、全国民、全組織の行動規範として、一般の人々にとっては憲法よりもずっと身近で、重要度の高い文書となっている。

　10大原則は次の通りである。最後の項目にある「代を継いで」は世襲を正当化するためのフレーズである。

1. 全社会を金日成・金正日主義化するために一身を捧げて闘争しなければならない。
2. 偉大な金日成同志と金正日同志をわれわれの党と人民の永遠の首領として、主体の太陽として高く奉じなければならない。
3. 偉大な金日成同志と金正日同志の権威、党の権威を絶対化し、決死擁護しなければならない。
4. 偉大な金日成同志と金正日同志の革命思想とその具現である党の路線と政策で徹底して武装しなければならない。
5. 偉大な金日成同志と金正日同志の遺訓、党の路線と方針貫徹で無条件性の原則を徹底して守らなければならない。
6. 領導者を中心とする全党の思想意志的統一と革命的団結を百方に強化しなければならない。
7. 偉大な金日成同志と金正日同志に倣い、高尚な精神道徳的風貌と革命的事業方法、人民的事業作風を持たねばならない。
8. 党と首領が抱かせてくれた政治的生命を貴重に考え、党の信任と配慮に高い政治的自覚と事業実績で報いなければならない。
9. 党の唯一的領導下に全党、全国、全軍が1つのように動く強い組織規律を立てなければならない。
10. 偉大な金日成同志が開拓され、金日成同志と金正日同志が率いてこられた主体革命偉業、先軍革命偉業を代を継いで最後まで継承完成しなければならない。

共産主義という表現が削除されたことが判明した。この時の改正で、軍に対する党の指導権を明確にした点も注目される。そもそも朝鮮人民軍は国家の軍隊ではなく、朝鮮労働党の軍隊であり、そのことが党規約で何回も言及された。2016年5月の第7回党大会での改正ではさらに踏み込んで、朝鮮人民軍は「金正恩同志が導かれる革命的武装力」であり、「首領の軍隊、党の軍隊、人民の軍隊」（2016年党規約第47条）だと規定された。後述する2021年の改正では金正恩の個人名が規約から消え、「国家防衛の基本力量、革命の主力軍」「党の領導を先頭で奉じていく朝鮮労働党の革命的武装力」（2021年党規約第47条）とされた。党の軍が国家防衛を担うとの論理である。軍内での政治教育を担当して軍人の思想統制に責任を持つ総政治局については、「党委員会の執行部署として党政治事業を組織執行する」とされた（第50条）。

　金正日死去後に開催された2012年4月の第4回党代表者会においては、金正日を「永遠の総書記」とする一方、党の最高位ポストとして第1書記を設けることを中心とした党規約改正が発表された。2016年の党規約改正は、第1書記の代わりに新設の党委員長職を党のトップに位置づけるとともに、**「全社会の金日成・金正日主義化」**と「並進路線」を明記した。序文は「朝鮮労働党は、偉大な金日成・金正日主義の党である」という一文で始まっており、朝鮮労働党の最終目的は「全社会を金日成・金正日主義化し、人民大衆の自主性を完全に実現することにある」とされた。金正恩が新たな体制をスタートさせたことは、規約の改正によって改めて印象付けられた。

　2021年1月の第8回党大会でも規約が改正された。『労働新聞』が概要を報じたものの、全文は明らかにされなかった。その後、韓国統一部[7]が6月に改正党規約を入手したとして概要を国内メディアに明かすとともに、全文が出回るようになった。

　2016年党規約からの大きな変更点は、指導者の名前への言及の激減で

7）韓国や中国では日本の「省」にあたる行政機関を「部」と呼ぶ。統一部は、南北対話や脱北者支援を含む対北朝鮮政策全般を担当する。

ある。10回あった金正恩への言及はゼロとなり、44回あった金日成と40回であった金正日の名前も「金日成・金正日主義」という思想の名称として10回言及されたのみとなった。序文が「朝鮮労働党は、偉大な金日成・金正日主義の党である」と始まることは変わらないが、金日成、金正日の業績部分は主語が「朝鮮労働党」に替えられた。党員について規定した第1条も「敬愛する金正恩同志の領導に従い、偉大な金日成同志と金正日同志が開拓され、導いてこられた主体革命偉業、社会主義偉業の勝利のために一身すべて捧げて闘争する主体型の革命家である」とされていたが、最高指導者3人の名前が削除された。新たな第1条は「朝鮮労働党員は、首領の革命思想で徹底的に武装して、党組織規律に忠実で、党中央の領導に従ってわれわれ式社会主義偉業の新たな勝利、主体革命偉業の終局的勝利のために一身すべて捧げて闘争する主体型の革命家である」である。一方、金正恩を含む概念となった「首領」は8回、「党中央」は18回言及された。いずれも改正前には皆無であった。

■ ナンバー2は作らない〈金正恩体制の人事〉

　金正恩政権下の人事は非常に流動的であり、金正日が生前に構想したと考えられる姿とは、ずいぶん異なるものになっている。

　2010年9月、第3回党代表者会の会期中に開催された党中央委員会全員会議で、金正恩が党中央軍事委員会副委員長に就任した[8]。この時点で明確だったのは、先軍政治の継続であった。第1章で述べたとおり「金正恩」という名前が北朝鮮の公式報道に初めて出たのは大将任命の時であり、初めて就いた党の要職も党中央軍事委副委員長である。いずれも軍に関連しており、後継体制作りでも軍を重視していくことが鮮明に示されていた。前述のとおり、先軍思想の根本的な目的は体制護持である。党規約改正などからは、経済危機を克服したことで体制の安定性

---

8) 2009年2月に金正日の委員長就任が確認されたが、それまで金正日政権期には党中央軍事委員会の開催が一度も報じられたことはなく、休眠状態と考えられていた。

コラム

「序列」とは何か

　北朝鮮の最高権力者が金正恩であることは確実だが、2位以下の序列は外部の観察者による便宜的なものである。基本は、北朝鮮の公式メディアで紹介された順番によっている。

　有力者や長老が死去すると葬儀委員会が作られ、名簿が発表される。この名簿は「序列」を読み解く参考となる。金正日が死去した際には232人が葬儀委員に名を連ねた。最高人民会議や党関連の会議での席順も、重要な参考資料になる。葬儀や大規模会議がない時期には、金正恩が現地指導や軍視察に赴いた際に同行者として紹介される順序を観察する。

　情報が制限された中で公式メディアが発信する内容を詳細に検証するという、旧ソ連分析で用いられたクレムリノロジーと同様の手法、いわばピョンヤノロジーに依っている。金正恩の周辺には、公式の場に出てこない親族や幹部がいる可能性がある。「序列」は、あくまでも形式的なものと考えなければならない。

を確保できたことを受けて先軍路線を修正しようとする意思を読み取れるが、後継体制への移行をスムーズに進めるためには依然として先軍政治を踏襲する姿勢を残す必要もあったのであろう。

　他に特徴として挙げられるのは、金正日と金正恩以外には、誰にも突出した力を持たせないということであった。たとえば金正恩の叔父にあたる張成沢は2010年6月に国防委副委員長となり、金正日政権下で事実上のナンバー2になったともみられたが、9月の第3回党代表者会での人事では政治局候補委員にとどまった。党の最高指導部である政治局常務委員どころか政治局委員にも入らなかったのである。

　党代表者会の前日に大将から次帥に昇格したうえ、金正恩と一緒に党中央軍事委員会副委員長に就任していた軍総参謀長の李英鎬（リ ヨンホ）も同様である。党の最高幹部である政治局常務委員にもなり、代表者会後の記念撮影では金正日と金正恩の間に座っていた。軍部における金正恩の後ろ盾として存在感を強めるものと観測されたが、国防委員会には入らなかった。文民では、最高人民会議常任委員長を務める長老の金永南がいる。

2011年12月、金正日の永訣式で霊柩車に寄り添う幹部たち。手前右から金正恩、張成沢、金己男、崔泰福、奥右から李英鎬、金永春。写真提供：朝鮮通信＝時事

外国使節の接遇など外交面での首脳としての役割も果たしており、対外的な元首とも、「序列2位」ともいわれる人物で、党代表者会での人事でも政治局常務委員になった。しかし、国防委員会と党中央軍事委員会には入らなかった。

　金正恩への権力継承が公式のものとされた2010年9月末時点で、金正日、金正恩父子に次ぐ権力者が誰かということは明確にされなかった。数人の有力者が互いに牽制し合う形になっており、後継準備を終えないまま金正日に万一のことがあっても、金正恩を担がざるをえないようにする目論見だったと考えられる。

　2011年12月28日に行われた金正日の永訣式（葬儀）で、金正恩は7人の高官とともに霊柩車に寄り添って歩いた。霊柩車の右側に前から金正恩、張成沢、金己男（党書記＝宣伝扇動担当）、崔泰福（最高人民会議議長）が並び、左側は前から李英鎬（軍総参謀長）、金永春（人民武力部長＝国防相）、金正覚（軍総政治局第1副局長）、禹東則（国家安全保衛部第1副部長）が並んだ。

　7人は生前の金正日が指名した後見役グループだと考えられた。ところが、金正恩時代になって政治局委員にも昇格し、権勢を振るうナン

表2-3　金正日葬儀で霊柩車に寄り添った後見役7人の「その後」

		当時の肩書き	その後	生年
党	張成沢	国防委副委員長	2013年12月処刑	1946年
	金己男	党書記（宣伝扇動担当）	2018年4月引退	1929年
	崔泰福	最高人民会議議長	2019年4月引退	1930年
軍	李英鎬	軍総参謀長	2012年7月粛清	1942年
	金永春	人民武力部長	2012年4月解任	1936年
	金正覚	軍総政治局第1副局長	金永春の後任になるも2012年10月解任	1941年
	禹東則	国家安全保衛部第1副部長	2012年初めに体調不良で引退	1942年

バー2だと見られた張成沢は2013年12月に粛清された[9]。軍人の筆頭格だった李英鎬は2012年7月に「病気」を理由に全役職から解任された。公式メディアから写真が削除されたことから、実際には粛清だとみられる。金永春も同年4月に解任され、2014年4月に国防委員会副委員長か

コラム

朝鮮人民軍の階級

　北朝鮮の正規軍である朝鮮人民軍では階級を「軍事称号」と呼ぶ。平等を是とする社会主義国家では「階級」は廃止されたことになっているからである。最高位である「元帥」が、共和国大元帥・共和国元帥・人民軍元帥・人民軍次帥に細分化されていることを特徴として挙げることができる。共和国大元帥は、1992年4月に金日成、2012年2月に金正日にそれぞれ授与されている。これまでに共和国元帥となったのは、金日成と金正日、金正恩に加え、人民武力部長を長年務めた呉振宇（オ ジヌ）だけである。ただし、呉振宇は後に人民軍元帥に変更となった可能性が指摘されている。人民軍元帥は老将に授与されるもので、現在は共和国元帥と完全に区別されている。将官級は、「大将・上将・中将・少将」と4ランクに分かれる。他国の軍に多い「准将」の階級はない。日本で「佐官」級とされる階級を「領官」級と呼び、将官と同じように「大領・上領・中領・少領」となる。尉官級も同様である。下士官は「特務上士・上士・中士・下士」、兵士は「上級兵士・中級兵士・初級兵士・戦士」となる。

9）張成沢粛清の詳細は第1章を参照。

らも外れた。金永春の後任として人民武力部長となった金正覚も半年ほどで解任された。禹東則は永訣式から数カ月の間に健康状態が悪化して引退したとされる。結局、7人のうち2016年5月の第7回党大会まで健在だったのは、党官僚出身ですでに80歳を超えていた金己男、崔泰福の2人だけであり、彼らもその後引退した（表2-3）。

　金正恩の人事スタイルで目立つのが、短期間の間に昇格と降格を繰り返したり、重要ポストを入れ替えたりする目まぐるしさである。報道写真で階級章を確認できる軍人を見ると、昇格と降格の激しさは一目瞭然である。2012年7月に大将から次帥に昇格して軍総参謀長となった玄永哲は、3カ月後の10月に大将に逆戻りしていたことが判明した。2014年6月には人民武力部長となるも、2015年4月には粛清されたとされる。玄永哲の前任の人民武力部長を務めた張正男も2013年9月に大将への昇格が確認されたものの、2014年2月には1階級下の上将、3月には再び

表2-4　頻繁に入れ替わる序列と肩書き

	崔龍海	黄炳瑞
2010年9月	大将	中将
2011年4月		上将
2012年4月	次帥 党政治局常務委員 軍総政治局長	
2014年4月	国防委副委員長	次帥 軍総政治局長
2014年5月	黄炳瑞より格下に	
2014年9月		国防委副委員長
2014年10月	黄炳瑞より格上に	
2015年2月？	政治局員に格下げ	政治局常務委員
2015年11月	失脚説	
2016年5月	政治局常務委員 序列5位	政治局常務委員 序列3位

	玄永哲
2010年9月	大将
2012年7月	次帥 軍総参謀長
10月	大将に降格
2013年3月	党政治局候補委員
6月	上将に降格
2014年6月	大将 人民武力部長
2015年4月	粛清

	張正男
2011年4月	中将
2013年5月	人民武力部長
2013年9月	大将
2014年2月	上将
3月	また大将に
6月	人民武力部長解任
7月	また上将に

（注）崔龍海と黄炳瑞は党官僚出身。2人がついた軍総政治局長は、軍を政治的に指導・監督するポスト。2010年9月には金正恩も大将になった。

大将の階級章を付けていた。6月に人民武力部長を解任された後は地方に左遷された模様で、7月の写真では上将の階級章に再び逆戻りした。

　2010年9月に金正恩と一緒に文民ながら大将の階級章を付けた崔龍海のケースは序列の激しい変動ぶりを物語る。崔龍海は2012年4月、最高指導部である党政治局常務委員になるとともに次帥となって軍総政治局長に就任する。2014年4月には国防委員会副委員長となるが、5月には軍総政治局長の後任として党から送り込まれた黄炳瑞より序列が下になったことが判明した。黄炳瑞が序列2位ということになるが、10月には再び崔龍海の序列の方が上になった。ところが2015年になると崔龍海が政治局委員に格下げ、黄炳瑞が政治局常務委員に昇格してまた逆転した。2016年5月の第7回党大会での人事では2人とも政治局常務委員に入ったが、黄炳瑞が序列3位、崔龍海が5位であった。その後は黄炳瑞も降格され、数年後に再浮上するなど、金正恩政権下での主要幹部人事は頻繁であり続けている（表2-4）。ただ2021年1月の党規約改正では「党中央委員会第1書記は党総書記の代理人である」という規定が追加された。次代への権力継承に関連する可能性がある。

　北朝鮮の権力内部での序列変動や粛清は、確認が難しいことにも触れておくべきであろう。崔龍海については、2015年11月に死去した長老の国家葬儀委員会に入らなかったため失脚説が出た。日本や韓国の一部メディアは「農場に送られた」と報じたが、翌月には権力序列6位で登場した。2016年2月には軍総参謀長の李永吉が処刑されたという情報が韓国で流れたものの、5月の党大会で政治局候補委員に選出されたことで健在が確認された。2月には総参謀長交代が確認されていたのだが、処刑されたわけではなかったのである。

金正恩の「象徴」化〈最高指導者への責任集中の回避〉

　『労働新聞』題字の両側には重要スローガンが掲げられる。1968年2月7日付までは題字の左にのみスローガンが掲載されたが、8日付から左右それぞれにスローガンが掲げられるようになった。左には「偉大な

金日成・金正日主義の旗幟高く主体革命偉業を最後まで完成しよう！」のような大きな方針が述べられ、右にはその日の行事やその時に重視されている事項に合わせたスローガンが掲げられている。

　ここに2023年2月26日付から「社会主義朝鮮の強大性の象徴であられ百戦百勝の旗幟であられる偉大な金正恩同志万歳！」というスローガンが登場した。金正恩に対して「象徴」という言葉が使われたことは注目に値する。2021年2月までは「最高領導者」、それ以降は「偉大な首班」という表現が使われていた。金正恩への過度な神格化は避けつつ、「権力」の誇示よりも「権威」を重視する傾向が強まったと評価できる。

　2020年9月1日付『労働新聞』が、台風被害にあった農場を金正恩以外の幹部が訪れて「指導」したと報じたことも目を引いた。党中央軍事委副委員長の李炳哲、党中央委副委員長で元内閣総理の朴奉珠、前内閣総理の金才龍らがそれぞれ、現地で台風被害からの復旧状況を確認

新年の辞と新年共同社説

　北朝鮮の指導者は新年にその年の施政方針を発表してきたが、そのスタイルには金日成、金正日、金正恩それぞれの個性が反映されてきた。金日成は歴代のソ連指導者と同様に「**新年の辞**」を自ら読み上げたが、金正日はこれを踏襲せず、1995年から党機関紙『労働新聞』、青年同盟機関紙『青年前衛』、軍（国防省）機関紙『朝鮮人民軍』の三紙による「**新年共同社説**」を発表した。金正日は自らの声を国民に発することを嫌ったとされ、北朝鮮メディアが伝えた肉声は「英雄的朝鮮人民軍将兵たちに栄光あれ！」という一声だけである。ただし、新年の辞であれ共同社説であれ、前年を総括して新年の方針を述べるという構成は非常に似通っている。

　金正恩は2013年に新年の辞を復活させたが、その後は独自のスタイルを模索している模様である。2020年には新年の辞を読み上げる代わりに、前年12月31日まで開かれた党中央委員会全員会議における金正恩の演説内容を北朝鮮メディアが詳細に伝えるという形式を取った。2021年には、全人民に向けた手書きの年賀状「親筆書簡」が発表された。2022年からは再び、前年末に開催した全員会議の内容を報じるスタイルに戻っている。

し、指導したのだという。最高指導者以外が「指導」したのは、これが初めてであった。「唯一思想体系」「唯一領導体系」を堅持してきた北朝鮮では、「指導」は最高指導者の役割であり、幹部たちの活動は現地の状況を「了解」するに過ぎなかったのである。しかも、この日の『労働新聞』は幹部による「指導」を写真付きの1面トップで大きく掲載し、故人の霊前に花かごを送ったという金正恩の動静報道よりも重要なニュースとして扱った。これも従来であれば、考えられないことであった。

　新型コロナウイルスの世界的な感染拡大を受け、2020年春から頻繁に開かれた党や国家の会議に関する報道にも異変が見られた。従来であれば会議を「指導」してきた金正恩が「司会」をしたと報じられるようになったのである。4月11日の党政治局会議や5月23日の党中央軍事委員会拡大会議は「指導」したと報じられたのに、6月7日の党政治局会議や23日の党中央軍事委員会予備会議などは金正恩が「司会」したとされた。さらには金正恩が会議に「参加」したという表現も見られるようになった。「指導」が最高指導者としての責任を明示するのに対し、「司会」「参加」には責任の所在をぼかす意味合いがあるとも考えられる。

　会議の場での参加者の並び方にも変化が見られた。2月28日の党政治局拡大会議で雛壇に座ったのは従来通り金正恩1人だけだったが、7月2日に同じ会議が開催された際には常任委員である金正恩と崔龍海、朴奉珠の3人が座った。8月13日の党政治局会議では、新たに常務委員に任命された金徳訓と李炳哲も加わり、計5人が雛壇に並んだ。党中央軍事委員会でも同様に、5月23日の拡大会議では雛壇に金正恩だけだったが、7月18日の同じ会議では新副委員長の李炳哲が金正恩の隣に座った。いずれの画像を見ても、金正恩の机だけが大きく特別な存在であることが見て取れるものの、形式的なものとはいえ「集団指導体制」を演出するような動きが散見されるようになったのである。

　こうした動きは、金正恩の置かれた苦境を示すと考えられる。金正恩は一貫して人民生活の向上を掲げてきたものの、核問題をてこにした米国との交渉で制裁を解除させる展望は開けないままである。しかも2020年には、金正恩が言うところの「二つの危機」、すなわち新型コロナと

水害が加わり、経済制裁とあわせて「三重苦」に陥ってしまった。そのような状況では、金正恩による「指導」と強調することは得策ではない。実質的には金正恩が指導する体制であることに変わりないものの、幹部に「指導」をさせたり、機関決定という形を取ったりして責任を分散させ、金正恩は国家の象徴という「権威」を持とうとしている可能性がありそうである。

一生続く監視と密告 〈北朝鮮の国民管理体制〉

北朝鮮が、冷戦終結や金日成、金正日の死去という荒波を乗り越えて体制を維持できた背景には、「先軍」以外にも重要な要素がある。全国民を網羅する監視統制システムと教育制度である。複数の脱北者の証言を整理すれば、当局による住民監視の基本は所属組織による統制ということになる。北朝鮮では、乳幼児以外はすべての人が何らかの組織に所属することになっており、その組織から統制を受けるのである[10]。

党員は**党中央委員会**を頂点、5〜30人規模の**党細胞**を末端とした各組織、労働者は職業総同盟、農民は農業勤労者同盟、女性は女性同盟、青年は青年同盟である。子供たちには**朝鮮少年団**がある。少年団は義務教育である小学校2年生の時に全員加盟し、14歳になると少年団から青年同盟に所属を変える。

居住地域に基づいた**人民班**制度もある。30世帯程度で1つの人民班が構成され、班長、衛生班長、扇動員等が置かれる。学習や自己批判の場を設けて思想を統制するとともに、さまざまな動員をかける末端組織となる。

これらの組織は密告奨励による監視システムの重要な役割を担い、体制維持に貢献している。反体制的な行動を計画しても誰かに必ず密告されてしまう。それならば、不満があってもそれをこらえて体制に順応するふりをして生きながらえようと考える人が多い。北朝鮮の人々が抱え

---

10) 北朝鮮の教育や国民生活については第5章を参照。

る不満がいかほどか推し量ることは難しいものの、不満がネットワーク化され、反体制運動に発展する可能性は極めて低い。

　通信と移動に制限が加えられていることも大きい。近年は携帯電話が急速に普及しているが、それは当局が完全に盗聴できることが前提となっている。反体制運動の道具として使われないように抑え込む自信があるからこそ、携帯電話の利用を許していると見るべきである。苦難の行軍期を経て国内移動に関する制限は有名無実化した部分があるものの、それでも平壌市と羅先市、中国との国境地域への出入りは厳格に統制されている。密告に慣れた人々の間では、依然として監視・統制が有効に機能している。

　住民統制のための組織が警察と秘密警察である。秘密警察の要員1人は50人の情報員を配下に置き、情報員は1人当たり20人の住民を監視しているとされる。もともとは社会安全部という1つの組織だったが、1973年に国家政治保衛部が独立した。これによって、社会安全部が一般刑事犯を取り締まり、国家政治保衛部は政治犯を摘発する秘密警察という役割分担が明確にされた。

　2つの組織の名称は変更を重ねてきた。一般の警察である社会安全部はその後、人民保安部に名称を変更した。「部」より格下の「省」とされた時期もあったが、2010年に再び「部」に戻った。2016年にまた「省」になり、2020年には人民保安省から**社会安全省**となったことが確認されている。「部」から「省」に格下げとなっているものの、かつての名称が復活した形である。秘密警察の方の国家政治保衛部は、1982年に国家保衛部、1993年には国家安全保衛部と名称を変更した。そして2016年には、「部」から格下げされた上で**国家保衛省**へと改称した。

　北朝鮮では外務省や農業省、軽工業省、対外経済省といった中央官庁の名前には日本と同じ「省」を使うが、金正日政権期は国防（人民武力部）と警察（人民保安部）、秘密警察（国家安全保衛部）を別格の「部」としてきた。「国家主権の最高軍事指導機関」であった国防委員会の直属組織である軍と警察、秘密警察を体制維持の道具として重視したことを反映している。だが、この3組織は金正恩政権下の2016年に「省」に

格下げされたことが確認された。金正日が非常時の体制として導入した「先軍」を見直し、平時の態勢に戻そうとしたのだと考えられる。

　刑事事件で有罪となった者は警察に当たる組織が管理する教化所、労働鍛錬隊、集結所などと呼ばれる施設に収容され、政治犯は秘密警察が管理する管理所（強制収容所）に収容される。中国から送還された脱北者は、単純な出稼ぎだけなら1カ月程度の労働鍛錬隊送りですむが、韓国人と接触していたら政治犯と見なされて強制収容所送りとされてきた。強制収容所に限らず、このような施設では収容者の人権を無視した扱いがされているといわれる。

　とりわけ政治犯の場合には家族もろとも収容所ないし炭鉱等に追放される連座制が適用され、**出身成分**[11]が記されている公民登録台帳に親族の犯罪についても書き込まれる。冷戦終結後の1990年代に公開された1960年代の在北朝鮮東ドイツ大使館発の外交電報に、連座制に関する報告が入っていた。1965年5月19日付の文書には、次のような記述がある。

　　「国民が不満を公言すると職を失う可能性もある。どこへ行ったか家族に知らされることもなく、多くの人々が行方不明になっている。親族の連帯責任のようなものもある。拘留者の家族は、住宅を与えられず、食糧の配給も受けられないことがある」

　東ドイツも秘密警察「シュタージ」に監視される社会であり、政治犯もいた。しかも、東ドイツは北朝鮮の友好国であった。その東ドイツの外交官が見ても北朝鮮社会の締めつけは異常に厳しかったということであろう。なお、北朝鮮側は強制収容所の存在を事あるごとに否定している。「政府の広幅政治（懐の深い政治）によって全人民が一心団結しているわが国に『政治犯』などいるはずがなく、したがって『強制収容所』なるものも必要ない」と主張しているのである。連座制の存在を公式に認めたこともない。

11）親や祖父母が何をしてきたかで分類される。詳しくは122～123頁を参照。

第3章

核兵器への執着

核・ミサイル開発

「見捨てられ」の懸念〈核開発の歴史〉

　北朝鮮の核開発は、1956年にソ連ドゥブナ核研究所創設に参加して、科学者をソ連で研修させたことに始まる。平壌の北約80kmの寧辺に原子力関係の主要施設が集中しており、出力5MWeの実験用原子炉が1985年に臨界に達した。この原子炉は、使用済み燃料棒を再処理して核兵器用プルトニウムを簡単に抽出できる黒鉛減速炉であった。

　北朝鮮が当初から核兵器開発を志向していたかどうかは不明だが、1960年代には核兵器製造の意図を見せていたという説がある。金日成が掲げた主体思想は「国防における自衛」を柱の一つにしており、同盟国である中ソにも大きく頼らずにすむ国防力強化を図ろうとしていた。1962年12月には朝鮮労働党中央委員会第4期第5回全員会議で「**経済建設と国防建設の並進路線**」が採択されたが、「並進」とはいえ実質的には国防優先路線であったと考えられている。同時に、「全人民の武装化」「全国土の要塞化」「全軍の幹部化」「全軍の現代化」を目指すという「**四大軍事路線**」が提唱されたからである。朝鮮戦争で戦火を交えた米韓からの軍事攻撃による体制転覆を警戒せざるをえない状態であったうえ、中ソ論争を契機に軍事面でも自主路線を進めていた時期である。さらに、1970年前後からの米ソ・デタントと米中接近は、北朝鮮に大きな衝

撃を与えた。後ろ盾である中ソ両国による対米接近は、北朝鮮に「見捨てられ」の懸念を抱かせた。

　北朝鮮の最高人民会議は1974年3月、米国議会に対して平和協定締結を提案した。朝鮮半島が分断と軍事的緊張の状態に置かれている責任は米国にあるため、在韓米軍の撤収などを前提として米国との間で平和協定を結ぶ必要があるという理屈であった。中ソへの信頼感が低下した状況下で米国に対話を求めたのだが、米国には相手にされなかった。北朝鮮はこの後も何回か米朝会談、ないし南北朝鮮と米国による三者会談の開催を提案したが、北朝鮮に対する不信感の強い米韓側に拒否された。

　北朝鮮が持つ「見捨てられ」の懸念は、冷戦終結によってより強まることとなった。ソ連が1990年9月、中国が1992年8月にそれぞれ韓国との国交樹立に踏み切ったのである。韓国との国交樹立の発表直前に説明のため平壌を訪問したソ連外相エドゥアルド・シェワルナゼに、北朝鮮が見せた反応は「見捨てられ」の懸念を反映したものであった。シェワルナゼと会談した北朝鮮外相、金永南（キムヨンナム）が「ソ連が韓国と国交を樹立するのであれば、われわれはもはや核兵器製造禁止の義務を負わなくなったとみなす」と述べたのである[1]。韓国との国交樹立を裏切り行為だと捉え、ソ連が核抑止力を提供してくれないのであれば独自核武装の道を進むという宣言であった。

　慢性的な財政難に陥っていた北朝鮮にとって、通常兵器を最新のものに更新していくことは困難になっていた。核兵器保有は、いわば「選択と集中」の結果でもあった。北朝鮮は、核兵器を自国の安全保障を脅かす米国の軍事力に対抗するための手段、すなわち対米抑止力と位置づけてきた。そのため、核問題は米国とのみ交渉するとの立場をとっており、冷戦終結後の米朝関係は核問題をめぐる対立と交渉の歴史となった。本章では核開発の展開とその意図、それに対する国連制裁を主たるテーマとする。米朝関係そのものについては第7章で扱うが、両者を完

1）11月29日付のソ連レーニン共産主義青年同盟機関紙『コムソモリスカヤ・プラウダ』が平壌発で報じた。このような報道は、冷戦時代には考えられなかったものである。

拡大抑止と韓国の核保有論

　侵略すれば反撃されて耐えがたい損害を被ると相手に認識させ、攻撃を思いとどまらせようとするのが安全保障における抑止の考え方である。自国の抑止力を他国防衛にも提供することを拡大抑止という。日米同盟や米韓同盟では、米国が日韓に核を含む抑止力を提供する。

　ただし同盟国の間にも疑念が生じることはある。1970年前後の米ソ・デタントや米中接近の際には、北朝鮮と同様に韓国も「見捨てられ」の懸念を抱いた。韓国にとって大きかったのは在韓米軍の削減であった。韓国は1964年からベトナム戦争に派兵したが、背景には在韓米軍を戦争に投入せず、韓国に留め置いてほしいという考えがあった。当時の韓国軍はまだ装備も十分とはいえず、在韓米軍の抑止力に頼っていたためである。派兵規模は1969年のピーク時には5万人近くに達し、1972年末には米軍より韓国軍の方が多いという状況にまでなった。派兵は、韓国側から申し出たものであった。

　にもかかわらずベトナム戦争で疲弊した米国は「自国の防衛は自国の責任」というニクソン・ドクトリンを打ち出し、1971年3月に韓国の反対を押し切って在韓米軍2個師団のうち1個師団を引き揚げてしまった。危機感を抱いた当時の大統領、朴正熙（パクチョンヒ）は独自核開発の道を模索した。

　韓国ではその後も独自核武装論がくすぶり続けた。米国のランド研究所が1990年代に「もし北朝鮮が核武装したら韓国も独自核武装すべきか」という世論調査を2回実施したところ、2回とも8割以上が賛成と答えた。韓国ギャラップ社が北朝鮮の独自核保有への賛否を聞いた世論調査でも、賛成が2013年2月64％、2016年1月54％、9月58％、2017年9月60％であった。近年は北朝鮮が核実験を重ね、ICBM開発も進めたことで「見捨てられ」の懸念に再び焦点が当たっている。韓国のシンクタンクである峨山（アサン）政策研究院による2022年11月の世論調査では、「北朝鮮による核攻撃時、米国が自らの危険を甘受してまで韓国のために核兵器を使わない」と答えたのは54.2％で、「使うと思う」の43.1％を上回った。この調査では「独自の核開発」に64.3％が賛成し、反対の33.3％を大幅に上回った。

　韓国大統領、尹錫悦（ユンソンニョル）は2023年4月、ワシントンで米大統領ジョー・バイデンと会談した際にNPTの義務を順守すると約束した。独自核保有論に対する国際的懸念を払拭するための発言であった。

全に切り分けることは難しいため、一部の内容は重複する。

米朝交渉で回避された戦争の危機〈NPT脱退とミサイル輸出〉

　北朝鮮の核開発に国際的な関心が集まったのは冷戦終結直後のことであった。北朝鮮は1992年1月に核施設への査察受け入れに関する保障措置協定を国際原子力機関（IAEA）と締結し、IAEAの査察を受け入れた。この査察によって北朝鮮の報告に疑問点があることが判明したため、IAEAは特別査察の受け入れを北朝鮮に求めた。だが北朝鮮がこれを拒否し、1993年3月に**核拡散防止条約（NPT）**からの脱退を宣言したことで第1次核危機が始まった。

　1994年春には戦争一歩手前と言われる危機的状況に陥ったものの、6月に元米国大統領ジミー・カーターの訪朝によって局面の転換が図られ、10月の**米朝枠組み合意**によって一応の決着を見た。北朝鮮が核開発プログラムを凍結する見返りに、計200万kWの軽水炉を提供するというのが合意の柱であった。

　その後に米国が問題としたのが、ミサイル開発と輸出である。北朝鮮は核開発と並行して弾道ミサイルの開発を進めていた。核兵器は、ミサイルや爆撃機といった運搬手段があってこそ意味を持つ。だが米韓との航空戦力の差を考えれば爆撃機は現実的とは言えず、選択肢となりうるのはミサイルだけであった。北朝鮮はソ連製のスカッドBミサイル（射程300km）を解体して研究し、1980年代中盤までにコピー製品を製造できるようになった。1980年代末には「火星5型（スカッドB）」の射程を500kmに延ばした「火星6型（スカッドC）」の開発にも成功し、1993年5月には射程をさらに伸ばした準中距離弾道ミサイル（MRBM）「火星7型（ノドン）」を日本海へ向けて発射した。さらに1998年8月には、日本列島を飛び越える形でハワイ方向に向けて人工衛星「光明星1号」を打ち上げた[2]。北朝鮮は打ち上げに使ったロケットを後に「白頭山1号」

---

2) 北朝鮮は「成功」と発表したが、衛星軌道への投入は確認されていない。

テポドン・ショックと日米韓の認識ギャップ

　北朝鮮は1998年8月、事前予告なしに日本上空を通過する軌道で飛翔体を発射した。北朝鮮は人工衛星「光明星1号」を打ち上げたと発表したが、日米韓は2段式の中距離弾道ミサイル「テポドン」の発射であったと判断している。防衛省は、1段目が日本海に、2段目と弾頭部分が三陸沖の太平洋上に落下したと分析した。日本上空へのミサイルの飛来は初めてであり、衝撃の大きさは「テポドン・ショック」と表現された。

　それまで日本では、高度経済成長期以来の軽武装・経済重視路線が当然視され、安全保障に関する議論は低調であった。テポドン・ショックによって状況は一変し、日本政府は12月に事実上の偵察衛星である情報収集衛星の導入を閣議決定した。日本の世論に根強かった宇宙の軍事利用に対する拒否感はあっさりと覆っていた。

　北朝鮮に対する認識も、これを契機に大きく変容した。第6章で見る通り、日本では冷戦時代には北朝鮮に好意的な世論が強く、その後も脅威だとする認識は薄かった。日本での認識はテポドン・ショックに加え、2002年9月の日朝首脳会談で金正日が日本人拉致事件を認めたことで決定的に悪化した。その後は、核・ミサイル開発の進展によって軍事的な脅威であるという認識も強まった。

　こうした対北朝鮮認識の変化は、韓国のそれとは方向を異にしている。第8章で詳しく見るが、冷戦時代の韓国では北朝鮮について国家の存立を脅かす存在だと規定する反共教育が徹底された。ところが冷戦終結後に、北朝鮮に対する政治・経済的な優位性を多くの韓国人が実感するようになり、軍事的な脅威だという認識は後退した。韓国では21世紀に入ってからも南北間の軍事衝突によって戦死者が出る事象が起きているものの、それによる北朝鮮脅威論の顕著な高まりは見られなくなった。

　一方で米大統領トランプは、2019年2月の第2回米朝首脳会談決裂後に北朝鮮が繰り返した短距離ミサイル発射について、米国を狙うICBMではないという理由で問題視しなかった。トランプの態度は極端なものであるが、北朝鮮の核兵器に対する米国の脅威認識が日本や韓国と異なることは否めない。対北朝鮮政策で連携する3カ国ではあるものの、それぞれの歴史的経緯や地理的条件などからの認識ギャップがあることには注意する必要がある。

と命名したが、日米韓では「**テポドン**」ミサイルと呼ばれてきた[3]。

　ミサイルや関連技術は、シリアやエジプトなどに輸出されていた。北朝鮮にとっては外貨獲得の手段であったが、米国は中東の安全保障リスクを高めるものとして問題視した。米国は1996年4月、ミサイル問題を協議する北朝鮮との直接対話「**米朝ミサイル協議**」を開始した。

　北朝鮮は1998年6月、朝鮮中央通信の論評を通じてミサイル輸出をしていると公式に認めた。米国によって半世紀以上も経済的孤立を強いられてきたため、ミサイル輸出で外貨を稼がなければならないという主張であった。2000年7月に開かれた米朝ミサイル協議の後に記者会見した北朝鮮代表は「輸出中断に伴う政治、経済的な損失の補償として10億ドルの支払いを求めた」と話した。米朝協議によって北朝鮮のミサイル輸出に歯止めをかけることはできなかったが、北朝鮮は1999年9月の米朝高官協議の際にミサイル発射の**モラトリアム（一時凍結）**には同意した。新たな開発に歯止めをかける効果が期待された。

　だが2002年10月に北朝鮮の**高濃縮ウラン（HEU）計画**が浮上し、第2次核危機が始まった。2003年5月には、米国が大量破壊兵器やミサイル、それらの関連物資の拡散を阻止する「**大量破壊兵器拡散防止構想（PSI）**」を提唱した。各国の輸出管理を強化するだけでなく、参加国の海軍などによる公海上での立ち入り検査などを通じて拡散阻止を図ろうとする取り組みである。米国が呼びかけの対象としたのは日本を含む10カ国であったが、その後、参加国は100カ国ほどにまで増えた。PSIは特定の国を対象にしたものではないとされたものの、北朝鮮のミサイル輸出はこれによって大きな打撃を受けたとみられている。

◢ リビアを生き残りの教訓に〈金正恩と並進路線〉

　米朝2国間の協議が失敗を繰り返したことから、米国のブッシュ政権

---

3)「ノドン」や「テポドン」「ムスダン」は、日米韓が発射地の地名「蘆洞＝ノドン」「大浦洞＝テポドン（現在の舞水端＝ムスダン＝里）」から付けたコードネーム。

（2001〜2009年）は仲介役としての中国を重視し、第2次核危機では米朝に日中韓露を加えた**6カ国協議**で解決へ向けた議論が重ねられるようになった。だが、一時的な緊張緩和をもたらした局面はあったものの、核問題の解決には至らなかった。金正日政権は2006年10月に同国初の**核実験**に踏み切り、2009年5月に2回目の核実験を実施した（巻末に北朝鮮による核実験一覧）。

　金正恩政権は2013年2月に3回目の核実験を実施した後、経済建設と核兵器開発を同時に進めるという「**並進路線**」を打ち出した。党中央委員会2013年3月全員会議[4]で採択された「経済建設と核武力を並進させることについての新たな戦略的路線」である。金正日の「遺産」である核武力を強化、発展させるとともに、「経済建設にさらに大きな力を注ぎ、わが人民たちが社会主義の富貴栄華を心ゆくまで享受する強盛国家を建設する」ことが目的とされた。1962年12月に金日成が示した「経済建設と国防建設の並進路線」を継承、発展させたものだとされる。

　金正恩は並進路線を打ち出した際、核開発を進める理由と関連して「**バルカン半島と中東諸国の教訓**を絶対に忘れてはならない」と強調した。これらの国々について「自衛のための強力な国防力を持つことができず、帝国主義者たちの圧力と懐柔に打ち勝てず、既存の抑止力まで放棄して、結局は侵略の犠牲になった」と評価したのである。「帝国主義者たち」とは、米国とその同盟国を指している。

　『労働新聞』が2013年4月に掲載した記事を見ると、バルカン半島というのはユーゴスラビア、中東諸国は主にリビアを指すことがわかる。ユーゴスラビアは冷戦終結の混乱の中、米国の要求に応じてコソボから治安部隊を撤収させたが、最終的には北大西洋条約機構（NATO）軍から激しい空爆を加えられた。これが「大国に頼り、自分を守る力を育てず帝国主義者に無残に踏みにじられたユーゴスラビアの悲劇」だという。一方のリビアは、より切実な教訓である。リビアのカダフィ政権は2003

4）　金正日政権末期、金正恩政権初期に開催された朝鮮労働党中央委員会全員会議は「第○期第○回」とナンバリングされずに開催された。

年表3-1　北朝鮮の考えるバルカン半島と中東諸国の教訓

	出来事
1989年12月	米ソが冷戦終結を宣言
1990年7月	旧ユーゴスラビア・セルビア共和国のコソボ自治州議会が独立宣言を採択
1992年1月	多民族国家ユーゴスラビアが事実上解体
4月	セルビアとモンテネグロによる新ユーゴ成立
1998年2月	セルビア治安部隊がコソボへの大規模掃討作戦
6月	NATO、ユーゴ（セルビア）に圧力をかける大規模な軍事演習
10月	ユーゴがコソボから治安部隊を撤収
1999年2月	米、コソボへのNATO軍展開を認めるようユーゴに要求
3月	NATOが大規模なユーゴ（セルビア）空爆を開始
2003年12月	リビア（カダフィ政権）が米英の要求を受け入れて核開発計画を放棄
2006年5月	米国とリビアが26年ぶりに国交正常化
2011年2月	アラブの春を受け、カダフィ退陣を求めるデモがリビア全土に拡散
8月	カダフィ政権が崩壊
10月	カダフィが殺害される
12月	金正日が死去、金正恩が最高指導者に

年12月、米英両国との交渉で核兵器開発計画の放棄に応じた。米国は見返りとして経済制裁を解除し、リビアとの国交を正常化させた。ところが2011年の「アラブの春」の際に起きた内戦で、NATOは反政府勢力を支援する軍事介入を行った。そしてカダフィ政権は崩壊に追い込まれ、ムアンマル・アル＝カダフィは2011年10月に殺害されたのである。

　北朝鮮は2016年1月に4回目の核実験を行った際に発表した政府声明でも、「今日の厳しい現実は、自分の運命は専ら自力で守らなければならないという鉄の真理をあらためて明白に実証している。恐ろしく襲い掛かるオオカミの群れの前で猟銃を手放すことほど愚かな行動はない」と強調した。「オオカミの群れ」は米国とその同盟国、「猟銃」は核開発を意味すると読める。リビアの「教訓」を念頭に置いているのだろう。

　2018年6月の米朝首脳会談を前に、米大統領補佐官のジョン・ボルトンが圧力をかけることで大量破壊兵器を廃棄させる「リビア方式」が有効だと米国のテレビ番組で語り、副大統領のマイク・ペンスもリビアの国名をテレビのインタビューで出した。両者とも「金正恩がカダフィと

同じ運命をたどる」という文脈で語ったわけではないものの、北朝鮮は激しく反発した。北朝鮮は、体制の転覆を想起させる表現や、金正恩という「**最高尊厳**」に対する冒瀆と捉えうる表現を最も忌み嫌うのである。

■「国家核武力完成」を宣言〈核・ミサイル開発の加速〉

　北朝鮮は、2016、2017の両年に核・ミサイル開発のペースを急速に上げた。核実験は2年間に3回に上り、弾道ミサイル発射は2016年に23発、2017年に17発と急増した[5]。北朝鮮は1999年9月の米朝高官協議でミサイル発射のモラトリアム（一時凍結）に同意したものの、2006年7月に発射を再開した。ただ再開後も多くて年に数発程度で、金正日政権期の17年間での弾道ミサイル発射は16発にとどまった。金正恩政権発足当初の4年間（2012〜2015年）でも計15発であったため、2016年の急増ぶりは目を引いた（巻末に北朝鮮が開発・保有する主なミサイル一覧）。

　北朝鮮は2016年1月6日に4回目の核実験を実施した。金正恩は1カ月ほど前に「水素爆弾の巨大な爆発音をとどろかせることのできる強大な核保有国になれた」と語っており、実験当日に発表された政府声明も「4回目の核実験」という表現を使わず、「初の水爆実験が成功裏に実施された」と表明した。9月9日には「核弾頭の威力判定のための核実験」として、5回目の核実験が実施された。北朝鮮の核兵器研究所はこの際、「戦略弾道ロケットに装着できるように標準化、規格化した核弾頭」であるとし、核弾頭を「必要なだけ生産できるようになった」と量産化を誇示する発表をした。なお、同日は建国記念日（朝鮮民主主義人民共和国創建記念日）であったが、北朝鮮の核・ミサイル実験が特定の記念日や周辺国の政治外交日程に合わせて実施された例はけっして多くない。

　2017年9月3日には6回目の核実験を強行し、核兵器研究所が「ICBM搭載用水爆実験を成功裏に断行した」という声明を出した。朝鮮中央通

5) 弾道ミサイルの発射数は『防衛白書』令和4（2022）年版による。

図3-1　核・ミサイル開発関連地図

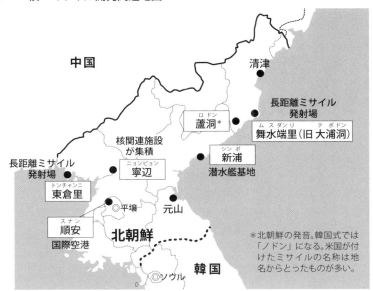

信は実験に先立つ同日早朝、新たに製造された**大陸間弾道ミサイル**
（ICBM）に搭載する水爆を金正恩が視察したという記事を配信していた。
銀色をした「水爆」の前に立つ金正恩の写真も一緒に配信された。包括
的核実験禁止条約機関準備委員会（CTBTO）の発表した地震波の規模
はマグニチュード6.1であり、これを基に防衛省は爆発規模（TNT火薬
換算）を160ktと推定した。広島に投下された原爆の10倍超である。

　弾道ミサイルに搭載するためには核兵器を小型化し、核弾頭という形
にしなければならないが、日本の『防衛白書』は「北朝鮮は核兵器の小
型化・弾頭化の実現に至っているとみられる」と評価している。根拠は、
米国とソ連、英国、フランス、中国が1960年代までに核兵器を弾道ミサ
イルに搭載するための小型化を実現させていることと、度重なる核実験
によって技術的成熟が見込まれることとされた。

　弾道ミサイル開発も急速に進展した。北朝鮮は2016年2月に「光明星」
ロケットで地球観測衛星「光明星4」を打ち上げたと発表した。2つの物

安保理決議と議長声明

　国連安全保障理事会は北朝鮮の核実験や弾道ミサイル発射に対し、①決議、②議長声明、③報道向け声明（プレスコミュニケ）――という対応を取ってきた。決議採択には、理事国15カ国のうち9カ国以上が賛成し、なおかつ常任理事国（米英仏中露）が拒否権を行使しないことが必要となる。議長声明は、理事国の総意を受けて議長が発表する。報道向け声明は北朝鮮の行動を「強く非難する」などと述べるもので、文字どおり報道機関向けに発表される以上の意味はない。全加盟国が内容に従う義務を負うかという法的拘束力という観点から区分すると、決議には基本的に法的拘束力があるが、議長声明と報道向け声明にはない。公式記録に残るかを基準にすると、決議と議長声明は記録に残るが、報道向け声明は残らないという違いがある。

　米国はかねてイスラエル擁護の立場から拒否権を発動してきたが、ウクライナ侵略以降は中国とロシアが北朝鮮を擁護するために拒否権を使うようになった。拒否権が行使されると、他の理事国すべてが賛成しても決議案は否決される。

体が地球の周回軌道に乗ったことが米軍によって確認されているが、衛星打ち上げ用ロケットの技術は弾道ミサイルと同一である。日米韓は3段式の長距離弾道ミサイル「テポドン2改良型」が使用されたと判断した。2013年1月に採択された国連安保理決議2087は「弾道ミサイル技術を使用したいかなる発射もこれ以上実施しないこと」を北朝鮮に求めており、衛星打ち上げであろうとも安保理決議に違反する行為となる。

　安保理決議2087は、北朝鮮による2012年12月の「銀河3」ロケットを用いた地球観測衛星「光明星3」2号機打ち上げに対応したものである。この時も、何らかの物体を衛星軌道に投入することに成功したことを米韓両国軍が確認していたが、この際に利用されたのも「テポドン2改良型」だったとみられている[6]。韓国軍は、1段目燃料タンクなどの海底か

6）北朝鮮は、韓国より早く、自力での衛星打ち上げ能力を持つ10番目の国となった。打ち上げ順に露米仏日中英、インド、イスラエル、イラン、北朝鮮。

らの回収に成功し、重量500～600kgの弾頭を1万km以上運べるという分析結果を発表した。主要部品は北朝鮮製で、回収した部分に使われていた外国製品はセンサーなど民生用の汎用品10点だけだったという。

　ただテポドン2は、日本のロケット発射場と同様の大型発射台に据え付けて発射するものであった。液体燃料の注入に時間がかかるため発射の兆候を事前に察知されやすく、兵器として実用的な水準とは言えなかった。北朝鮮は、車載式発射台（TEL）を使う中距離以上のミサイルや**潜水艦発射弾道ミサイル（SLBM）**の開発を急いだ。

　北朝鮮は2016年8月、中距離弾道ミサイル「火星7型（ノドン）」を発射し、弾頭部分を秋田県・男鹿半島沖250kmという日本の排他的経済水域（EEZ）内に落下させた。日本のEEZ内への着弾は初めてであった。TELを使用するノドンは日本のほぼ全域に届く射程1300km（改良型は1500km）のミサイルで、数百基が実戦配備されている。9月には、ノドンかスカッドの改良型とみられる弾道ミサイル3発を発射し、飛距離約1000kmで北海道奥尻島沖の日本のEEZ内に落下させた。ほぼ同時に発射した3発を、同一海域に落下させることで技術力の向上を見せつけた。

　最大射程4000kmの中距離弾道ミサイル「火星10型（ムスダン）」は、発射実験のないまま2007年から配備されていたが、2016年4月に初めて発射実験を行った。当初は失敗が続いたものの、6月に発射した6発目は高度1400km超の大気圏外に達し、発射地点から400km離れた日本海上に落下した。朝鮮中央通信はこの時、中距離戦略弾道ロケット「火星10型」の実験に成功したと発表した。発射角度をわざわざ高くして飛距離を抑える**ロフテッド軌道（lofted trajectory）**での発射であった。

　2017年7月4日には初のICBMである「火星14型」をロフテッド軌道で発射した。この日は米国の独立記念日であり、金正恩はICBM発射を米国への「贈り物」と称した。金正恩は「今後も大小の『贈り物』を頻繁に贈ろう」と語り、その言葉通り7月28日には「火星14型」を再びロフテッド軌道で発射した。8月29日と9月15日には中距離弾道ミサイル「火星12型」を発射した。高い角度に打ち上げて飛距離を抑えるロフテッド軌道ではなく、飛距離を伸ばす通常の軌道での発射だった。いず

図3-2　平壌から各地への距離

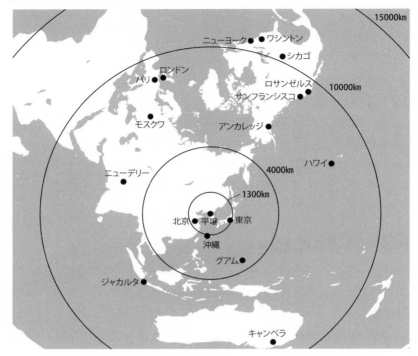

（出所）『防衛白書』令和5（2023）年版をもとに著者作成。

れも北海道上空を通過させていることから、日本政府は国民に対して**全国瞬時警報システム（Jアラート）**を通じてその事実を伝達した。さらに11月29日には「火星14型」より長射程のICBM「火星15型」をロフテッド軌道で発射した。「火星15型」はワシントンやニューヨークを含む米本土のほぼ全域に到達する飛距離を持つとみられている。

　北朝鮮はこの2年間の最初と締めくくりに「朝鮮民主主義人民共和国政府声明」を発表した。2016年1月の4回目の核実験の際に「核抑止力を質量ともに絶えず強化していく」と宣言し、2017年11月の「火星15型」発射後に「ついに**国家核武力完成**の歴史的大業、ロケット強国偉業が実現された」と宣言したのである。政府声明は、最高指導者の言葉や声明に次ぐ重みを持っている。実際には、ミサイルが大気圏に再突入す

る際に高熱に耐えられるかなど技術的課題が残っていると考えられたが、核抑止力を確保したと国家レベルで宣言した意味は大きい。2018年1月1日に公表された金正恩の「新年の辞」では、核兵器研究部門とミサイル工業開発部門に対して「威力と信頼性がしっかりと保証された核弾頭と弾道ロケットを量産して実戦配備すること」が指示された。

　北朝鮮はこの間、「北極星」というシリーズ名のSLBM開発にも拍車をかけた。初めてSLBM発射実験に成功したと発表したのは、2015年5月である。2016年には4月、7月、8月の3回にわたって発射した。公表された映像からは、ミサイルを空中に射出した後に点火する「コールド・ローンチ」の運用に成功している可能性が高いとされた。また、噴出する炎の形や煙の色などから固体燃料型であると考えられている。8月の発射での飛距離は約500kmであったが、この時も高角度での発射であったため、日本の防衛省は「仮に通常の軌道で発射すれば、射程は1000kmを超えるとみられる」と分析している。

経済全般への締めつけに〈強化された国連制裁〉

　国連安全保障理事会は2006年10月の第1回核実験以降、北朝鮮に対する10本の制裁決議を採択した[7]。当初の制裁は、▽核・ミサイル関連物資の禁輸、▽開発に関与した個人や組織の海外資産の凍結と渡航禁止、▽核・ミサイル開発に関する金融取引の禁止——といったものであった。開発のコストを上げることで北朝鮮に圧力をかけ、外交的な解決を促すことを目的としていた。

　北朝鮮が2016年に核・ミサイル開発のペースを上げたことに対応して、安保理の制裁決議も強化された。北朝鮮の外貨獲得手段を封じ、さらには石油の輸入にも制限がかけられた。それ以前の限定的だったターゲット型の制裁から、北朝鮮経済そのものにダメージを与えることを企

7）日本政府は、ミサイル発射を非難し、加盟国に関連物資の移転阻止に必要な措置を取るよう求める2006年7月の決議も「制裁決議」とみなし、制裁決議の本数を11本としている。

表3-1　北朝鮮の核実験・長距離ミサイル発射実験と国際社会の対応

北朝鮮の兵器実験		国連の対応（主な制裁内容）	
2006年 10月9日	第1回核実験	2006年 10月14日	制裁決議1718：核・ミサイル関連物資等の禁輸、開発に関与した個人・組織の資産凍結・外国への渡航禁止 ＝北朝鮮に対する初の制裁措置
2009年 4月5日	試験通信衛星「光明星2」を「銀河2」で打ち上げ（テポドン2改良型発射）	2009年 4月13日	議長声明で非難
2009年 5月25日	第2回核実験	2009年 6月12日	制裁決議1874：北朝鮮からの武器輸出を全面禁止、北朝鮮関連の貨物検査強化
2012年 4月13日	地球観測衛星「光明星3」を「銀河3」で打ち上げ（テポドン2改良型発射）＝失敗	2012年 4月16日	議長声明で非難
2012年 12月12日	地球観測衛星「光明星3」2号機を「銀河3」で打ち上げ（テポドン2改良型発射）	2013年 1月22日	制裁決議2087：制裁対象の個人・団体を追加、北朝鮮の金融機関の活動への警戒強化を加盟国に要請
2013年 2月12日	第3回核実験	2013年 3月7日	制裁決議2094：核・ミサイル開発に関する金融取引禁止、船舶貨物検査を強化
2016年 1月6日	第4回核実験（北朝鮮は「水爆実験」と主張）	2016年 3月2日	制裁決議2270：北朝鮮に関係する全貨物の検査、北朝鮮への航空燃料輸出制限、北朝鮮からの鉱物輸出制限
2016年 2月7日	地球観測衛星「光明星4」を「光明星」で打ち上げ（テポドン2改良型発射）		
2016年 9月9日	第5回核実験（北朝鮮は「核弾頭の威力判定のための核実験」と主張）	2016年 11月30日	制裁決議2321：北朝鮮からの石炭輸出に年間上限を設定、銅やニッケルの輸出を原則禁止、彫像の輸出禁止
2017年春	中距離弾道ミサイルの発射を繰り返す	2017年 6月2日	制裁決議2356：金正恩国務委員長の側近らを資産凍結・渡航禁止の対象に追加
2017年 7月4日	ICBM「火星14型」発射。北朝鮮は「7・4革命」と呼称	2017年 8月5日	制裁決議2371：北朝鮮からの石炭や鉄、海産物の輸出を全面禁止、北朝鮮からの労働者派遣の新規受け入れを禁止、北朝鮮との新たな合弁企業設立を禁止
2017年 7月28日	2回目の「火星14型」発射		
2017年 9月3日	第6回核実験	2017年 9月11日	制裁決議2375：北朝鮮からの繊維製品輸出を全面禁止、北朝鮮への原油供給量を現状凍結、石油精製品供給を年間200万バレルに制限、北朝鮮労働者の雇用契約の更新禁止
2017年 11月29日	新型ICBM「火星15型」発射。「国家核武力完成の歴史的大業が実現された」という政府声明を発表	2017年 12月22日	制裁決議2397：北朝鮮への石油精製品供給を年間50万バレルに制限、原油供給量は現状凍結ながら「400万バレルまたは52.5万トン」と数字で上限を明示、北朝鮮労働者を2年以内に送還
2022年 3月24日	新型ICBM「火星17型」発射	2022年 5月26日	米国提案の制裁決議案に中国とロシアが拒否権を行使

（注）北朝鮮発表と食い違う場合、カッコ内に日米韓の判断を付した。

図したものへと踏み込んだと言える。中国とロシアも、北朝鮮に一定の配慮を見せつつ一連の制裁に同意した。

　4回目の核実験とテポドン2改良型発射を受け、2016年3月に採択された安保理決議2270では、主要な外貨収入源である天然資源の輸出についての制限が初めて導入された。北朝鮮産の石炭や鉄鉱石などの輸出が禁止されたが、この時にはまだ「（北朝鮮国民の）生活のためで、核・弾道ミサイル計画と無関係である場合は適用外」とする例外規定が残された。一方で貨物検査については、北朝鮮に関連する貨物が他国領域内を通過する際には全ての貨物を検査することとされた。北朝鮮に対する航空機燃料の販売や供給を原則的に禁止したり、北朝鮮の銀行が他国に支店や事務所を開設するのを禁じたりといった制裁強化も図られた。

　1年の間に2回目となった第5回核実験を受け、2016年11月には決議2321が採択された。外貨収入源の柱である石炭輸出については例外規定がなくなり、「年間約4億ドル相当もしくは750万t」という上限が定められた。銅やニッケル、銀、亜鉛の輸出は、北朝鮮国民の生計目的の場合を除き禁じられた。さらに北朝鮮が、海外から建造を請け負って外貨獲得の手段としていた巨大銅像や記念碑的な像の輸出が禁止された。2017年6月には、度重なる中距離弾道ミサイル発射を受けて決議2356が採択された。これは、金正恩の側近らに対する資産凍結や渡航禁止措置であり、従来タイプの制裁であった。

　2度にわたるICBM「火星14型」発射を受けて8月に採択された決議2371は、天然資源の輸出に対して厳しい制限をかけるものとなった。前年11月の決議2321では上限の設定にとどまっていた石炭輸出、および生計目的の場合には認めていた鉄と鉄鉱石の輸出が全面禁止となったほか、鉛と海産物の輸出も禁止された。米国政府の発表によれば、これらの禁輸措置によって年間10億ドル以上の外貨収入を絶つ効果が期待された。さらに、国連加盟国による北朝鮮労働者の新たな受け入れを原則禁止とし、北朝鮮との新たな合弁企業設立も認めないこととした。これらの措置も、北朝鮮の貴重な外貨収入源を狙った措置であった。

　それにもかかわらず北朝鮮は6回目で、過去最大規模となる核実験を

9月3日に実施した。安保理は8日後に決議2375を採択し、北朝鮮の燃料輸入の制限や外貨収入源へのさらなる締めつけ強化を図った。燃料に関しては、北朝鮮への原油供給量を前年実績までに凍結し、石油精製品の供給に年間200万バレルの上限を設定した。北朝鮮は2016年に石油精製品を450万バレル輸入したとみられており、それを半分以下にするという厳しい制限であった。外貨収入源については、繊維製品の輸出禁止や、北朝鮮労働者に対する雇用許可の更新禁止などが盛り込まれた。

　北朝鮮は11月にICBM「火星15型」を発射し、これを受けて12月に決議2397が採択された。石油精製品の北朝鮮への供給の年間上限について、9月の決議2375で認められた200万バレルから50万バレルに引き下げた。2016年実績と比較すると、輸入量は9割減となる。原油の輸入についても、年間400万バレルもしくは52万5000tという上限が課された。北朝鮮の年間原油輸入量とほぼ同じ量であるため実質的には現状凍結であるが、量を明記したことに意味があるとされた。さらに船舶を用いた密輸への対策として、国連加盟国に海洋での監視活動の強化が要請された。また各国で就労中の北朝鮮労働者については、決議採択の日から2年以内に本国送還とすることが義務付けられた。

　安保理決議が海上での密輸に対する監視活動の強化をうたっているように、制裁を決議すれば実効性を上げられるわけではない。各国の解釈が食い違うこともあれば、そもそも制裁上の義務を履行するための体制

ラオスの首都ビエンチャンの博物館前には北朝鮮の万寿台創作社が制作した彫像が設置されている（左）。2012年8月撮影。平壌中心部にある社会主義建設をモチーフとした万寿台大記念碑とよく似ている（右）。2008年8月撮影

が整っていない国もある。さらに他国からの貨物であると偽装したり、洋上で船を横付けして積み荷を移す「瀬取り」と呼ばれる手法を使ったりする密輸もある。また、安保理の北朝鮮制裁履行に関する専門家パネルの調査では、制裁対象になっていない物品の輸出を大幅に増やして外貨収入を確保しようとする動きも見られた。

　そもそも「自立」を標榜する北朝鮮の経済は、対外貿易への依存度が非常に低い。米国は、朝鮮戦争勃発直後から輸出統制法によって制裁をかけており、グローバル化の進んだ世界経済の中でも制裁への抵抗力は特異なほど強いと考えられる。実際に、2016年以降に制裁が厳格化されても、市場でのガソリン価格などの高騰はあまり見られなかった。この点は、自国で産出する石炭を主たるエネルギー源として使う産業構造の

コラム

北朝鮮の年間石油輸入は日本の2日分

　対北朝鮮制裁で切り札になりうると考えられてきたのが、北朝鮮への原油やガソリンなどの供給である。北朝鮮は2016年に原油を400万バレル、石油精製品を450万バレル輸入したとされる。制裁は2017年9月の安保理決議2375に初めて盛り込まれ、12月の安保理決議2397で強化された。その結果、北朝鮮への原油供給は2016年実績とほぼ同じ年間400万バレルで凍結され、石油精製品は約9割減の50万バレルの上限が設定された。

　日本は2016年に、1億9272万klの原油と3082万klの石油製品を輸入した。バレルに換算すると1日当たり計約390万バレルになる。北朝鮮の同年の輸入量は原油と石油精製品の合計で約850万バレルなので、日本の輸入量の2日分を少し上回るレベルである。このうち石油精製品400万バレルが決議2397の影響を受ける。

　日本への輸入では約190万バレルの輸送能力を持つ超大型タンカーが使われることが多い。「瀬取り」では小型タンカーが使用されるが、必要量が少ないため密輸で不足分をある程度カバーできる可能性がある。

　見過ごせないのは、北朝鮮にとっての主要エネルギー源は石油ではなく、自給できる石炭だということである。石油でなければ代替できないものもあるが、制裁が実際に与える影響の大きさは慎重に検討しなければならない。

影響も大きい。

　それでも金正恩政権が掲げる「**人民大衆第一主義**」に基づく「**人民生活の向上**」、すなわち経済成長を実現させるためには、経済制裁の解除が不可欠であろう。北朝鮮自身もそのように判断していたことは、2019年2月の第2回米朝首脳会談で金正恩が2016、2017年に採択された制裁決議6本のうち、従来型のターゲット制裁を除く5本の解除を米国大統領ドナルド・トランプに要求したことからもうかがえる。

　ただし2022年2月のロシアによるウクライナ侵略以降、安保理常任理事国の中国とロシアは北朝鮮擁護の姿勢を強めた。2022年3月の新型ICBM「火星17型」発射実験を受けて米国が追加制裁決議案を安保理に提出したものの、5月に実施された採決で中露は拒否権を行使した。安保理を舞台に北朝鮮への圧迫を強める日米韓の戦略は見直しを余儀なくされた。

強調される「責任ある核保有国」〈対米交渉の基本姿勢〉

　金正恩は2016年5月の第7回党大会での事業総括報告で、「水素爆弾まで保有する限りなく強大な国力を持つ今日のわが共和国[8]は国際舞台で帝国主義者たちによる核の脅威と恐喝、強権と専横をはねのけ、正義にかなう世界秩序を構築していく責任ある核保有国、主体の核強国として威容をとどろかせている」と語った。さらに「わが共和国は責任ある核保有国として、侵略的な敵対勢力が核兵器でわれわれの自主権を侵害しないかぎり、すでに明らかにしているとおり、こちらから核兵器を使用することはしない。国際社会の前で負う核拡散防止の義務を誠実に履行し、世界の非核化を実現させるために努力する」とも述べた。核の先制不使用を確認し、世界の非核化に寄与すると主張したのである。

　北朝鮮は「責任ある核保有国」として、米国とは対等な立場で軍縮交渉を行うべきであり、北朝鮮に対して一方的な核廃棄を求めるような交

---

8) 北朝鮮では一般的に、自国のことを「共和国」もしくは「朝鮮」と呼ぶ。

渉は受け入れられないとの主張を展開してきた。米国務省によると、北朝鮮は2016年1月の4回目の核実験を実施する前、米国に平和協定に関する協議を求めてきた。北朝鮮の非核化を議題に含めなければならないという米国の立場を伝えたところ、北朝鮮が拒否したという。

　後述するように北朝鮮はその後、核の先制使用に関する姿勢を転換させた。条件を付けているとはいえ、先制使用に道を開く核ドクトリンを2022年9月に採択したのである。

　NPTは、1970年の発効前に核兵器を保有していた5カ国（米国、ソ連＝崩壊後はロシア、中国、英国、フランス）のみを「核保有国」と認め、核軍縮交渉を誠実に行うよう義務付ける一方、その他の国には核保有を禁じている。不平等条約だと批判されるポイントであり、北朝鮮もこの点を問題視する姿勢を強調している。北朝鮮は1993年3月にNPT脱退を宣言したものの、日米をはじめとする他の加盟国はそれを認めない立場を取ってきた[9]。なお、インドとパキスタンはNPTに加盟しないまま核兵器を開発・保有するに至っており、同様に非加盟のイスラエルも核保有しているとみられるが、いずれの国も「核保有国」の地位を認められてはいない。

対米交渉と挫折、さらなる軍備増強 〈国防5カ年計画〉

　金正恩は2018年の「新年の辞」を契機に、南北関係の改善に前向きな姿勢を見せていた韓国の文在寅（ムンジェイン）政権への接近を図る。文在寅との首脳会談開催が決まると、トランプも直後に金正恩との会談に同意した。4月27日に南北首脳会談、6月12日に**米朝首脳会談**を開催することが決まり、核・ミサイル関連の活発な動きは鳴りを潜めた。

　朝鮮労働党は4月20日に第7期第3回全員会議を開き、核・ミサイル開発が進展したことで並進路線の目的は達したとして核実験とICBM発

---

9) 北朝鮮は1993年6月の米朝高官協議を受けて「脱退宣言の発効を停止する」としたが、第2次核危機初期の2003年1月に「発効の停止」を取りやめ、脱退の効力が発生したと主張した。

射実験の中止を決めた（核・ICBM実験のモラトリアム宣言）。実際に2018年には、核実験、弾道ミサイル発射実験とも一度も行っていない。

　だが、制裁解除に期待をかけた2019年2月の第2回米朝首脳会談は決裂に終わった。北朝鮮はこの後、短距離弾道ミサイルの発射を再開したものの、トランプは米本土に届くICBMではないことを理由に問題視しなかった。金正恩はトランプとの個人的な信頼関係に望みをつないで「年末までは忍耐心を持って米国の勇断を待ってみる」と表明したものの、米朝交渉は進展をみないままであった。トランプとの交渉で挫折を経験した金正恩は12月の党第7期第5回全員会議で、経済制裁が無力であることを「自力更生」で示そうという「**正面突破戦**」を打ち出した。

　金正恩はこの際、第1回米朝首脳会談を前に表明した核実験とICBM発射のモラトリアムを解除する考えを示唆した。「核実験とICBM発射実験を中止し、核実験場を廃棄する先制的な重大措置をとった」にもかかわらず、米国はきちんと対応しなかったと批判し、「守ってくれる相手方もいない公約にわれわれがこれ以上一方的に縛られている根拠がなくなった」と述べたのである。ただ2020年は、年明けから新型コロナウイルスのパンデミックへの対応に追われることとなった。

　金正恩が今後の方向性を強く打ち出したのは、2021年1月の第8回党大会でのことであった。米国を「最大の主敵」であると規定し、経済の自力更生と核兵器を主力とする軍備増強を打ち出した。大会では「**国防科学発展および兵器システム開発5カ年計画**」が提示された。この計画に盛り込まれたのは、▽核兵器の小型・軽量化による戦術核兵器の開発と超大型核弾頭の生産、▽極超音速滑空ミサイルの開発、▽固体燃料型ICBMの開発、▽原子力潜水艦と水中発射核戦略兵器の保有、▽軍事偵察衛星の運用と無人偵察機の開発などである。開発分野が多岐にわたっており、軍事力全体の底上げを図ることが目的であることが読み取れる。

　北朝鮮はこの後、計画に掲げたミサイルなどの発射試験を繰り返すようになる。9月には、列車を発射台として使う弾道ミサイル、自国領空内を旋回軌道で1500km飛行した長距離巡航ミサイル、下降を始めた後

新造の戦術核攻撃潜水艦第841号「金君玉英雄」を見る金正恩(左から2人目)。写真提供：朝鮮通信＝時事

に急上昇する変則軌道のミサイルなどの発射試験が相次いで実施された。迎撃されにくい極超音速滑空ミサイルの発射も高い頻度で繰り返すようになった。

　2022年3月にはモラトリアムを破棄し、新型ICBM「火星17型」をロフテッド軌道で発射した。通常軌道で発射すれば射程は1万5000kmを超えるとみられ、米本土に到達可能なミサイルをTELから発射できると誇示した。2023年4月には初めての**固体燃料型ICBM**「火星18型」を発射し、7月にも再び「火星18型」を発射した。事前察知や迎撃がされにくい兵器の開発を急ピッチで進め、開発がある程度進んだものは量産化して配備する段階に突入したということである。飛距離を伸ばしてICBMの完成を目指した2017年までとは比較にならない進歩であった。

　鉄道車両からだけでなく、空港や貯水池など従来では考えられなかった場所からのミサイル発射も目に付くようになった。平壌にある順安国際空港は2017年8月の中距離ミサイル「火星12型」発射で初めて使用され、2022年3月のICBM「火星17型」発射でも使われた。内陸部の貯水池に沈めた発射台からの弾道ミサイル発射も2022年9月に実施された。発射準備に時間を要しない固体燃料型ミサイルの開発に注力しているの

2023年7月12日に平壌ゴルフ場でTELから発射されたICBM「火星18型」。写真提供：朝鮮通信＝時事

と同様に、米国の偵察衛星を強く意識していることをうかがわせる。

　2023年3月には、海中で核爆発を起こして津波を発生させ、敵の艦船や港を破壊する「核無人水中攻撃艇」の実験を実施したと発表した。「ヘイル（津波）」と命名された新型兵器で、開発がどれくらい進んでいるかは不明ながら、長時間航行する核魚雷だと考えられている。

　北朝鮮は**偵察衛星**の運用にも強い意欲を見せており、2023年11月に初号機の打ち上げに成功したと発表した。米軍も衛星軌道への投入を確認した。偵察衛星としての能力は不明だが、12月には朝鮮中央通信が「偵察衛星運用室」が任務を開始したと報じた。偵察衛星を本格的に運用できれば、米空母などの動きを捕捉できるようになる。7月の**閲兵式（軍事パレード）**では、新たに開発したという戦略無人偵察機「セッピョル4」型と攻撃型無人機「セッピョル9」型を登場させた[10]。さらに閲兵式の開催頻度を増やしたほか、国防発展展覧会、武装装備展示会など新たな試みも導入して、通常兵器の開発にも進展があることを内外に誇示するようになった。特に閲兵式は深夜や未明の開催が多くなり、映像面

10）「セッピョル」は「明けの明星」の意。「セッピョル4」型は米国製無人偵察機「RQ-4グローバルホーク」に外見が似ており、「セッピョル9」型は米国製無人機「MQ-9リーパー」もしくはイラン製無人機「シャヘド149ガザ」との外見上の類似が指摘される。

図3−3　朝鮮半島の軍事力

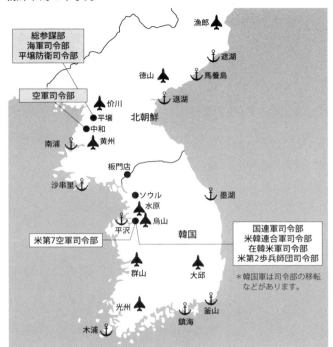

		北朝鮮	韓国	在韓米軍
	総兵力	約128万人	約56万人	約3万人
陸軍	陸上兵力	約110万人	約42万人	約2万人
	戦車	T-62、T-54/-55など 約3500両	M-48、K-1、T-80など 約2150両	M-1 A2SEPv2
海軍	艦艇	約790隻、10万トン	約230隻、29万トン	支援部隊のみ
	駆逐艦 フリゲート 潜水艦	6隻 21隻	12隻 14隻 19隻	
	海兵隊		約2.9万人	
空軍	作戦機	約550機	約660機	約80機
	第3/4/5世代 戦闘機	MiG-23×56機 MiG-29×18機	F-4 ×29機 F-16×161機 F-15×59機 F-35×40機	F-16×60機
参考	人口	2596万人	5184万人	
	兵役	男性　10年 女性　7年	陸軍　18カ月 海軍　20カ月 空軍　21カ月	

（出所）『防衛白書』令和5（2023）年版。

での演出も工夫された。経済成長を阻んでいるのは「敵」による制裁のせいだとの主張が展開されるなか、これらの行動は、それに対抗すべき自国の軍事力は世界的水準に達している、と示す国威発揚の機会となる。

明記された核の先制使用条件〈核ドクトリン〉

　2022年9月、最高人民会議第14期第7回会議は法令「朝鮮民主主義人民共和国の核武力政策について」を採択した。金正恩政権初期の2013年4月に採択された核兵器に関する基本原則を改め、新たな**核ドクトリン**として提示したものである。自国に対する攻撃が差し迫った場合には核兵器の先制使用を辞さないとする内容であり、従来の姿勢から一歩踏み込んだものとなった。

　この法令では、金正恩が務める国務委員長が「核兵器に関連したすべての決定権を持つ」と明確にした。核兵器使用については、「他の核兵器保有国と野合して朝鮮民主主義人民共和国に反対する侵略や攻撃行為に加担しない限り」という条件を付けた上で非核保有国に対する核兵器の使用や核の脅しをしないという「原則」を掲げた。この点は、従前のドクトリンと変わらない。

　ただし、通常兵力によるものであろうとも北朝鮮や金正恩への攻撃が差し迫ったと判断されれば、核兵器の先制使用が可能になるという規定も盛り込んだ。「国家指導部と国家核兵器指揮機構に対する敵対勢力の核および非核攻撃が敢行されたり、差し迫ったりしたと判断される場合」には核兵器を使用できると明文化し、「国家核武力に対する指揮統制体系が敵対勢力の攻撃で危険にさらされる場合、事前に決定された作戦方案に従って挑発の原点と指揮部をはじめとする敵対勢力を壊滅させるための核打撃が自動的に即時断行される」としたのである。

　この法令は、2021年1月に策定された「国防科学発展および兵器システム開発5カ年計画」で重要課題の一つに挙げられた**戦術核兵器**の使用を示唆したものと言える。金正恩は、新たな核ドクトリンを法令化した

会議の場において施政演説を行い、「最も重要なのは、われわれの核武力の戦闘的信頼性と作戦運用の効果性を高めることができるように戦術核運用空間を不断に拡張し、適用手段の多様化をより高い段階で実現して核戦闘態勢を全面的に強化すべき」だと述べているからである。対米抑止力としての戦略核兵器とともに、韓国や在韓米軍の軍事拠点をターゲットに実戦で使用しうる戦術核兵器の開発に邁進していることは明らかであった[11]。

　法令採択に先立って金与正は2022年4月、韓国との軍事対決が起きた場合には自国の軍事力を温存するため戦争初期に核兵器を使用することになると警告する談話を発表していた。金正恩も同月の閲兵式での演説で、核兵器の役割について「戦争防止という一つの使命だけに縛られない」と述べ、「いかなる勢力であろうとわが国の根本利益を侵奪しようとするなら、核武力は第2の使命を決行せざるをえなくなる」として、核の先制使用をほのめかした。さらに、同年末に開催された党中央委員会第8期第6回全員会議でも「われわれの核戦力は戦争抑止と平和安定・守護を第1の任務と見なすが、抑止失敗の際、第2の使命も決行することになる。第2の使命は、防御ではない他のものである」と発言した。米韓を牽制しようとの思惑もあるだろうが、核・ミサイル開発の進展に自信を深めたことでより強硬になったと考えられる。

▎活発化するサイバー攻撃〈非合法手段による外貨稼ぎ〉

　核やミサイル開発を進めるためには技術や素材などを国外から調達する必要があるが、2016年以降に強化された国連制裁によって合法的な外貨獲得には強い制限が課された。前述の通り、ミサイル関連輸出による外貨獲得の道も事実上閉ざされている。そのような中でも開発を進めら

---

11) 『労働新聞』2013年5月21日付は、戦略核兵器を「相手側の大都市と産業中心地、指揮中枢と核武力集団など戦略的対象物を打撃するための核弾頭とその運搬手段からなる兵器」、戦術核兵器を「前線や作戦戦術的縦深地帯にある兵力と火力機材、戦車、艦船、指揮所などを打撃するための核弾頭とその運搬手段からなる兵器」と説明している。

れる背景には、非合法な手段による外貨稼ぎがあると考えられている。

　1990年代にはスーパーノート[12]と呼ばれる精巧な偽ドル札が東南アジアや中東など各国で出回った。1994年6月にバンコ・デルタ・アジア（BDA）というマカオの銀行からニューヨークの銀行に持ち込まれた28万ドル相当の100ドル札が偽札と判明した。紙幣の出所であるマカオにある貿易会社を訪れたジャーナリストによると、壁には金日成と金正日の肖像画がかけられていたという。この事件では貿易会社の社員4人が拘束されたものの、いずれも北朝鮮の外交旅券を所持していたため釈放された[13]。米国はその後、北朝鮮政府の管理下でスーパーノートが製造され、国外に持ち出されたものだと断定した。1989年から2000年代半ばまでに押収されたスーパーノートの額面は合計で5000万ドルに達したとされる。米政府は2005年9月にBDAを「マネーロンダリング（資金洗浄）の主要懸念先」に指定し、米国の金融機関に対して同行と取引することを禁止した。6カ国協議が一定の進展を見たタイミングであったため、北朝鮮の猛反発を招いて核問題の協議にも影響を及ぼすこととなった[14]。

　この他にも外国ブランドの偽たばこや覚醒剤の密造にも手を染めていたと考えられている。覚醒剤は日本海経由で日本に密輸してきたが、日本側の取り締まり強化を避けるため中国東北部経由の密輸が増えた。中国で2010年4月に死刑が執行された日本人も、北朝鮮製の覚醒剤密輸にかかわっていたのではないかと指摘されている。日中両国の取り締まり強化によって覚醒剤の密輸が難しくなると、だぶついて値崩れした覚醒剤が北朝鮮国内で蔓延して社会問題化したともいわれる。

　2010年代に顕在化したのが、北朝鮮によるサイバー攻撃である。初期に北朝鮮の関与が疑われたのは、韓国の政府機関や銀行、メディアのサーバーへの攻撃であった。大量のパケットを送り付け、通信障害を引

12）「スーパーK」とも呼ばれる。
13）ジェフ・ホワイト『ラザルス』64〜65頁。外交関係に関するウィーン条約は、接受国において外交官の身体不可侵、すなわち逮捕や抑留、拘禁の禁止を定めている。
14）核問題協議への影響については第7章を参照。

き起こすDDoS攻撃という手法が使われた。2014年には、金正恩暗殺をモチーフにした映画『ザ・インタビュー』を制作した米映画会社ソニー・ピクチャーズエンタテインメント社もサイバー攻撃を受け、大量の情報流出に見舞われた。

　サイバー攻撃はその後、金融機関をハッキングして資金を盗み出すという形態を取るようになった。2016年2月にバングラデシュ中央銀行の資金8100万ドルがフィリピンの銀行に不正送金され、窃取された事件は北朝鮮による犯行だと考えられている。その後、暗号資産（仮想通貨）の交換所が狙われるケースが増えた。国連安保理の北朝鮮制裁委員会に設置された専門家パネルは、暗号資産を狙ったサイバー攻撃が北朝鮮の重要な資金源になっていると警告している。2023年4月に公表された年次報告書によると、2022年に北朝鮮が盗んだ暗号資産の総額は10億ドルとも見積もられた。

　日本の暗号資産交換業者が狙われる事件も相次いでいる。2021年8月にビットコインなど計100億円超が流出した事件については米国の調査会社が、対外工作を任務とする朝鮮人民軍**偵察総局**傘下の「ラザルス（Lazarus）」の関与を指摘する報告書を出した。警察庁は2022年10月、ラザルスが日本国内の暗号資産交換業者へのサイバー攻撃をしているという異例の注意喚起を発表した。暗号資産の窃取を含むサイバー攻撃では、ラザルスと同様に偵察総局傘下の「キムスキー（Kimsuky）」と呼ばれるグループの関与が指摘される。北朝鮮は数学に秀でた子供たちを選抜して特別な教育を受けさせ、サイバー人材を組織的に育成しているという。

　北朝鮮は中国などにもうけた国外拠点にIT技術者を派遣し、ソフトウェア開発を請け負うような経済活動もしている。北朝鮮当局の管理下で集団生活を送りながら働くIT技術者のもたらす外貨収入は、年を追うごとに増えているとみられる。

第4章

究極の格差社会
北朝鮮の経済

韓国より豊かだった時代〈冷戦下の北朝鮮経済〉

　北朝鮮には、石炭やマグネサイト、タングステンなどの鉱物資源が埋蔵されている。日本の植民地だった時代に朝鮮半島の重化学工業が北半部に集中していたことを考えても、もともと南半部より経済成長の素地はあった。朝鮮半島は朝鮮戦争（1950〜53年）で焦土と化したが、北朝鮮はソ連の**社会主義計画経済**を模倣した3カ年計画、5カ年計画を次々と実施するとともに、ソ連や東欧諸国、さらには中国からの強い後押しを受けて重化学工業優先の戦後復興を進めた。現在の状況からは想像するのも難しいが、北朝鮮の方が韓国より豊かだった時期もあった。

　北朝鮮の経済建設に支障が出始めた契機は、1960年前後からソ連と中国の路線対立が激しくなったことである（**中ソ論争**）。当初、北朝鮮は中国寄りの立場をとったため最大の支援国だったソ連からの援助が激減し、大きな打撃を受けた。さらに、中国が文化大革命に突入した1960年代後半になると、中朝関係も悪化するが、そのことについては第9章で詳しく取り上げたい。

　1962年には、キューバへのソ連のミサイル基地建設を発端に米ソ核戦争の一歩手前になったキューバ危機が発生した。その後、ベトナム戦争も激化した。朝鮮戦争で米国と戦火を交えた北朝鮮は、米国の脅威に敏

感になっていた。1960年代の北朝鮮は、従来以上に軍事力整備優先、すなわち国民生活軽視の経済建設を進めた。

　その際、中ソの動向に大きな影響を受けてきたことを教訓に外国への依存を減らす自主路線が打ち出され、主体思想が北朝鮮の支配イデオロギーへと発展していく。また、ソ連が経済相互援助会議（コメコン、SEV）を軸に社会主義国家間における経済分業を強く求めたのに対し、金日成は朝鮮戦争の休戦直後に掲げたとされる**自立的民族経済論**を強調するようになった。

　一方、競争相手である韓国は1965年の日韓国交正常化を契機に、開発独裁型の指導者である朴正熙の下で高度経済成長の道を歩み始めた。韓国は朝鮮戦争直後には1人当たり国民総所得（国連推定）が100ドルにも満たない世界最貧国の1つだったが、1970年には291ドルにまで上昇した。同年にはまだ北朝鮮の432ドルより見劣りしたが、1974年には韓国573ドル、北朝鮮579ドルと肩を並べる。1976年に逆転して以降は差が開くばかりとなっている[1]（図4-1）。

　北朝鮮は1970年代に入ると、日本や西欧諸国から大規模なプラント輸入を進めて韓国に対抗しようとした。その時、北朝鮮を襲ったのが1973年のオイルショックに伴う世界市場の混乱である。西側諸国から輸入した機械類などの代金がインフレで高騰した一方、北朝鮮の主要な輸出品である鉛や亜鉛の価格は暴落して深刻な外貨不足に陥った。北朝鮮がこの時に輸入した機械類に対する未払い債務は、日本向けだけでも元利合計で約1000億円にのぼる。

　金正日が金日成の後継者であることが明確になった1980年代には、経済の立ち遅れが目立つようになっていた。金正日が1984年2月の演説で「人民に空の食器を差し出して社会主義制度はすばらしいと教育したのでは、彼らは社会主義制度の真の優位性を深く認識することができません」と危機感を表明したほどである。北朝鮮は長らく重工業優先の経済建設を志向してきたが、この演説によって**人民生活の向上**が強調さ

1）冷戦終結期以降の南北格差については206頁の図8-1参照。

図4-1　1970年代に南北の経済力は逆転した

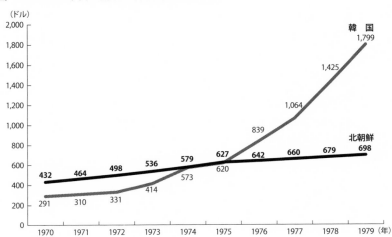

（出所）国連統計部のデータ（推定値）をもとに著者作成。

れ、「軽工業革命」「奉仕（サービス）革命」といった用語が多用される
ようになった。

　北朝鮮は1984年、合弁企業設立の手続きを定めた**合営法**を制定して外
国からの投資受け入れに意欲を見せたが、国外からの情報流入を嫌がる
中途半端な姿勢だったこともあって成果を挙げられなかった。一方で金
日成は1985年6月に「基本は自力更生であります」「外貨を受け入れて
経済を建設すれば従属経済になってしまいます」と述べている。あくま
でも自立経済に軸足を置きたかったとみられる。

　しかし、自主的、主体的に生きていこうというスローガン「**自力更生**」
とは裏腹に、社会主義諸国からの支援に頼る経済運営から抜け出すこと
はできなかった。そして世界は1980年代末に大きな転換期へと突入す
る。1990年を前後してソ連と東欧の社会主義体制は崩壊し、改革開放路
線をとった中国は1992年、北朝鮮の反発を押し切って韓国との国交樹立
に踏み切った。北朝鮮が社会主義国家との間で行ってきた友好価格によ
る貿易や物々交換のバーター貿易は打ち切られ、ハードカレンシー[2]に
よる決済が強いられるようになった。

統制社会でも語られる不満

　金正日が1980年10月に表舞台に登場してから、1994年7月の金日成死去までの期間は冷戦終結と重なる。食糧事情の悪化には冷戦終結に伴うソ連・東欧諸国からの支援激減という要因も大きかったものの、北朝鮮では金正日への権力移行とからめて考える人が多かったという。冷戦時代には党の思想宣伝が圧倒的な力を持っており、多くの人が食糧を自給できていると信じていたからである。食糧事情の悪化は、金正日の権威を傷つける結果を生んだ。

　1980年代半ばに平壌で大学に通った脱北者は本書のためのインタビューで、大学時代に親しい友人と酒を飲みながら「組織書記（金正日の当時の職位）は、経済も、外交も知らないようだ。知っているのは酒と遊びばかりだし、ドルが大好きらしい」と話していたと証言した。特権階級の子弟も友人におり、金正日が芸術家を重用していることや、側近への贈り物に日本製のカラーテレビを贈っていること、多額の米ドルを上納した人が英雄の称号をもらったことなどを聞いていたのだという。それに、金正日が当時発表した論文や談話が「映画芸術論ばかり」だったから、経済や外交は知らないようだと考えたのだという。

　この脱北者は1996年頃、知人の祖父母が酒の密造で摘発された際に警察への口利きで助けてあげた。その後、この老夫婦宅で酒をごちそうになると、妻が「日帝時代（日本の植民地だった時代の意。韓国でも同じ表現を使う）より生活が厳しい。日帝時代には少なくとも食べ物がなくて死んだ人はいなかった。配給もきちんとしていた」と話していたという。植民地時代を懐かしがるなど普通はできないはずだが、この脱北者は「80歳近い老人だったから何も恐れるものなどなかったのだろう」と苦笑していた。

　金 正 恩（キムジョンウン）は、2016年5月の朝鮮労働党第7回大会でこの時期について「世界の社会主義体制が崩壊し、帝国主義連合勢力の反社会主義的攻勢がわが共和国に集中した前代未聞の試練の時期、わが党と人民は帝国主義連合勢力に単独で立ち向かって闘わざるをえなかった」と論評した。

2）国際取引の決済で広範に使われ、かつ主要な為替市場で広範に取引されている通貨。米ドルやユーロ、円など。

政治的にも、経済的にも、北朝鮮を支えてくれる国は見当たらなくなってしまったのである。

「苦難の行軍」の試練 〈ポスト冷戦期の経済危機〉

ソ連では1985年3月にミハイル・ゴルバチョフが共産党書記長に就任し、最高指導者としてペレストロイカ（改革）、グラスノスチ（情報公開）という大胆な改革策を打ち出した。後の冷戦終結につながる動きだが、結果的に北朝鮮にとっては厳しい北風となった。北朝鮮経済が破綻の危機に陥った最大の原因は、冷戦終結でソ連・東欧社会主義諸国から援助を得られなくなったことにある。

冷戦時代の北朝鮮は、西側世界に対峙する共産圏全体にとっての最前線という位置にあった。冷戦の最前線であるからこそ東側諸国から支援を受け続けられてきた北朝鮮にとって、米ソの緊張緩和は大変な逆風となった。エネルギー不足から国内の物資流通にも大きな支障が生じ、1980年代後半から平壌以外の地方で食糧配給が滞り始めた。

かろうじて**配給制度**が維持された平壌でも、金日成死去と前後して制度が機能しなくなってきた。石鹸など日用雑貨も不足が目立つようになった。慢性的な電力不足のうえ、ソ連から機械の補修用部品を調達できずに稼働できない工場も出てきた。

北朝鮮では、金日成の死後に経済が危機的状況に陥った1990年代後半の時期を「**苦難の行軍**」と呼んでいる。本来の苦難の行軍は、1938年末からの3カ月半の間に金日成率いる抗日ゲリラ部隊が度重なる困難を克服しながら中国東北部を進んだ行軍を指す。飢えと寒さに苦しみながら日本軍の討伐隊と戦いながら進んだ道になぞらえて、国民を鼓舞しようとしたのである。洪水被害で農業部門に大きな打撃を受けた1995年には、初めて国際社会に食糧支援を求めている（図4-2）。「**地上の楽園**」と自称してきた北朝鮮が経済的苦境を認めるというのは大きな政策転換であった。

北朝鮮当局は、1997年末には最悪の経済状況から脱することができる

図4-2　北朝鮮の食糧生産量

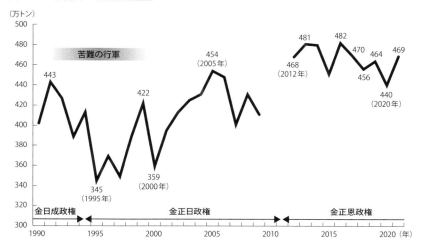

（注）米穀類と麦類、雑穀、豆類、薯類の生産量合計。
（出所）韓国統計庁「北韓の主要統計指標」2007、2022。

と判断したとみられる。『労働新聞』などに掲載された1998年の新年共同社説は「数年間にわたって続けられた『苦難の行軍』は、われわれにとって実に困難な試練であった」と過去形で語った。韓国銀行の推定によると、1990年からマイナスが続き、1997年にマイナス6.5％を記録した北朝鮮の経済成長率は1998年にマイナス0.9％まで持ち直し、翌1999年には6.1％とプラスに転じた。そして党創建55周年の2000年10月、北朝鮮は『労働新聞』の社説や軍幹部の演説を通じて苦難の行軍の終了を公式に宣言した（図4-3）。

　苦難の行軍期には、栄養失調や衛生問題で多くの餓死者が発生した。国連によると、北朝鮮における5歳未満の乳幼児死亡数（推定値）は1980年代後半に1000人当たり35人程度だったが、1990年代半ばに急激に増加した。1996年、1997年に2年連続で75.7人のピークに達している。その後は徐々に減少し、2000年代半ばになって1980年代後半の水準に戻した。2000年代末からは死亡数がさらに減少し、2021年は15.4人になっている。1000人当たりの死亡数が数人という先進国レベルからは

図4-3　北朝鮮の経済成長率推移

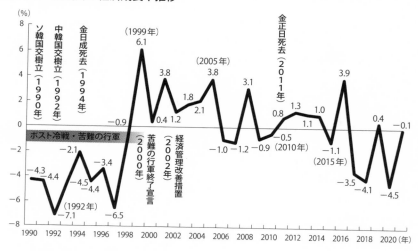

（出所）韓国銀行のデータ（推定値）をもとに著者作成。

図4-4　5歳未満の乳幼児死亡数（1000人当たり）の推移

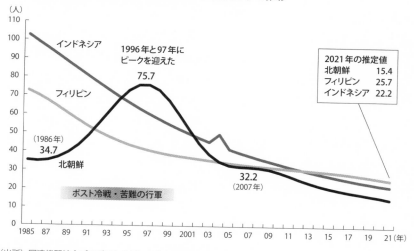

（出所）国連機関統合プログラムのデータをもとに著者作成。

遠いが、北朝鮮の人々を苦しめた苦難の行軍期以降は徐々に改善される
カーブを描いている。推定が正しいならば、乳幼児死亡率はインドネシ

コラム

「300万人餓死説」は本当か

　苦難の行軍期には多くの人が栄養失調と衛生状況の悪化で命を失った。韓国や日本では「300万人が餓死した」という情報も語られたが、この数字は過大だったと考えられる。

　北朝鮮では、国連機関の支援を得て1993年と2008年に大規模な国勢調査が行われた。ちょうど苦難の行軍をはさんだ時期である。その結果を分析したソウル大学の朴京淑教授（社会学）によると、1993年調査を基にした2008年人口の予測値より実際の調査結果は約88万人少なかった。このすべてが餓死者ではなく、死亡率上昇に起因するギャップは約49万人。この他に約29万人が出生率の低下、約10万人が脱北とそれに伴う出生減に起因すると推定された。脱北者には若い女性が多かったため、彼女たちがいなくなったことによる出生減も大きな影響を及ぼしたと推測された。また、栄養失調によって病気にかかりやすくなり、死に至ったケースも多いといわれている。

アやフィリピンといった国々より低い水準にまで改善されたことになる（図4-4）。

思考革新と実利追求、そして挫折〈金正日の経済改革〉

　金正日は、2000年頃から「**実利の追求**」や「**思考の革新**」を強調するようになった。2000年元日の新年共同社説は「全部門で実利を徹底的に保障することが重要だ」と強調した。2001年の新年共同社説も「経済組織事業を行っても、実利が出るよう効率的に行うべきだ」「新世紀の要求に合致するように、思想観点と思考方式、闘争気風と働きぶりで根本的な革新を起こすことは、われわれに提起された優先的な課題だ」と主張し、過去のしがらみにとらわれない新思考で経済的実利を追求する方針を明確に打ち出した。

　北朝鮮は2000年6月に初の南北首脳会談を実現させ、韓国との関係改善に大きく舵を切った。1992年8月の中韓国交樹立から冷え込んでいた

中国との関係もこの頃までに改善させ、欧州各国とも相次いで国交を樹立した。2001年7〜8月と2002年8月に行われた金正日訪露と2000年7月のロシア大統領ウラジーミル・プーチンの訪朝でロシアとの関係も深めた。さらに実現には至らなかったものの、金正日は2000年末には退任を間近に控えた米大統領ビル・クリントンとの首脳会談も模索している。2002年9月には小泉純一郎と初の日朝首脳会談を行い、日本人拉致を認めて謝罪した。各国との関係改善は、経済的実利を追求する姿勢を具体化させたものだといえる。

　しかし、このような改革基調は数年で勢いが鈍り、再び閉鎖的な方向に戻ってしまった。金正日政権の内情を外部から伺い知ることは難しいが、この時期に何が起きていたかについては韓国の情報機関で北朝鮮情勢の分析を長く担当した韓基範が論文にまとめている[3]。

　韓基範によると、2000年10月、金正日の指示で党と内閣の経済関連部署にいる幹部24人が集められ、経済政策を革新するための検討チーム「常務組」が作られた。経済改革を検討する、いわばワーキンググループである。このグループは後に、報告書に金正日から決裁をもらった日付にちなんで「6・3グルッパ」と呼ばれるようになった[4]。

　6・3グルッパは2001年6月初め頃、全国の協同農場や企業所、農民市場などの実態調査を行うとともに、中国やベトナムなどの改革開放政策も検討して立案した報告書を金正日に提出した。10月3日、金正日は党と内閣の幹部を集めた席でそれに基づいた談話を発表した。内容は、①悪平等になってしまっている賃金の平均主義を廃止し、労働に応じた賃金を受け取るようにする、②配給制度を将来的に廃止する、③企業などへの権限委譲を進める――といったものであった。思考改革に基づき、従来の硬直化した社会主義の悪弊を正すことを狙っていた。

　2002年7月1日、金正日が談話で示した方針に従った一連の経済改革

3）韓基範は1980年代から一貫して北朝鮮情勢の分析に携わり、2008〜2009年に**国家情報院**の北朝鮮担当部署を統括する第3次長を務めた。2009年12月に韓国・慶南大学大学院に提出した博士論文「北韓の政策決定過程の組織形態と官僚政治」で、金正日政権の動きを分析した。
4）グルッパは、ロシア語でグループの意。旧ソ連の影響を強く受けた北朝鮮では、外来語もロシア語由来のものが多く使われている。

図4-5　コメの反収（10a当たり収穫量）の推移

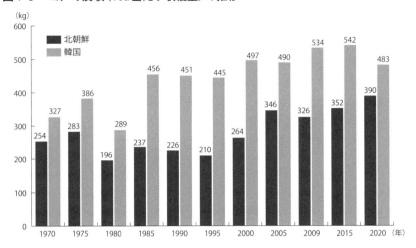

（注）2010年、2011年の北朝鮮のデータは欠落しているため、2009年の数値を示した。
（出所）韓国統計庁「国家統計ポータル」をもとに著者作成。

が実施に移された。「**経済管理改善措置**」、韓国では「7・1措置」と呼ばれている。最初は、物価や賃金が数倍に引き上げられた。公定価格を実勢に近づけることによって、闇市場に横流しされるようになっていた製品を国営商店に取り戻すことを狙っていた。2003年3月には、大規模な公設**総合市場**が各地に整備されるようになった。「**苦難の行軍**」期に機能不全に陥った配給制度は現状を追認する形で縮小され、限定的ではあるものの国営企業の裁量権が拡大された。所得格差の発生が容認されるようになり、創意工夫や営業努力をした国営企業や個人が大きな利益を得る構図が生まれた。

　朝鮮総連機関紙『**朝鮮新報**』の平壌特派員は韓国の月刊誌『民族21』2003年8月号への寄稿で、平壌市内の専業主婦を販売員に採用して大規模な焼きいも屋台チェーンを運営する女性社長の奮闘ぶりを紹介した。さらに、「従来は国家計画の達成率という『書類上の数字』だけがあったが、今は現金をいくら稼いだかで評価を受けるようになった」「働きや稼ぎに応じて給料をもらうという原則が徹底されるようになった」と

書いた。『朝鮮新報』の記者が書けるのは北朝鮮当局から容認される内容に限られる。この記事は、経済改革に対する金正日政権の姿勢を反映したものだと考えられた。

　経済管理改善措置によって経済は活性化されたように見えたが、副作用も深刻であった。管理経済の枠組みの外で活発な経済活動が展開されるようになったことで、自立した富裕層が出現して貧富の格差はさらに拡大した。格差拡大は社会不安を増大させ、体制の安定への大きな脅威になりかねないと警戒された。警察や秘密警察の取り締まりも賄賂でごまかせる場合が多くなり、政府の統制力に大きな打撃を与えることとなった。エリートの象徴だった党員という地位の価値も下がり、党員より富裕層が優先される雰囲気が醸成された。

　韓基範によると、2005年春頃から党内保守派の不満が表面化し始める。「社会主義の原則」を掲げる保守派の巻き返しによって同年10月、穀物の販売を国家がすべて管理しようとする専売制が導入された。主要商品である穀物を市場から取り上げ、実質的に配給制度を復活させようとしたのである。

　韓基範は、北朝鮮当局が市場に対する規制強化を本格化させたのは2007年10月だとしている。労働適齢期の男性が市場で商売を行うことはもともと禁止されていたが、この年齢制限が女性にも導入された。同年初め頃には40歳未満の女性による商売が禁止となり、10月には50歳未満へと禁止対象が拡大された。さらに年末には、総合市場の外側で商売していた人への取り締まりが強化されたという。そして2008年10月には市場の営業日を限定して販売できる品目も統制しようとし、2009年6月には市場の規模を物理的に縮小しようという政策が試みられた。

異例の「2カ月で政策撤回」〈デノミの失敗〉

　2000年代後半には、市場は国民生活になくてはならないものとなっていた。その中で実施されたのが、2009年11月のデノミネーション（貨幣単位の切り下げ）である。同月30日朝に全国各地で隣組組織である人民

班の会議を一斉に招集し、1世帯当たり10万ウォンを限度に100対1の割合で新貨幣に切り替えると通告したものの、国民からの反発が強く2カ月で事実上の撤回に追い込まれた。デノミは、北朝鮮で「**貨幣交換措置**」と称される。市場での取引などに当局の統制が利かない外貨使用が広がっていることも問題視され、貨幣交換措置の直後に外貨禁止令も出された。

　『朝鮮新報』は、法定通貨の発券銀行である朝鮮中央銀行の担当者へのインタビューを掲載した。それによって、貨幣交換措置について①交換期間は12月6日までの1週間、②交換比率は100対1だが、預金は10対1と優遇する、③期間内に交換できなかった旧貨幣は無効になる、④物価水準を経済管理改善措置時点の水準に戻す、⑤賃金の額面は変わらない（旧貨幣で月給1000ウォンだった人は新貨幣でも月給1000ウォンになる）、⑥商店や食堂での外貨使用を禁止する、⑦新貨幣は紙幣が5000ウォンから5ウォンまでの9種類、コインが1ウォン以下の5種類──と内容が明らかになった。

　『朝鮮新報』はその後の解説記事で、苦難の行軍以降に起こったインフレ対策が狙いであるとした。そして近年の風潮として「市場価格で取引する商売人や外貨を所持している者はいつでも好きなものを購入できたが、誠実に働く一般勤労者はそうではなかった」と書き、格差の発生とそれに対する不満が社会にたまっていたことを認めた。

　市場で荒稼ぎした新興富裕層を狙い撃ちにした措置だということではあるが、余波で市場が機能停止に陥って国民生活は大混乱に陥った。しかも最初に通告された10万ウォンというのは市場でコメ50kgの価格に相当する金額でしかなく、北朝鮮で一般的なタンス預金がほぼ無価値になるという内容であった。

　北朝鮮当局は、国民の強い反発を受けて1世帯当たりの上限額を引き上げたり、1人当たり500ウォンの新貨幣を国民に配布したりという対策に追われた。もともと懐柔策として給料の額面は変えないとしていたので勤労者の給料は100倍になった計算になるが、商品の供給が増えたわけではないから商店や市場が再開されると当然のようにインフレが起き

た。

　北朝鮮の金英逸内閣総理は2010年2月初め、平壌市内の人民班長を人民文化宮殿に集め、貨幣交換措置によって混乱と不安定を生じさせたことを謝罪したといわれる。政策面では、市場の再開や外貨禁止令の事実上撤回といった措置が取られた。北朝鮮当局が政策実施から2カ月で失敗を認め、内閣総理が謝罪するなど前代未聞のことであった。貨幣交換措置の責任者だった朴南基党計画財政部長は粛清された。

■ 平壌に登場した摩天楼 〈金正恩時代初期の経済〉

　デノミへの反発で混乱していた2010年の新年共同社説のタイトルは「党創建65周年を迎える今年、再び軽工業と農業に拍車をかけ、人民生活で決定的転換を成し遂げよう」であった。国民生活に大きな影響を与える軽工業と農業の重視は、金正恩への後継者問題を抱える中で民意に寄り添う姿勢を見せようとしたものと考えられる。同時にデノミをめぐる混乱への危機意識を反映した可能性もある。金正日政権で最後となった2011年の新年共同社説も、軽工業の振興や地方工業の重要性を強調した。

　2011年末に権力を継承した金正恩は2012年4月15日、金日成生誕100年を記念する閲兵式にあたって初めて公開の場で演説した。金正恩は演説で「万難の試練を克服して党に忠実に従ってきたわが人民が、二度とベルトを締め上げずにすむように」するという考えを示すとともに、「**経済強国の建設と人民生活の向上**」が金正日の遺訓であると強調した。金正恩はこの後、「**人民大衆第一主義**」というスローガンを掲げ、演説でも「人民に奉仕する指導者」像を打ち出した。

　金正恩政権は2012年、**社会主義企業責任管理制**と**圃田担当責任制**を導入した。前者は工業部門、後者は農業部門での改革である。どちらも社会主義に基づく計画経済という原則を維持しつつ、企業や農業従事者個人への権限移譲を進めるものであった。実質的には市場に象徴される自由な経済活動を追認するものであり、国営の経済システムとの共存を

留学の成果？　国際標準を志向

「わが地に足をつけ、目は世界を見よ」

　金日成総合大学電子図書館に掲げられているスローガンである。自らの力で経済発展を目指すという自力更生の精神に加え、世界を意識することの必要性を訴えている。金正日が2009年12月に金正恩へ贈った言葉だとされるが、実際には金正恩の意向を踏まえたものだと考えられる。

　金正恩は、科学技術をはじめ各分野で「世界水準」「最先端」を目指すよう繰り返し訴えている。「世界的な発展の趨勢と外国の先進的で発展した技術には、取り入れるべきものが多い」、「インターネットを通じて世界の趨勢に関する資料、外国の先進的で発展した科学技術資料をたくさん見るようにすべきである。代表団を外国に送り、必要なものを多く学んで資料も収集してくるべきである」、「道路標識を国際的に通用する規格どおりに設置すべきである」などと語ってきた。科学技術の重視も、そのような方針の一環だといえる。

図ろうとする意図がうかがえた。社会主義企業責任管理制では、生産や投資、販売などで企業の裁量権が大幅に拡大された。計画を超過した余剰生産物を販売する権限も企業に認められ、個人の能力や実績に応じた給与体系も取り入れられた。圃田担当責任制では、**協同農場**における作業グループである「分組」ではなく家族などのさらに小規模な単位での営農を進め、収穫を増やすことができれば、個人の収入増につながる仕組みとした。

　米国の北朝鮮情報専門サイト「**38ノース**」は商業用衛星写真を分析して、2000年代初めから主要都市の市場面積を調査している。当局から公認された市場は、壁で囲われ、屋根も設置される特定のスタイルを持つため、衛星写真で探し出すことができるという。金正日政権末期の2010年に200カ所あまりだった公認の市場が5年間で倍増し、2015年には400カ所を超えた。

　このような社会風潮の中、新興富裕層を指す「トンジュ」（金主）、ないし「消費者」という言葉が2010年代半ばから注目されるようになった[5]。

苦難の行軍期以降に商売や貿易で富を蓄えた人々で、金正恩時代に入ると企業への投資でも存在感を示すようになった。国営企業の名義を借りるなどの脱法行為による投資の対象は、運輸から建設業にまで広がったとされる。

　韓国銀行の推定によると、北朝鮮経済は金正日政権末期の2009年と2010年にマイナス成長だったが、金正日が死去した2011年に0.8％のプラスに転じた後、2014年まで1％前後のプラス成長が続いた（図4-3）。ただ北朝鮮経済に関して正確なデータを入手することはきわめて難しく、韓国銀行の推定はトレンドを見るための参考情報でしかない。金正恩政権初期の経済成長率については、韓国銀行の推定より高いと見る専門家も少なくなかった[6]。

　一方、科学技術の重視や見映えのいい建設事業も金正恩政権の特徴として挙げられる。外国のサイトに接続できない国内だけのイントラネットが整備され、電子マネーも一部で導入された。携帯電話も、4人に1台という割合にまで普及が進んだ[7]。建設事業では、70階建てや80階建

新たに建設された平壌の松花通り。写真提供：コリアメディア／共同通信イメージズ

5）韓国では「トンジュ」と呼ばれているが、北朝鮮では「消費者」と呼ばれる。
6）韓国政府機関による推定は、時の政権の方針に影響されるとの指摘もある。
7）携帯電話の普及については117頁の表5-2参照。

てを含む超高層マンションの建ち並ぶ街路（団地）建設を平壌で進めた。科学技術重視を強調する金正恩の方針を反映し、銀河科学者通りや衛星科学者住宅地区、**未来科学者通り**などと名付けられた科学者向けの高層マンション団地も相次いで建設された。

■ 新たな米朝対立下の自力更生〈経済制裁強化とコロナ禍〉

　金正恩時代初期の経済改革は一定の効果を挙げたものの、長年にわたって蓄積されたマイナス要因の克服は難しかった。北朝鮮内部で企業経営の自由度を高めたとしても、外国からの投資や技術の自由な受け入れなしでは限界がある。国連安保理による経済制裁が2016年から厳格化されたことで、経済成長の展望を描くことはいっそう難しくなった。

　金正恩は2018年に入ると、米韓両国に対話攻勢をかけることで局面転換を図り、経済制裁の解除という果実を得ようとした。韓国大統領の文在寅、米大統領のドナルド・トランプとの首脳会談開催が3月にそれぞれ決まると、4月の党中央委員会第7期第3回全員会議で**経済建設に総集中する新路線**を打ち出した。北朝鮮は前年11月にICBM「火星15型」を発射した際に「国家核武力が完成した」との政府声明を出していた。これをもって経済建設と核武力建設の並進路線は達成したとみなし、経済重視への転換を図ろうとしたのである。

　制裁解除という狙いは、2019年2月にハノイで開催された第2回米朝首脳会談で明確になった。金正恩は、寧辺にある核関連施設を廃棄する見返りに経済制裁を解除するようトランプに要求した。解除を求めたのは、2016、2017年に国連安保理が採択した制裁決議5本である。それ以前の制裁は大量破壊兵器の開発などに関わった個人や組織の資産凍結などという象徴的なものであったが、この5本は北朝鮮からの石炭や鉱物資源の輸出を禁じたり、北朝鮮への石油輸出を制限したりするものであった。制裁が解除されれば北朝鮮経済にとって大きな追い風になるという計算であったが、寧辺以外の未申告の核施設を残したまま制裁解除に応じることはできないというのが米国側の判断であった。

　ハノイ会談の決裂から2カ月後となる2019年4月、金正恩は最高人民会議での初の施政演説で、会談での米国の要求は実現不可能なものだったと非難した。一方で、トランプとの個人的関係は良好であると述べ、「今年末までは忍耐心を持って米国の勇断を待ってみる」と表明した。しかし米国からの歩み寄りがないまま年末を迎え、2019年12月に開かれた党第7期第5回全員会議で金正恩が打ち出したのは「**正面突破戦**」であった。金正恩は「正面突破戦における基本戦線は経済戦線」であると定義し、経済制裁には「自力更生」で対抗する姿勢を示した[8]。

　その直後、世界は新型コロナウイルスの感染拡大という想定外の事態に見舞われる。中国・武漢での爆発的な感染拡大を見た北朝鮮は2020年2月初めまでに、中露両国との国際列車と航空便の運行を全面的に中断し、国境の道路も封鎖した。2021年に入ると各国でコロナ対策での移動制限が緩和され始め、2022年末には厳格な「ゼロコロナ政策」を取っていた中国も制限緩和に踏み切ったものの、北朝鮮による事実上の鎖国は3年以上にわたって続いた。

　コロナ禍の2021年1月に開催された第8回党大会で、金正恩は経済的苦境を率直に認めた。5年前の第7回党大会で提示された国家経済発展5カ年戦略について「打ち立てた目標はほとんどすべての部門で遠く達成されなかった」と述べた。金正恩は失敗をもたらした「客観的要因」を、経済制裁と毎年の自然災害、新型コロナウイルスの3点に求めた。いずれも外的要因である。第8回党大会で採択された**国家経済発展5カ年計画**は、国家の経済指導機関による統制機能と計画性を重視し、「**自力更生、自給自足**」を基調としており、冷戦下だった金日成時代の社会主義体制への回帰を想起させた。その後も金正恩は「単位特殊化」、すなわち経済単位ごとに個性を発揮して拝金主義に走ることを繰り返し戒めた。

　9月に開催された最高人民会議第14期第5回会議における施政演説では「経済部門の輸入依存性を減らし、自立性を強化する」よう指示し、

---

8)　国連制裁の詳細は第3章、米朝対話については第7章を参照。

「**輸入病**」を戒めた。自ら生産することを主とし、どうしても自国で賄えないものを対外貿易で補充するという考え方である。この会議では再資源化法も議題とされており、自力更生の一環としてリサイクルが奨励されていることが明らかになった。その後、2023年には中朝貿易が本格的に再開されたが、依然として食糧問題は深刻であり、毎年恒例の「田植え戦闘」に多くの軍人や青年を動員するなど農村振興に力を入れている。

北朝鮮版経済特区設置の試み 〈特殊経済地帯〉

　1991年12月、現在の内閣にあたる北朝鮮の政務院は、中露両国と国境を接する羅津・先鋒地区に自由経済貿易地帯を設置する決定を下した。外国からの投資を誘致して輸出加工基地、観光・金融基地として開発するという、北朝鮮版経済特区の設置である。同地帯への査証（ビザ）なし入国も許容された。

　しかし北朝鮮経済はこの時期から疲弊し、第一次核危機が発生したこともあって十分な投資を呼び込めなかった。その後、羅津と先鋒は合併して「**羅先市**」となり、同地帯の名称は現在、「自由」を外した**羅先経**

羅先で開催された国際商品展示会。他地域よりも高い購買力を持つ羅先市民が自国の新商品や中国製品に殺到する。2018年8月撮影

済貿易地帯となっている。中国における改革開放政策の目玉であった経済特区のような成果は出せていないものの、周囲の咸鏡北道と自由に往来できない隔絶された地域という運用は維持されており、日常的に中国元を使用するなど独特の発展を遂げている。

　経済管理改善措置が導入された2002年7月には、中国遼寧省丹東市と鴨緑江をはさんで対岸にある新義州に高度な自治権を持つ特別行政区が設置されたが、初代長官に任命された中国系オランダ人の楊斌をめぐるトラブルによって構想は頓挫した。新義州地域では金正日政権末期の2011年6月にも、中国との共同開発プロジェクトとして黄金坪・威化島経済地帯の設置が発表された。だが、朝鮮労働党行政部長として主導した張成沢が2013年12月に粛清されたことで頓挫した。

　金正日政権下では、韓国から経済協力を引き出すための**開城工業地区**や**金剛山観光地区**も2002年に設置された。両地区は外貨獲得に大きく寄与することになるが、その後、観光客が射殺される事件や核・ミサイル問題に伴う緊張の高まりを受けて閉鎖された。

　金正恩政権初期の2013年11月には、鴨緑江経済開発区、新坪観光開発区、漁郎農業開発区、臥牛島輸出加工区など13もの**経済開発区**の設置が発表された。金正恩が同年3月に直接指示を下したもので、地方級経済開発区と中央級経済開発区に区分して管理するとして法整備も進んだ。2014年6月には、貿易省と合営投資委員会、国家経済開発委員会を統合し、**対外経済省**にするとの発表があった。外資誘致を積極化させる動きと捉えられたが、経済建設とともに核兵器開発も進める並進路線を取っていたことが妨げとなった。並進路線の結果、南北関係のみならず中朝関係も悪化してしまい、経済開発区は実態を伴わないまま時間だけが経過した。

　北朝鮮は、これまで何度も特殊経済地帯の設置を試みながら、大胆な開放には踏み出せないということを繰り返してきた。背景には、北朝鮮の国内問題や南北関係、中朝関係などさまざまな要因があった。なお、北朝鮮では1979年から国内通貨ウォンのほかに外貨兌換券「パックントン」を使用していたが、2002年の経済管理改善措置を契機に廃止され

た。北朝鮮の富裕層は米ドルを貯め込むようになったが、米朝関係の悪化を受けて2004年初めまでには米ドルの使用禁止令が出され、外貨ショップもユーロ表示となった。ただ米ドル使用はその後、なし崩し的に復活し、いまでは平壌市民がタクシー料金を支払う際などに用いられている。また、中朝貿易の拡大により中国元の流通も急増した。

秩序なき市場依存の副作用〈深刻な格差拡大〉

「苦難の行軍」と呼ばれた1990年代後半の経済危機を経て、北朝鮮の人々の暮らしは社会主義計画経済に反するはずの「市場」に頼らなければ立ち行かなくなった。行き過ぎた競争や寡占を防ぐ仕組みを持たないまま急激に進んだ経済環境の変化は、結果として深刻な格差を生んでしまった。2000年代に回復基調に入っても市場依存は深まり続け、格差はさらに拡大を続けた。1962年に金日成は、「人民すべてがみな瓦屋根の家で白米に肉のスープを食べ、絹の服を着て暮らす富裕な生活を享受するようになる」ことを目標に掲げていたが、2019年3月に金正恩も、「すべての人民が白米に肉のスープを食べ、絹の服を着て良い家に住むようにすること」が「理想」であり、「闘争目標」だと述べた。皮肉なことに21世紀の現実は、目標に掲げられたような生活を享受できる成功者階層と市場に落ちているトウモロコシの粒を拾って食べるような階層の出現であった。

前述したように北朝鮮の食糧配給制度は1990年代に機能を停止した。配給を受けられない人々は、仕方なく別の手段で食糧を確保しようとして、余剰農産物を販売する市場に殺到した。韓国政府系シンクタンクである韓国銀行金融経済研究院が1997年から1999年に脱北した103人から聞き取った調査によると、脱北前の家計支出に占める食費の割合は80.2%に上っていた。苦難の行軍期における食糧事情の厳しさを物語る数字である。

北朝鮮当局は2002年7月の経済管理改善措置導入後、現状を追認する形で、市が立つ日に関する制限をなくしたり、それまで農産物に限られ

ていた農民市場の取扱商品に対する制限を撤廃したりという対応を強い
られた。この頃、中国から雑貨や食品、機械類といった商品の輸入が急
増しはじめた。北朝鮮にも華僑がおり、中国に親戚が住んでいるという
北朝鮮の人も少なくない。彼らがまず中国産品を大量に持ち込んだ。さ
らに、帰国事業で北朝鮮に渡った元在日朝鮮人も日本から商品を持ち込
み、市場に商品を供給するようになった[9]。

　人々は、裏山を勝手に開墾して作物を植えたり、自宅にあった家電製
品を市場で売って得たお金で食糧を買ったりしたほか、職場から盗んで
きた資材を市場で売る人も珍しくなかった。遠くの親戚を頼ったり、市
場で売る商品を買い付けたりするために遠距離を移動する人が増え、移
動の自由を厳しく制限していた社会統制は、なし崩し的に緩んだ。

　そのような混乱の中で富裕層になったのは、中国に親戚がいる人や元
在日朝鮮人、そして、正規ルートで輸入した物品を横流しできる党幹
部、市場の商人たちから賄賂をとれる人民保安省（警察）や国家安全保
衛部[10]（秘密警察）の職員たちであった。市場が発達するに従って、次

中朝国境の土産物屋では北朝鮮の貨幣、メダル、金日成・金正日バッジなどが売られている。
2004年撮影

9) 1959〜1984年に多くの在日朝鮮人らが日本から北朝鮮に渡った。詳しくは第6章を参照。

に、問屋的な商売をする人が現れたという。北朝鮮は交通網、情報網とも未発達であるため、必要とされる商品を必要とされる場所へ適時に届けられれば、それだけで大きな利潤を得ることができた。商品の輸送には、軍の部隊までが副業として参入するようになった。軍も、栄養失調になる兵士が出る始末で、自分たちで稼がなければならない状況に追い込まれていたのである。

　一般国民の間に生じた格差で最も明白なのは「食」である。北朝鮮では「衣食住」ではなく、「食衣住」と呼ばれることが多い。北朝鮮でもかつては衣食住といわれていたが、1980年代半ばから食衣住にと順番が変わった。この時期から食糧事情が厳しくなってきたことを反映しているとみられる。苦難の行軍期には、社会の底辺にいた多くの人々が餓死したといわれる。一方で、党や政府の幹部といった特権階級ではない一般国民の中にも「餓死する人もいたけれど、うちの家族はいつも白いご飯を食べていた」と脱北後に語る人や、闇商売で7000ドルの貯金を作ったと話す人が出てきた。

　経済危機から抜け出して最低限の食糧を確保できるようになると、家電など他の物質的な格差が目に付くようになった。北朝鮮の内部情報を伝える雑誌『リムジンガン』の2009年春号に掲載された脱北女性のインタビューは、その状況を如実に物語る。2006年と2007年に脱北した10代後半の女性3人で、母子家庭で育ったり、父が鉱山労働者だったりという庶民である。平壌郊外の平安南道 平 城市出身という18歳のリ・オギョンは、学校での抜き打ち荷物検査で小型のMP3レコーダーを没収された金持ちの子がいたと証言している。北朝鮮にいた時の暮らしぶりが「下の中」だったと語る18歳のキム・ギョンヒの家には、白黒テレビがあった。カラーテレビの価格は白黒テレビの7〜8倍するため、「庶民はテレビがあっても白黒」だったという。キムは「下の中」の暮らしぶりだと半数くらいの家に扇風機はあるが、「冷蔵庫、洗濯機は普通の

10）人民保安省は2020年に社会安全省、国家安全保衛部は2016年に国家保衛省に改称された。金正恩政権は政府や党の組織名を頻繁に変更する傾向がある。

人々には想像さえ出来ない」と話している。

　苦難の行軍期には、市場に落ちているトウモロコシの粒などを拾ったり、奪い取ったりして食いつなぐ、**コッチェビ**[11) と呼ばれるストリートチルドレンが多数見られた。その一方で、商売でカネを儲けた人々は、2軒目、3軒目の家を買って転売し、さらに儲けているともいわれる。

　平壌と地方の格差も深刻である。金正恩は2024年1月の施政演説で「首都と地方、都市と農村の生活上の格差が甚だしい」として、金日成・金正日時代を意味する「過去数十年間」の不作為を問題視した。さらに毎年20の郡（地方の行政単位）で工場建設を進め、10年以内に全国での格差是正を図る「地方発展20×10政策」を打ち出した。

■ 出稼ぎ労働で外貨稼ぎ 〈北朝鮮の人材輸出〉

　国連制裁で対外貿易が縮小し、北朝鮮の外貨獲得は難しくなってきた。そのような中で注目されるようになったのが組織的な出稼ぎである。代表的なものとしては、若い女性従業員による歌と踊りのショーで客を集める北朝鮮レストランの外国での展開に加え、ロシアや中東諸国での建設現場や木材伐採への男性労働者の派遣が挙げられる。

　北朝鮮レストランは、1990年代には北京のほか朝鮮族が多く住む延吉や長春など中国東北部を中心に数えるほどしかなかったが、2002年7月の経済管理改善措置以降、急速に増加した。軍や中央省庁、国営ホテルなどが外貨獲得のため競うように中国やロシア、ラオス、マレーシア、カンボジアなどの友好国に出店した。

　2000年の南北首脳会談を契機に韓国人の間で北朝鮮を忌避する感情が薄れ、一時は多くの韓国人駐在員や観光客も足を運んだ。韓国政府によると、2016年までに130店あまりのレストランが毎年1000万ドルを北朝鮮に送金するほどになっていた。韓国は2016年2月、核実験などを受けた独自制裁として開城工業団地の操業中断を打ち出すとともに、北朝鮮

11）放浪・遊牧を意味するロシア語を語源とする説が有力。

北京市内の北朝鮮レストランで公演する女性従業員ら。2012年8月撮影

　レストランの利用自粛を国民に呼びかけた。このため韓国人客の利用が激減した各地の北朝鮮レストランの経営が急速に悪化し、撤退に追い込まれる店が出てきた。

　建設作業員などの**労働者派遣**については、国連人権理事会が任命した北朝鮮の人権状況に関する特別報告者であるマルズキ・ダルスマンが2015年10月、国連総会第三委員会（人権）で報告している。中国とロシアを中心に、アフリカや中東、東南アジアなどの約17カ国に少なくとも5万人が派遣されているということであった。鉱山採掘や建設現場での労働時間は最長で1日20時間、休みは月に1〜2日しかない。彼らの過酷な労働によって北朝鮮は年間12億〜23億ドルを得ているが、労働者が手にするのはごく少額だとされる。この他、北朝鮮に近い中国東北部の労働集約型工場への労働者派遣も行われるようになった。

　このような労働者派遣が北朝鮮の主要な外貨獲得源となっていることを受け、国連安保理は2017年12月の制裁決議で「2年以内に北朝鮮労働者を送還する」ことを決めた。米国務省はこの際、労働者派遣の総数が10万人近くに上り、うち約5万人が中国、約3万人がロシアとの推計を発表した。だが中国とロシアからの送還は徹底されず、多くの労働者が

残っていると見られている。

■ 温泉施設を繰り返し現地指導 〈北朝鮮の観光政策〉

　金正恩政権は、従前以上に外国人観光客の受け入れに積極的である。金正恩自ら観光産業の振興を繰り返し指示しており、特に中国からの訪問客は急増した。新型コロナ対策で国境を閉じる直前の2019年には約20万人の外国人が訪朝しており、その大多数が中国人であった。

　金正恩は、米朝首脳会談の開催で制裁解除に期待がもたれた2018年から2019年にかけてのわずか1年数カ月の間に、陽徳温泉観光地区の建設現場に7回も足を運んでいる。同時期には日本海側の大規模リゾートとして元山葛麻観光地区の整備が進んだ。金正恩政権初期には、元山に近い山岳地帯の馬息嶺に、欧州製の人工降雪機や除雪車などを備えた大規模なスキー場を整備したほか、平壌国際空港に大規模な新ターミナルを建設した。観光関連施設の建設には、インフラ整備と同様に多くの軍人が動員された。

　国交を持たない日本や米国からも受け入れた歴史がある。日本政府は制裁措置の一環として渡航自粛を呼びかけているが、北朝鮮側は外国人観光客の来訪を歓迎しているのである。

　北朝鮮にとって観光は体制宣伝と外貨獲得の手段であり、1987年に日本人観光客の受け入れを始めた。日本のパスポートには1991年3月まで渡航先として「北朝鮮を除く全ての国と地域」という記載があり、この時期には訪朝のためだけに特別なパスポートを申請する必要があった。その後、平均すると年間1000人以上の日本人が訪朝するようになっていた。だが2006年10月の核実験を機に日本政府が渡航自粛を呼びかけたこともあり、その後は年間100人を下回るまでに激減した。入国にはビザが必要だが、2010年からは出発10日前の申請で観光ビザを取れるようになった。

　開放されている観光地は、平壌の他、妙香山、開城、板門店、南浦、金剛山、元山、白頭山、羅先などである。日本国内では、朝鮮総連の事

図4-6　日本人の訪朝者数

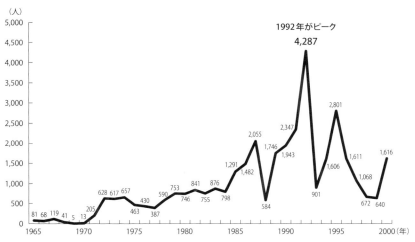

（出所）出入国在留管理庁統計をもとに著者作成。

業体である中外旅行社の他、複数の旅行会社が手配旅行を扱っている。新型コロナウイルスの感染拡大前の時点では、北京か瀋陽発着で3泊4日20万円程度が相場であった。北朝鮮入国後の写真撮影に大きな制限はないものの、必ずガイドが同行しているし、そもそも北朝鮮が見せたい場所にしか行くことができない。旅行者が1人でもガイドは2人となっており、互いに監視する役割を負っていると考えられる。北朝鮮を旅行する日本人にはリピーターが多いのも特徴であろう。

　一方で、2016年1月に観光で平壌を訪れた米国人大学生が拘束され、北朝鮮に対する「敵対行為」を理由に15年の労働教化刑が宣告される事件も起きている。日本政府は「目的のいかんを問わず、北朝鮮への渡航を自粛してください」という、非常に強い危険情報を発出している。

　なお、2023年8月には「観光法」が制定された。「国際観光を拡大して観光客の便宜を保障」することのほか、「国内観光を活性化する」ことも目的とされる。経済復調の中で登場した新興富裕層を顧客とする国内観光の萌芽といえる現象が見られるようになっており、それを反映したものと言える。

平壌で流行る韓流
北朝鮮の社会

演出される親しみやすい指導者像〈金正恩時代の経済・社会〉

　2012年7月、平壌市内の遊園地の絶叫マシンに乗って満面の笑みを見せる金正恩の写真が朝鮮中央通信によって配信された。北朝鮮の権力者と絶叫マシンという取り合わせに世界の人々は驚かされた。この日は綾羅人民遊園地の完工式で、「夫人・李雪主同志」が同行していた。北朝鮮メディアが夫人の名前を伝えたのは、この時が初めてであった。李雪主はこの後、たびたび公式行事に姿を見せるようになった。2022年11月には娘の存在も公開され、その後は父娘で行事に参加する姿が北朝鮮メディアで報じられるようになった。家族を表舞台に出す理由について公に説明されたことはないが、金正恩は演説でたびたび「家庭」に触れており、国家を形成する末端単位として家族を重視していると考えられる。日本の皇室や欧州の王室などをモデルに、金日成、金正日から連なる「白頭の血統」や、その一族「万景台家門」を強調しているとも言える[1]。

---

1)「白頭」は朝鮮半島北端の霊峰で、金日成が抗日パルチザン闘争の拠点としたとされる白頭山を意味する。北朝鮮が金正日誕生の地と主張する「白頭山密営」の背後に聳え立つ山は、「正日峰（ジョンイルボン）」と名付けられている。「万景台」は、金日成の生家がある平壌市内の地名。

平壌中心部・万寿台にある大銅像。かつては金日成だけだったが、金正恩政権になって金正日が追加されるとともに、表情が笑顔になった。2018年2月撮影

　金正恩は「人民大衆第一主義」を掲げている。2021年1月の第8回党大会で党規約を改正した際には、金正日時代を象徴する用語で「基本政治方式」とされてきた「先軍政治」を削除し、その部分を「人民大衆第一主義政治」に書き換えた。金正恩は、「全党が偉大な人民のために滅私服務しよう！」とのスローガンを掲げ、「偉大な人民」の中に入っていく親しみやすい指導者像の演出に努めている。

　金正恩政権になってから、平壌中心部・**万寿台**にある金日成の銅像は、新たに建立された金正日の銅像とともに厳格な表情から笑顔に変更された。金正恩時代に入って休日も増やされた。金正日が先軍革命領導を開始したとされる「先軍節」や金日成が母親の役割について演説した日を記念した「母の日」などを新たに公休日に指定したのである（表5-1）。

　金正恩の指示で創設された**牡丹峰楽団**の公演も、北朝鮮の国民に変化を実感させた。絶叫マシンの写真が公開される2週間前に行われ、金正恩が観覧した公演には、ミッキーマウスや、くまのプーさんそっくりの着ぐるみが登場した。米映画『ロッキー』のテーマ音楽や映像が流され、

表5-1　北朝鮮の公休日

	公休日
1月1日	元日
（旧暦）1月1日	旧正月
2月8日*	朝鮮人民軍創建記念日（1948年）
2月16日	光明星節（金正日誕生日、1942年）
（旧暦）1月15日	正月テボルム（民俗名節）
3月8日	国際婦女節
4月4日頃*	清明節
4月15日	太陽節（金日成誕生日、1912年）
4月25日	朝鮮人民革命軍創建記念日（1932年）
5月1日	国際労働節（メーデー）
6月6日*	朝鮮少年団創立記念日（1946年）
7月27日	祖国解放戦争勝利記念日（朝鮮戦争休戦、1953年）
8月15日	祖国解放記念日（1945年）
8月25日*	先軍節（金正日が「先軍革命領導」を開始、1960年）
9月9日	朝鮮民主主義人民共和国創建記念日（1948年）
（旧暦）8月15日	秋夕（旧盆、民俗名節）
10月10日	朝鮮労働党創建記念日（1945年）
11月16日*	母の日（金日成演説に由来、1961年）
12月27日	憲法節（社会主義憲法制定、1972年）

（注）＊は金正恩政権で新たに指定された公休日。

　金正恩はステージに向かって親指を突き立てて激励した。何よりミニスカート姿で歌う女性たちは、韓国のガールズグループを思わせた。朝鮮総連の機関紙『朝鮮新報』は、テレビで公演を見た平壌市内の教育機関で働く40代男性の「言葉でどのように表せばよいかわからないが、とにかく衝撃的だった」という感想を伝えた。

　金正恩はこの他にも、野外ローラースケート場や3D（立体）映像専用の映画館などを作っている。綾羅人民遊園地にオープンしたイルカ館では、イルカショーが人気となった。品ぞろえの良いスーパーマーケットを併設した高層マンションの建ち並ぶ団地も次々に建設され、平壌中心部は、さまざまなデザインの高層建築が林立する近未来的な都市の様相を見せるようになった。

エジプト企業オラスコム・テレコムとの合弁事業で2008年にサービスが始まった携帯電話（Koryolink）の加入者数は金正日政権末期の2011年に100万人だったが、2020年には600万人になった。国民のおよそ4人に1人が携帯電話を利用している計算になる（表5-2）。インターネットで国外のサイトに接続したり、外国とメールをやりとりしたりは一切できないが、国内のサーバーだけに接続できるイントラネットが稼働している。

　経済危機で苦しい生活を強いられたり、反体制的な考えを持つことが

音楽公演に出演した牡丹峰楽団のメンバー。写真提供：共同通信社

表5-2　北朝鮮の携帯電話加入数

	加入数	100人当たり
2009年	6万9261	0.28
2010年	43万1919	1.70
2011年	100万	4.00
2012年	170万	6.80
2013年	242万	9.70
2014年	280万	11.00
2015年	324万	13.00
2016年	361万	14.00
2017年	381万	15.00
2018年	—	—
2019年	425万	17.00
2020年	600万	23.00
2021年	600万	23.00

（出所）国際電気通信連合（ITU）。

携帯電話で通話しながら平壌中心部を歩く女性。2016年5月撮影

許されない不自由な統制社会であったりしても、ささやかな幸福を願う庶民の日常生活がそこにある。本章では韓国政府傘下の統一研究院が毎年公刊している『北韓理解』などを参考に、北朝鮮の人々の日常生活や人生設計について考えてみたい。

普通の人の、普通の暮らし〈北朝鮮の庶民生活〉

　北朝鮮の一般的な人々の起床時間は午前6時頃で、朝食は、雑穀かトウモロコシを炊いたものが主食となる。野菜スープや白菜キムチ、大根の千切りの和え物が一般的な副食で、卵焼きやソーセージを付けられるのは生活にゆとりのある人だという。出勤時間は午前7時から7時半で、平壌では地下鉄やトロリーバスなどを使うが、30〜40分ほど歩いて通勤する人も多い。

　職場では朝礼のような儀式が待っている。朝鮮労働党機関紙『労働新聞』の主要記事を読む**読報**会や党からの指示事項伝達、それに相互監視システムの一環である**生活総和**（総括）などである。職場によって進め方は違うが、たとえば食堂の場合、テーブルに並べる紙ナプキンを折って開店準備をする従業員たちの横で1人が『労働新聞』の記事を読み上げるといった具合である。

鉄道や地下鉄の各車両には金日成と金正日の肖像画が掲げられている。2008年8月撮影

　生活総和は、毎週、毎月、毎年といった区切りで行われる思想教育のための重要行事となっている。北朝鮮で大学教授だった脱北者の金 賢 植（キムヒョンシク）は「北朝鮮は、生活総和の国だ。生活総和は、北朝鮮で〝思想鍛練の高炉〟とよばれる。不純物だらけの鉄鉱石が、高炉

金日成の生年が元年の主体年号

　北朝鮮では金日成死去から3年後の1997年7月に、金日成の生年である1912年を元年とした「主体年号」が導入された。偶然の一致だが、元年は日本の大正元号や台湾の民国紀元と同じである。

　ただ金正恩時代になってしばらくすると、朝鮮中央通信のウェブサイト等から主体年号が消えた。対外宣伝を目的とする媒体に限られた措置ではあるが、「世界標準」の導入を訴える金正恩の方針を反映しているのかもしれない。

　元号（年号）は古代中国発祥で、現在でも日常的に使うのは日本と台湾、北朝鮮くらいである。北朝鮮の公文書は「主体105年（2016年）」などと主体年号と西暦を併記するため、外務省の公文書やサイトでも基本的に元号でしか表記されていない文書が目立つ日本の方が独自路線といえる。

の火を通ることで純粋な銑鉄になるように、人も生活総和で浴びるような批判を受けることで、首領様に対する忠誠心に満ちた新しい人物として生まれ変わると信じられていた」と述べている[2]。

　生活総和では、忠誠を疑われたりするような行動を取っていなかったかなどについて、他人を厳しく批判するとともに自己批判もしなければならない。参加者全員に発言が義務付けられているため、些細なことでも何かしら批判の材料を見つけることになる。集中的に批判されて炭鉱に追放されることもあるため普段から言動に注意する必要があり、規律から外れた行動を恐れるようになる。これが生活総和の効果である。かつては終業後に開かれてきたが、今では朝の始業前にすませることが多くなっているという。経済危機を契機に多くの人が副業を持つようになり、夕方からは副業で忙しいからだと考えられる。

　就業時間は午前8時からで、正午から2時間ほどの昼休みをはさんで午後6時までの原則8時間勤務となっている。昼は弁当を食べるか、近

2）金賢植『わが教え子、金正日に告ぐ』84頁。

食糧も統制の道具に

　北朝鮮では食糧を含め、日常生活に必要なものはすべて配給が基本であった。食糧の場合、1日分の配給量が仕事の種類や年齢によって9段階に分けられている。労働者を働かせるインセンティブにもなっており、無断欠勤1日あるいは遅刻3回でそれぞれ1日分の食糧配給がカットされるという決まりになっているとされる。

　ただ、もはや配給制度は十分に機能しなくなっているため、大部分の国民は食糧の自力調達を強いられている。副業である市場での商売が成功すると、本来の職場に出てこなくなる人も珍しくない。もちろん本来は許されないのだが、職場責任者に付け届けをして処罰を免れるのだという。

　新型コロナウイルスのパンデミックに伴う統制強化は、食糧事情にも深刻な影響を与えた。経済活動が萎縮したことで現金収入の道が断たれ、食料を調達できなくなる人が続出した模様である。そのような状況下で金正恩政権は、市場でのコメなどの販売への締めつけを強め、国営の「糧穀販売所」をコメ流通の軸に戻そうとする政策を取った。かつての配給制が持っていた「食糧による統制」の再現を狙ったと考えられる。

　国民生活を厳しく統制する仕組みだった人民班制度にもほころびが生じている。かつてなら絶対服従だった人民班長の指示に従わない人がおり、賄賂で人民班活動を免除してもらうこともあるといわれる。

くの同僚の家で食べることが多い。

　苦難の行軍以前は、質量ともに十分とは言えないまでも衣食住については計画経済にもとづいた国家による供給制度が機能していた。衣類をはじめとする生活必需品は国営商店で購入し、基本的な食糧は配給され、国家が建設して配分する住宅に住むというものである。しかし、苦難の行軍期にはこのような配給制度が機能しなくなり、徐々に市場経済的な要素が見られるようになった。

　ソウル大学統一平和研究院が2011年から2020年の間に脱北し、韓国に来た人々を調査した結果、国営商店で衣服を購入する人はほとんどおらず、9割程度の人は主に市場で購入すると答えた。一部で自由な経済

活動が認められたことで豊かな暮らしをできる人が出てきたため、住宅も事実上の売買対象になってきた。本来は非合法だが、住宅の利用許可証を発行する権限を持つ政府機関の幹部や専業のブローカーを通じて取引されることが2000年代半ば以降に増えたという。2018〜2020年に脱北した回答者227人のうち、自宅を個人的に購入したという人は65.6%に上り、国家から割り当てられたという人は15.9%に過ぎなかった。

　ただし金正日政権は市場経済的な現象を一部容認するような政策を取った後、揺り戻しのように締めつけを厳しくした。金正恩政権下ではさらに社会統制が厳格になり、国民生活を大きく左右する政策変更がいつなされるか予測することはできない。一般の北朝鮮国民はそのような状況下で、自分と家族の生活を守っていくために知恵を絞っている。

小学2年生から組織活動で洗脳〈北朝鮮の教育制度〉

　北朝鮮の義務教育は、幼稚園年長の1年間に始まり、小学校5年間、初級中学校と高級中学校がそれぞれ3年間の計12年間である。1972年に幼稚園1年、小学校4年、高等中学校6年の11年制義務教育が導入されたが、権力を継承したばかりの金正恩の発議によって2012年に学制が変更され、**12年制義務教育**となった。識字率はほぼ100%である。

　子供たちは小学2年生になると赤いネッカチーフを受け取って**朝鮮少年団**に入り、娯楽の要素も取り入れた集会などを通じて集団主義の重要性を学ぶ。北朝鮮国民はこれ以降、死ぬまで何らかの組織に所属することを義務付けられている。旧ソ連の統治システムにならい、年齢や職業によって細分化された組織での生活を通じて管理されていくのである。

　満14歳になると、**社会主義愛国青年同盟**[3]に加入する。青年同盟の盟員証を受け取る時には、自分の肉体的生命よりも大切に守らなければならない社会政治的生命を象徴するのが盟員証だと教育される。**社会政治**

---

3) 1946年に朝鮮民主青年同盟として発足後、朝鮮社会主義労働青年同盟、金日成社会主義青年同盟と名称変更。金正恩政権下で2016年に金日成・金正日主義青年同盟となったものの、2021年に現在の名称となり「社会主義」という言葉が復活した。

選抜児童が放課後に芸術・スポーツ活動に取り組む「少年宮殿」で琴の練習に励む子供たち。2008年8月撮影

的生命体論は、最高指導者を頂点とする北朝鮮の体制に心身を捧げることによって永遠の生命を授かるという考え方である。自分の生命より国体護持の方が大切だと考えるよう、子供の頃からたたき込まれるのである。

これは、日本が戦前に打ち出した国体論に近いとの見解がある[4]。文部省が1937年に刊行した『國體の本義』は、忠君愛国について「天皇の御ために身命を捧げることは、いわゆる自己犠牲ではなくして、小我を捨てて大いなる御稜威（「天皇の威光」の意）に生き、国民としての真生命を発揚する所以である」と述べている。主体思想を理論化した黄長燁は朝鮮半島が日本の植民地支配を受けていた1923年生まれで、日本の中央大学法学部で学んでおり、戦前日本の思想を参考にした可能性がある。

北朝鮮の男性は14歳になると徴兵対象者として名簿に登録され、15歳で身体検査を受ける。かつては身長150cm、体重48kg以上というのが徴兵される基準だったが、食糧難で青少年の発育状態が悪くなったため、1994年8月に身長148cm、体重43kg以上に下方修正された。

高級中学校を卒業すると進路が分かれる。その際、さらには就職の際に重視されてきたのが**出身成分**である。出身成分は、親や祖父母が何をしてきたかに基づいて、①労働者や貧農、革命遺族などの核心階層、②手工業者、小工場主、日本からの帰還者などの動揺階層、③富農や地主、キリスト教信者などの敵対階層――といった3階層51成分に分類さ

4）小倉紀蔵『北朝鮮とは何か』16〜39、190〜214頁。

れる。日本の植民地だった時代に先祖が公務員だった人は「日帝の協力者の家系」、朝鮮戦争の時に韓国から北朝鮮に越境してきた人は「スパイとして送り込まれたかもしれない」から出身成分が悪いとされた。ただし、苦難の行軍期以降は拝金主義的な傾向が強まり、出身成分の重要度は低くなった。

　中学校を卒業し、大学にそのまま進学する人は全体の10％ほどおり、「直通生」と呼ばれる。大学入試の成績がよくなければならないのはもちろん、出身成分も良好でなければならない。この他、理数系の秀才を集めたエリート校進学者や芸術、スポーツなどで素質を認められた若者は特殊教育を受けることになる。大学入試に合格しなかった男子学生は軍へ入隊し、女子学生はさまざまな職場に配置される。

　北朝鮮の徴兵期間は10年程度と非常に長いが、軍で数年勤務した後に推薦を受けて社会人枠の大学入試を受けることもできる。軍で7年間勤務した後、1980年代半ばに金日成総合大学へ進学した脱北者によると、当時の同大学における直通生の割合は文系学部で3割、理系学部は7割くらいだったという。

　北朝鮮では道路工事や住宅整備など経済建設にも軍が動員される。平均すると、服務期間の3分の1から半分ほどは建設事業や農村支援に駆り出されている模様である。1990年代からは軍も食糧危機の影響を受けるようになり、部隊単位でウシやブタを飼うようなケースが出てきた。

　高級中学校を卒業して満18歳になると青年同盟から脱退して党員になる資格を得るが、出身成分は入党にも影響する。体制への忠誠心や能力に加え、親戚に反革命分子とされる人がいないことなども必須要件である。30歳になっても党員になれなければ、朝鮮職業総同盟や朝鮮農業勤労者同盟といった職種別の組織に移る。専業主婦は朝鮮社会主義女性同盟に所属する。

　このような組織と並行して活動するのが、20〜40世帯ごとに組織される居住地域別の**人民班**である。人民班は、住民の相互扶助組織であるとともに、さまざまな動員をかける末端組織でもあり、密告奨励によって監視システムの一翼をも担っているといわれる。前述のとおり旧ソ連の

統治システムと類似しているものだが、日本が1940年に大政翼賛会の末端組織として導入した「隣組」を模倣したとの説もある。

平壌でも韓流は人気〈北朝鮮国民の娯楽〉

　スマートフォンや各種端末を保有してゲームなどを楽しめる平壌市民や富裕層を除けば、北朝鮮の人々にとって最大の娯楽は、仕事を終えてから自宅でテレビを見ることである。1990年代以降は電力事情が悪化したものの、生活に余裕のある人々は停電に備えたバッテリーを準備したり、中国製の小型ソーラーパネルを設置したりするようになった。テレビを持っていない人は持っている人の家に集まって楽しむというスタイルが定着している。

　しかし、北朝鮮のマスメディアは党宣伝扇動部の管理下に置かれている。テレビ番組には宣伝色の強いものが多く、ドラマなども刺激的な内容は少ない。そこに入り込んだのが韓流ドラマである。情報鎖国というイメージの強い北朝鮮ではあるが、2000年代には韓流ドラマの人気が高まっていた。格差拡大が進む中で豊かになった人々は娯楽の少ない北朝鮮社会を物足りなく感じるようになり、本来は禁止されている韓国のドラマや映画、音楽を密かに楽しむようになったのである。

　そのような状況は、韓国に入国した脱北者の女性30人を対象に2006年に実施された調査結果に如実に現れている。韓国政府で南北問題を担当する統一部による調査の結果を見ると、富裕層が集まる平壌の場合、私的な集まりの席では韓国の歌謡曲やドラマが普通の話題になっており、仲間内ではソウル訛りで話すことが流行していたという。調査に応じた女性たちに最も人気の高かった韓流ドラマは、2003〜2004年にNHKで放送され、日本でも大ブームを巻き起こした『冬のソナタ』であった。その他にも、『秋の童話』『オールイン』『天国の階段』といったドラマが人気を集めた。いずれも2000年代初めに制作されたドラマであり、韓国での放送から時間を置かずに北朝鮮に流入していたことがうかがえる。俳優で人気のあるのは、ペ・ヨンジュンやチャン・ドンゴ

ン、女優ではキム・ヒソンらであった。

　韓流はまず、中朝国境地帯の中国側に広がる朝鮮族の居住地域で浸透した。1992年の中韓国交樹立後、吉林省**延辺朝鮮族自治州**の州都・延吉で韓流ドラマのビデオや韓国の歌謡曲が入ったカセットテープの海賊版が出回るようになった。そして、中国では1990年代後半に廉価版DVDともいえるVCD（ビデオCD）が急速に普及した。延吉では韓国で放映されたばかりのドラマや上映中の映画の海賊版VCDが店頭に並ぶようになった。

平壌中心部の未来科学者通りに設置された太陽光パネル付きの街灯。2016年5月撮影

　北朝鮮では、苦難の行軍を経て格差が拡大しつつあった。貿易商のほか、一般国民も食糧を入手するため密かに国境を越えて中国と往来するようになった。結果として市場に大量の中国製品が流入したが、そこには大量のVCDも含まれた。中国の貿易統計を見ると、VCDやDVDプレーヤーといった映像再生機器の北朝鮮向け輸出が2000年代前半に増加していた。近年は、USBメモリーやSDカードなどのより小さな記録媒体が使われている。

　当時の金正日政権も、韓流ドラマなどを「非社会主義の黄色い風」と呼んで統制した。北朝鮮で2003年に発行された内部文書「異色的な録画物は社会主義を蝕む害毒である」によると、中国との国境地帯である両江道（リャンガンド）に住むある女性が、米国や英国などの「異色的な録画物」の収録されたVCD2000枚を隣国から密輸しようとして摘発された。名指しは避けているが、中国からの密輸であることは明白である。しかし、この資料にあるように必ずしも摘発されるとは限らず、公安当局に見つかっても賄賂を渡せば見逃してもらえることも多かったという。

　2011年に金正恩が権力を継承して以降もその流れは拡大し続け、韓国ドラマに出てくる言葉遣いや髪形などの風俗を真似る人々が目に付くよ

うになったとされる。韓国に来た脱北者を対象にしたソウル大学統一平和研究院の調査によると、2012〜2016年に脱北した人のうち北朝鮮国内で韓国文化に「触れたことがなかった」という人は各年とも10〜14%に過ぎず、どの年の調査でも回答者の40〜50%が「よく触れていた」と答えた。

　金正恩政権はこうした状況に神経をとがらせており、2020年12月には「**反動思想・文化排撃法**」を制定した。「反社会主義思想文化の流入、流布行為を徹底的に防ぎ、われわれの思想、われわれの精神、われわれの文化をしっかり守護し、思想陣地、革命陣地、階級陣地をさらに強化するにあたって、全ての機関、企業、団体と公民たちが必ず守らねばならない規則」である。金正恩は2021年8月、国家事業などへの参加を志願した青年たちに宛てた祝賀文で「悪辣な制裁や圧力、執拗な思想的・文化的浸透の動きによって、青年たちを変質させようとする帝国主義者のたくらみは水泡に帰した」と断じた。「執拗な思想的・文化的浸透の動き」を国際社会による「制裁や圧力」と同列に並べており、文化流入への危機意識を見て取れる。

　2023年1月にはさらに「**平壌文化語保護法**」が制定された。平壌方言を中心にした公用語である「文化語」を守れという法律で、「言語生活の領域で非規範的な言語要素を排撃し、平壌文化語を保護して積極的に生かしていくことに関する朝鮮労働党の構想と意図を徹底的に実現する」ことが制定の理由とされた。韓流の影響による言葉の乱れを問題視し、平壌の言葉を保護するということである。

　北朝鮮憲法は、国家が「**帝国主義の文化的浸透を排撃**」すること（第41条）や、朝鮮語を「あらゆる形の民族語抹殺政策」から守ること（第54条）を定めている。金正恩政権は韓流ドラマの所持や流布への取り締まりも強化したとされるが、これらの法律を新たに制定したことは取り締まりの成果が挙がっていないことを示唆している。

徹底したメディアの使い分け〈北朝鮮のメディア戦略〉

　北朝鮮の新聞やテレビは党の代弁者であり、その政策を国民に知らしめる道具である。朝鮮労働党中央委員会機関紙『**労働新聞**』は、各職場での読報会などを通じて重要な内容を国民に周知させるツールとして使われる。一方で、一般国民には知らせたくないニュースも多い。

　金正日政権末期の2009年から開かれるようになった平壌での大規模な花火大会「祝砲夜会」と関連する報道は好例である。北朝鮮メディアは、後継者に内定した金正恩の発案によるイベントを「指導者のおかげで市民が楽しい時を過ごした」と伝えたが、韓国大統領の李 明博は「食糧難で国民が苦しんでいるのに無駄遣いをしている」と批判した。

　韓国や日本の感覚からは当然の指摘であろう。しかし、北朝鮮において金正日や金正恩は「最高尊厳」と呼ばれる絶対的な存在である。韓国側に反論しなければならないが、そもそも批判されたこと自体を国民には伏せておきたい。北朝鮮はそのような時、外国向け専用のメディアを使って反論する。一般国民が接するメディアで「食糧難で国民が苦しんでいるのに無駄遣いをしたなどとは、許しがたい妄言だ」と反論した場合、「韓国から批判された」と国民が知ってしまうからである。

　北朝鮮にも多くのメディアが存在する。主要な日刊紙には党機関紙『労働新聞』以外に、軍（国防省）機関紙『朝鮮人民軍』、青年同盟機関紙『青年前衛』、政府（最高人民会議常任委員会および内閣）機関紙『**民主朝鮮**』、首都の地方紙『平壌新聞』などがある。金正日時代には『労働新聞』『朝鮮人民軍』『青年前衛』の3紙が、毎年の施政方針を示す元日の新年共同社説を掲載しており、特に重要視されていた。また『労働新聞』と『民主朝鮮』『統一新報』『文学新聞』などは外国でも購読できるが、軍や青年同盟の機関紙や地方紙は基本的に国内向けである。

　テレビは、**朝鮮中央テレビ**という放送局がある。1999年からタイの通信衛星を使って送信しているため、日本や韓国でも情報機関やテレビ局などが傍受している。アナウンサーが独特のイントネーションで話す朝鮮中央テレビの映像が日本のテレビニュースで使われるのは、日本でも

傍受できるからである。北朝鮮各地に中継するにあたって老朽化した既存施設を更新するより、衛星利用の方がコスト面で有利だったからだと見られている。そのほか、娯楽要素を重視する万寿台テレビ、教育チャンネルの竜南山テレビがそれぞれ曜日限定で放送を行っている。

　ラジオは、国内向けと外国向けを冷戦時代から使い分けてきた。国内向けが**朝鮮中央放送**、外国向けは韓国や他国在住の朝鮮人向け朝鮮語放送である**平壌放送**（2024年1月に停波）と日本語を含む多言語による**朝鮮の声放送**である。外国向けは便宜的に「平壌放送」と総称されてきた。一般国民に知らせたくないニュースは外国向けだけで流される。

　記事や写真を配信する**朝鮮中央通信**も重要である。国内の新聞や放送向けが多いが、北朝鮮の立場を対外的に発信する際にも利用される。

　対外発信については近年、インターネットの活用が目立つ。南北関係担当の祖国平和統一委員会が2003年に開設した公式ウェブサイト「**わが民族同士**」は、『労働新聞』の記事をはじめとする多くの記事や論評を

朝鮮中央通信のサイト。

日英中露という多言語で公開した[5]。その後、『労働新聞』などのメディアだけでなく政府機関もネットでの発信を始めた。2021年の東京五輪への不参加を決めたというニュースは、北朝鮮の体育省が運営するサイト「朝鮮体育」に掲載された。YouTubeなどを使っ

---

5) 祖国平和統一委員会は2024年1月に廃止され、「わが民族同士」も閉鎖された。朝鮮コンピューターセンターが運営するサイト「ネナラ」〈http://naenara.com.kp〉等はその後も日本語を含む多言語で発信している。柳京コンピューター編集社という北朝鮮の組織が運用するポータルサイト〈http://www.dprkportal.kp〉には、メディアや貿易、観光などに関する多くのサイトが紹介されている。

た発信もあるが、アカウントがしばしば凍結されている。

　前述した花火大会批判への反論には「わが民族同士」が使われた。このサイトを通じて「（李明博発言は）反民族的妄言であり、われわれに対する許しがたい重大な挑発だ」「李明博は天罰を受けても足りない。李明博逆徒は、われわれの尊厳を冒瀆した代価をたっぷり払うことになり、これからそれを直接味わうことになる」と反論したのである。

北朝鮮に自由な情報を送り込む〈米韓の北朝鮮向け放送〉

　北朝鮮の国民に所持が許されているラジオやテレビは、国内向け放送しか視聴できないようチューナーが固定されている。しかし、こうした視聴制限は事実上機能しなくなって久しい。脱北者の証言によると、1980年代半ばにはテレビチューナーの固定解除を副業にする人が出てきた。普通の労働者の月給が120ウォンくらいだった時代に、50ウォンほどで固定解除を頼めたという。

　中国の延辺朝鮮族自治州には朝鮮語のテレビ局があるため、咸鏡北道など国境近くでは隠れて中国のテレビを見る人も多い。韓国統一部によると、韓国に近い地域では韓国のテレビ放送を見ている人もいる。

　平壌のように中国や韓国から遠い地域にも、ラジオであれば電波が届く。日米韓には北朝鮮向けのラジオ放送局があり、北朝鮮を狙って周辺国から朝鮮語で放送している。チューナーの固定を解除すれば聞くことができるし、中国や日本から密輸されたラジオも出回っているという。

　米国の調査会社インターメディア社が米政府機関の依頼を受けて2010年に中国東北部で、北朝鮮から商用で中国に来た人や脱北者ら計250人を対象に行った調査がある（表5-3）。この調査によると、北朝鮮でテレビを所有していた人は74％で、そのうち28％の人はチューナーが固定されていないテレビを持っていた。かつてテレビは高級品だったが、安価な中国製の流入で一般の人にも普及したという。ラジオを持っていた人は42％とテレビより少なかったが、こちらはチューナーが固定されていると答えた人が22％にすぎなかった。

表5-3　北朝鮮のメディア環境に関する調査結果 (2010年)

北朝鮮で持っていた機器は？

テレビ	74%
DVDプレーヤー	46%
ラジオ	42%
VCDプレーヤー	25%
コンピューター	16%
携帯電話	14%
MP3/4プレーヤー	8%
衛星テレビ	0%
インターネット	0%

情報ソースとして重要なものは？

口コミ	79%
DVD	39%
北朝鮮国内のテレビ	38%
韓国のラジオ	21%
外国の朝鮮語ラジオ	16%
北朝鮮国内の新聞	15%
中国のテレビ	13%
韓国のテレビ	5%
北朝鮮国内のラジオ	4%

外国DVDの入手先は？

友人や家族から無料で借りる	60%
信頼できる人から買う	57%
市場で買う	10%

テレビのチューナーは固定されていた？

固定	72%
動かせる	3%
両方持っていた	25%

ラジオのチューナーは固定されていた？

固定	22%
動かせる	28%
両方持っていた	49%

チューナーを動かせるラジオの入手先は？

市場	45%
中国人の商人	43%
中国や韓国にいる親類	8%

外国のラジオ放送で聞いたニュースを誰かと共有するか？

友人・隣人と	44%
誰とも共有しない	32%
肉親と	28%
同僚と	4%
その他の知人と	1%

外国DVDを誰と見るか？

信頼できる友人と	63%
家族とだけ一緒に見る	62%
一人で	23%

（注）米調査会社インターメディア社が中国東北部で2010年に実施した調査結果。商売などで合法的に出国した人と脱北者の計250人を対象とした。
（出所）Nat Kretchun, Jane Kim (2012) "A Quiet Opening: North Koreans in a Changing Media Environment"〈www.intermedia.org〉

　韓国の公営放送であるKBS（韓国放送公社）や米国のVOA（ボイス・オブ・アメリカ）は冷戦期から北朝鮮向けラジオ放送を行ってきた。米議会はさらに1996年、「自由な報道が許されていないアジアの国の人々に正確な時事ニュースを届ける」という目的を掲げて**RFA（自由アジア放送）**を設立し、北朝鮮向け放送を始めた[6]。こうした放送は、音楽な

---

6) RFAは、中国やミャンマーなどの権威主義国家に向けた現地語の放送も行っている。

どの娯楽的要素を交えながら北朝鮮の国内向け報道機関が伝えない内外のニュースを伝えている。

　無視できない存在なのが、韓国への亡命を果たした脱北者たちが始めたラジオ局である。脱北者が自ら

表5-4　平壌の市場での販売価格（2011年）

29インチＴＶ	300ドル
DVDプレーヤー	13ドル
MP3プレーヤー (2GB)	8ドル
ラップトップPC	300ドル
DVD	0.5ドル

（出所）Nat Kretchun, Jane Kim（2012）"A Quiet Opening: North Koreans in a Changing Media Environment"〈www.intermedia.org〉

の視点でニュースを選び、北朝鮮方言でニュースを読むため北朝鮮の人々にとっては親しみやすい放送となっている。北朝鮮国内の協力者から入手した情報も伝えるので、日韓などの一般メディアからも注目されるようになった。

　脱北者の運営するラジオ局は、韓国に入国する脱北者が年間2000人近くなった2004年頃から相次いで誕生した。当初は資金難に苦しんだものの、米国で同年に北朝鮮人権法が制定されたことで米政府からの助成金を受けられるようになった。北朝鮮の人権状況改善に資すると判断されたのである。窓口の1つとなっている全米民主主義基金（NED）によると、2015年には北朝鮮向けラジオ放送を行う2団体に計60万ドルが支給され、放送設備の改善や放送時間延長の資金などに使われた。他にも、NEDから資金援助を得て運営されている反北朝鮮ないし脱北者団体は多い。

　北朝鮮向けラジオ局の効果については、前出のインターメディア社がNEDからの委託を受けて2008年に行った調査がある。中朝国境地帯の中国側で脱北者ら200人を対象に行った聞き取り調査である。対象者の半数以上が咸鏡北道出身者であるなどの限界はあるものの、北朝鮮国内での調査が不可能な状況を考えれば参考になる。調査報告書によると、200人中76人が韓国などのラジオを聞いたことがあった。興味深いのは、一度でも外国のラジオ放送を聞いた人は、ほとんどの場合、外国の放送を繰り返し聞くようになるということであった。

　調査は、助成を受けていた脱北者ラジオ局3局それぞれについて聞い

ている。2006年に本放送を開始した「自由北韓放送」を聞いたことがある人は、全員が1回の聴取時間を30分以上と答えた。調査の直前となる2007年から2008年初めにかけて脱北した人に限るとほとんどのリスナーが1回に1時間くらいは聞いていたと答えており、徐々に聴取時間が長くなる傾向がみられた。妨害電波の影響を受けることがあるものの、それでも7割以上の人が放送内容のほとんどを聞き取れると答えた。さらに、9割以上の人が「北朝鮮にいる人々にとって適切な内容だ」と答え、内容の信頼性についても、①とても信頼できる10%、②ある程度信頼できる70%、③どちらともいえない20%だった。信頼できないと回答した人は1人もいなかった。

　北朝鮮メディアから得られない国内の動きや国際情勢は、北朝鮮の人々にとって非常に刺激的なものとなる。そして、同社による前述の2010年調査によると、外国のラジオ放送で聞いた情報を誰かと共有するかという質問に「誰とも共有しない」と答えた人は32%だけで、家族だけでなく、友人や隣人と共有するという人が44%いた。北朝鮮のような社会では口コミが重要な情報ツールとなっている。この調査では、重要な情報ソースとして口コミを挙げた人が最も多く、79%（複数回答）に上った。

韓国から北朝鮮に電話する〈内部情報の流出〉

　情報鎖国というイメージの強い北朝鮮ではあるが、実際には内部情報が外部に流出することも日常的になっている。各地の市場でのコメやガソリンの価格は、北朝鮮情報を専門とする日本や韓国のメディアがほぼリアルタイムで把握している。2009年に「貨幣交換措置（デノミ）」が実施された時には、韓国の専門メディアがその日のうちに速報した。

　情報流出の経路は中国の携帯電話である。北朝鮮の一般国民が使う電話は固定、携帯とも国際電話を利用できないが、北朝鮮北部の国境近くでは中国の携帯電話ネットワークを越境して使える。違法とはいえ、中国からプリペイド契約などの携帯電話を北朝鮮に持ち込めば、北京はも

ちろん、ソウルや東京への通話も問題ない。

　米インターメディア社の2010年調査では、中朝国境地帯で聞き取り調査をした脱北者ら250人のうち14％が北朝鮮国内で携帯電話を持っていたと答えた。調査時点での北朝鮮国内の携帯電話契約件数は50万弱で、人口100人当たり1.7件にすぎなかった。調査に応じた脱北者らは国境地帯出身者が多かったために携帯電話所持率が高かったのであろう。脱北者らが所有していた携帯電話は中国のプリペイド携帯である可能性が高い。

　中国の携帯電話を活用して北朝鮮の国内情報を収集しているのが、第4章で紹介した雑誌『リムジンガン』を発行するアジアプレス・インターナショナル（大阪）や韓国のメディア、非政府組織（NGO）である。2000年代初めに始まった情報収集活動は当初、国境地域の町にある市場でのコメ価格を聞く程度だったが、携帯電話を使った連絡が一般化するにつれて扱う内容が多様化した。韓国メディアがデノミ情報などを次々に速報したのも、携帯電話を利用した取材ネットワークを活用できたからである。政権中枢部の動きがわかるわけではないし、情報の質と量に課題は残る。それでも北朝鮮の経済・社会状況については、脱北者からもたらされる情報とともに一定程度の把握が可能になったと言える。

　北朝鮮に家族や親類を残して脱北した人々も、携帯電話の大きな受益者になっている。通話したい相手を国境地帯に呼び寄せて中国の携帯電話を渡せば、韓国との通話が可能になるからである。2010年代には、韓国や日本に来た脱北者が北朝鮮国内の家族や知人と通話するのは珍しいことではなくなった。

　北朝鮮当局は、電波探知機を中国から導入して電波の発信源を突き止め、取り締まりを強化しようとしている。そのため、係官を買収したり、短時間の電波利用で済むテキストメッセージだけ使ったりという対策が講じられているようである。

　非公開の内部文書が日本や韓国のメディアで報道されることもある。北朝鮮の当局者や貿易関係者ら公務で中国との間を往来する人々によって持ち出されることが多い。2000年代以降、北朝鮮国内の協力者にお金

を渡して内部文書を持ち出させ、それを日本や韓国の政府機関に売りつけるグループまで登場した。ただし、文書のなかには金銭目当てで作られた偽物が交じっていることがあるため、慎重に真贋を見分ける必要がある。

　韓国に住む人だけで3万人を超える脱北者によってもたらされる内部事情もある。脱北する前に見聞きした経済・社会情勢などは貴重な情報であるうえ、前述のように脱北してからも北朝鮮に残った家族や知人と連絡を取っている人もいる。ただし脱北者の出身地域や社会階層、性別などには偏りがある。中国との国境に近い地方出身者が少なくないが、移動の自由が制限されているため首都・平壌に行ったことがない人も多い。食糧事情の改善と統制の厳格化によって2010年代以降に脱北者が激減したことにも留意する必要がある（139頁の図5-1参照）。脱北者の証言については、北朝鮮でどんな社会階層にいたのか、いつ脱北したのかを検討するとともに、直接経験したことなのか伝聞情報なのかを区別することが欠かせない。「この人がなぜ、そんなことを知っているのだろうか」という疑念が生じる場合には、特に慎重な姿勢でアプローチすることが求められる。

北朝鮮のラジオを聞く〈オシントとモニタリング機関〉

　2022年に起きたロシアによるウクライナ侵略では、SNSでの大量の発信や、民間でも入手できる衛星写真などの公開情報を利用した情報分析である「オープン・ソース・インテリジェンス（オシント＝OSINT）」が注目された。多様な情報をリアルタイムで入手できるうえ、インターネット上での共同作業が容易になったことで民間でも活用されるようになったが、もともとは各国の情報機関が重視してきた手法である。

　北朝鮮情勢についても、北朝鮮メディアによる発信の分析が欠かせない。一般に、情勢分析に必要な情報の9割は公開情報から得られるといわれる。非公開の内部文書を入手した際に真偽を判定するのにも、情報衛星が伝送してきた画像の検証にも、公開情報の分析結果が役立つので

ある。軍事関連施設に頻繁に立ち入りしている幹部の顔写真を入手したとしても、彼らを人定するには公開情報の分析で蓄積されたデータをもとにチェックする必要がある。各国は、モニタリング機関と呼ばれる専門組織を使って公開情報の収集・分析をしており、日本では、内閣府所管の一般財団法人**ラヂオプレス（RP）**がこの業務を担当している。

　モニタリングの始まりは、欧州で第2次世界大戦が始まった頃にさかのぼる。英国が敵国ドイツのラジオ放送を動向分析に活用して効果を上げたことで、各国が追随した。日本の外務省は1935年頃から、海外生まれの日系2世の語学力を活用しようと東京に集めていた。この2世たちを主力として英米の放送を傍受するモニタリング部門が、太平洋戦争の開戦直前に外務省ラヂオ室として設置された。ラヂオ室は敗戦後、占領軍の軍備解体指令から逃れるため外務省から切り離されて独立した。当初は欧米の放送を聞いて一般メディアに情報提供する業務もしていたが、そのうち主たる対象は共産圏となった。

　北朝鮮については、朝鮮中央テレビのほか、国内向けラジオの朝鮮中央放送と海外向けラジオの平壌放送、北朝鮮の運用する各種サイトなどを24時間体制でモニターしている。日本政府内の関係機関に情報や分析を伝えるとともに、新聞社やテレビ局、研究者にも一部を有料で提供する。北朝鮮情勢に関する記事に「ラヂオプレス（RP）によると」というものがあるのは、そのためである。

　日本では敗戦時の歴史的経緯から民間団体になっているが、欧米では公的機関として運用していることが多い。規模が最も大きい米国では2004年まで中央情報局（CIA）の下部機関として運用されていたが、その後、国家情報長官傘下のオープン・ソース・センター（OSC）という組織になった。予算は非公開だが、世界19カ所に支局を持ち、職員と翻訳者で計2000人近いといわれる。OSCも毎日、世界中の公開情報を英訳した結果を政府や軍、情報機関に配布している。

　その他で大きいのは、モニタリング発祥の地である英国である。英国放送協会（BBC）の中にBBCモニタリングという部門がある。受信料で運営されるBBCとは別立ての予算が組まれており、主に政府予算から拠

北朝鮮をめぐる情報収集

　北朝鮮を研究する際の基本は、北朝鮮が日々発する公開情報を綿密かつ批判的に検証することである。これがオシント（Open Source Intelligence ＝ OSINT）であり、旧ソ連や中国といった共産圏研究の蓄積を持つ日本の学界が得意とするところとなっている。

　苦難の行軍期以降には、脱北者へのインタビューも現実的な手段となった。多様な人々が脱北したため、証言のクロスチェックが可能となった。ヒュミント（Human Intelligence ＝ HUMINT）と呼ばれる人的情報の一種である。北朝鮮に大使館を置く国の外交当局者など北朝鮮と関係のある人々から話を聞くことも、この分野に属する。

　近年は、イミント（Imagery Intelligence ＝ IMINT）と呼ばれる衛星写真の分析も多用される。日本政府も内閣官房の「内閣衛星情報センター」が中心となって分析しているが、商業衛星の性能向上を受けて民間の研究者でも利用が容易になった。ロシアによるウクライナ侵略の際には、多くの専門家が戦況や民間人被害などの解析に商業衛星の画像を活用した。北朝鮮情勢に関しても米国の北朝鮮分析サイト「38ノース」〈38north.org〉が、核施設やミサイル関連施設などの動向を衛星画像で分析して大きな成果を出している。

　ただ北朝鮮には、外国とつながるSNSが広範に利用されるという状況はない。ウクライナ情勢ではSNS投稿などを解析する民間調査グループが活躍したが、北朝鮮情勢に関して同様の活動は難しいままである。政府機関は電波傍受によるシギント（Signal Intelligence ＝ SIGINT）や大気の測定など機械による情報収集も活用している。

　北朝鮮での現地調査は困難であるだけに、オシントを中心に多様な手法を組み合わせて複合的に検証する姿勢が求められる。

出される。中東やイラン、ロシアが重点的なモニタリング対象とされている。

　北朝鮮も海外メディアをモニタリングしており、党や政府の幹部には職位などに応じて一定の外国情報を知らせている。モニタリング機関は朝鮮中央通信[7]の中に置かれ、平壌外国語大学などで外国語を習得した専門職員が24時間体制で外国のラジオや衛星テレビをチェックし、朝鮮

幹部だけに提供される外国情報

　北朝鮮は、モニタリングで得た外国情報を必要に応じて幹部に知らせている。本書のためのインタビューに応じた元朝鮮労働党幹部によると、初級幹部向けの『参考新聞』、中級幹部向けの『参考通信』、党指導部向けの『白紙通信』という3種類が毎週発行されている。金正恩政権下で詳細は変更されている可能性があるものの、基本的な考え方は維持されているはずである。

　『参考新聞』は、各職場や学校、地域に配置されている末端幹部用である。日本の夕刊紙と同じタブロイド判で4ページ。『労働新聞』の国際面に簡単に出ている内容について、背景などが少し詳しく書かれている程度だという。『参考通信』はA4判10ページ程度のニュースレターで、市レベルの党組織担当書記や党の地方支部にあたる道党の部長、中央党の指導員以上が対象となる。韓国や日本、米国の経済状況などが脚色抜きで書かれており、韓国の豊かさを知ることができる。最上位の幹部用が『白紙通信』である。A4判20ページ程度のニュースレターで、対象は中央党の副部長クラス以上だという。多くても数百人程度であろう。職場の自室からの持ち出しを禁じられているが、実際には規則に反して自宅へ持ち帰る人もいる。なお、『白紙通信』だけは正式名称ではなく、通称である。題字がないリポートのような形で本文だけ記されているため、そう呼ばれているという。

　証言した元幹部の脱北者は『参考通信』を読める地位にいた人物だが、大学生だった1980年代前半に中央党副部長の息子が友人にいて『白紙通信』を見せてもらったという。「北朝鮮の人権状況が国際社会で非難されたとか、想像もできない内容が載っていた。今まで想像したこともない世界のことが出ていたので、1回読むと面白くてやめられなかった。友人に頼んで、その後も見せてもらうようになった」という。

語に翻訳しているという。日本については、東京にある朝鮮総連傘下の朝鮮通信がモニタリング作業の一部を担っているといわれる。

7）朝鮮中央通信は、国外に北京、モスクワ、ニューデリー、テヘラン、カイロ、ハバナの計6支局を擁しているほか、冷戦期にはベオグラード（ユーゴスラビア）、アルジェ（アルジェリア）、ダルエスサラーム（タンザニア）、アンタナナリボ（マダガスカル）にも支局を置いていた。『労働新聞』は冷戦時代から北京とモスクワの2支局のみ設置している。

食糧を求め、国内外へ〈脱北者の発生〉

　苦難の行軍の時期から目立つようになった社会現象の1つが**脱北者**の発生である。1990年代半ば以降の食糧危機で、北朝鮮の人々は食糧を求めての国内移動を始めた。国民の自由な移動を禁じていた北朝鮮では、それまで考えられなかったことである。全土が食糧難に陥るなか、非合法の移動は国内にとどまらず、上流部なら数mから数十mの幅しかない川を越えるだけの距離にある中国へと国境を渡り始めた。危険を冒してでも食糧を求めようとする人の流れを止めることは難しかった。

　冬場なら川は凍結し、警備の目さえなければ簡単に渡河できる。国家全体で配給が滞るなか、国境警備の兵士を買収することも難しくなかった。中国・吉林省延辺朝鮮族自治州には多くの**朝鮮族**が居住しており、そこに親戚がいるという人も少なくないばかりか、朝鮮語が通じるため言葉の問題もなかった。

　大半の人は中国で食糧などを調達したら北朝鮮に戻っていたが、そのうち北朝鮮に戻らない人も増えた。このような脱北行為は、食糧危機が深刻だった1996〜1997年にピークを迎えたと考えられている。米国務省の推定による中国に潜伏する脱北者の数は2000年時点で7万5000〜12万5000人だったが、2006年には3万〜5万人へと減少した。この間に苦難の行軍が終わり、北朝鮮経済が緩やかに回復しはじめたことと関連していると考えられる。

　2000年代になると、脱北者が韓国に向かう流れが強まった。

中朝国境で最も狭い場所は「一跨ぎ」程度だった。写真を撮ろうとすると、対岸の北朝鮮兵に注意を受けた。2004年3月撮影

1992年8月の**中韓国交樹立**に伴って韓国の在外公館が中国各地に設置される以前であれば、北朝鮮の人々が中国経由で韓国に亡命するなど想像すら難しいことであった。韓国に入国する脱北者は1999年に年100人を超えてから急増し、2002年に1000人、2006年に2000人の大台を突破した。ピークとなった2009年には2900人超となったが、2010年代には減少傾向に転じた。韓国入りした脱北者の累計は2016年に3万人を超えた（図5-1）。

　2000年代以降に脱北者の韓国行きが増えた要因は、大きく分けて3つある。まず初めに挙げられるのは、1998年2月に発足した金大中政権が脱北者をすべて受け入れる方針を明確に打ち出したことである。さらに様々なNGOが2000年代前半に組織的な支援を始めた。金大中政権の方針表明があった後も、在中国韓国大使館は積極的に脱北を受け入れていなかったが、NGOの活動に押されて姿勢を変えることになる。そして最後に、国境をまたいだ移動の支援を有料で請け負うブローカーの出現である。

図5-1　韓国に入国する脱北者の多くが女性に

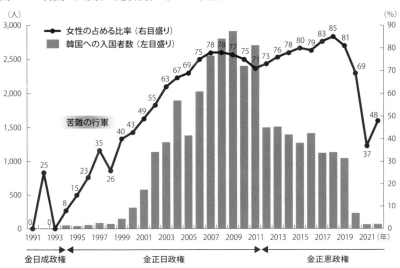

（出所）韓国統一部。

　NGOが支援する韓国行きは「企画亡命」と呼ばれた。マスコミに事前連絡して現場を取材してもらい、国際世論に訴えることで中国政府に出国を認めさせようとするものであった。第1号は、2001年6月に国連難民高等弁務官事務所（UNHCR）北京事務所に脱北者の一家7人が駆け込み、韓国への亡命を求めた事案である。支援したのはRENK（救え！北朝鮮の民衆／緊急行動ネットワーク）という日本のNGOで、日韓のテレビ局に事前に連絡していた。中国は3日後に「第三国への出国」を容認し、一家はシンガポールとフィリピンを経由してソウルへ向かった。北京市が有力候補であった2008年夏季五輪の開催地決定を7月に控えていたことが、スピード解決の背景にあったとみられる。

　2002年3月には在中国スペイン大使館に脱北者25人が駆け込んだ。北京にある国連の出先機関周辺は中国側の警備が厳しくなったため、第三国の在外公館が駆け込み先に選ばれたのである。その後、ドイツ大使館、米国大使館、韓国大使館への駆け込みが続き、5月には5人が瀋陽の日本総領事館に駆け込む**瀋陽事件**が発生した。この事件では、中国当局者を総領事館の敷地内に立ち入らせ、脱北者を連行させたとして日本政府も強い批判を浴びた。5人は中国当局に拘束されたが、2週間後にフィリピン経由でソウルへ向かうことが許可された。

　中国当局が駆け込みのターゲットになりそうな施設の警備を強化したことで、企画亡命は下火になった。それでもNGOなどの支援を受けてモンゴルや東南アジアにいったん出国し、それらの国で出頭するという

2002年5月8日に起きた瀋陽事件で、日本国総領事館から中国の武装警察に引きずり出される母親を泣き顔で見つめる幼女。写真提供：共同通信社

ルートは使われ続けた。中国で拘束されると北朝鮮に強制送還されるが、周辺の国々に脱出してから出頭すれば韓国大使館に保護してもらえるからである。

　2010年代の減少は、複合的な要因によるものと考えられる。まず挙げられるのは、2000年代以降の経済回復に伴う食糧事情の改善である。脱北希望者が減ったうえ、国境警備部隊の規律も回復して買収が難しくなった。中国で一定期間を過ごしてから韓国へ向かう脱北者も多いので、こうした影響は時間差を置いて可視化される。2010年代になると金正恩政権による取り締まり強化に加え、習近平政権下における中国の監視社会化が追い打ちをかけた。そして新型コロナウイルスの流入を防ごうと北朝鮮が2020年初めから国境を完全に封鎖したため、脱北がほぼ不可能となった。この状況は2023年にウィズコロナへと移行した後も続いている。

　韓国入りした脱北者の特徴は女性比率の高さである。韓国入国者に占める女性の比率は1990年代後半から急速に上昇し、2010年代には80％を超えることが珍しくなかった。家族単位での脱北が増えたことや、中国の農村男性の結婚相手として売られてから逃げ出した女性がいるこ

中朝国境の鉄条網。中国側の看板には「相手側に物を投げてはならない」「相手側の人々と話したり物を交換してはならない」との注意が書かれている。2011年8月撮影

と、北朝鮮の男性は職場に縛りつけられて自由に動きづらいことなどが理由として挙げられている。ブローカーの介在が増え、資金さえ用意できれば脱北が容易になったことも女性増加の背景として指摘できる。

　脱北から韓国入りまでの面倒を見るブローカーも存在感を増し、NGOが手引きを依頼するケースも出てきた。韓国入りして韓国の国籍を取った脱北者がブローカーとなることが多かったようである。2010年代半ばの時点では、ブローカーに依頼した場合に北朝鮮出発から韓国入りまでにかかる日数は1〜2カ月で、費用は1人当たり600万〜700万韓国ウォン（当時のレートで60万円前後）だとされた。韓国政府が脱北者に支給する定着支援金で北朝鮮に残る家族を呼び寄せる人が多く、定着支援金をあてにして、後払いの約束で韓国への手引きを依頼する人も少なくなかったという。

　ブローカーの出現で、韓国入りした脱北者が北朝鮮に残った家族や知人と簡単に連絡を取れる状況が生まれた。北朝鮮国内に持ち込まれた中国の携帯電話を使える地域に知人を呼び出してもらえば、韓国から電話をかけることができる。平壌など国境から遠い場所に住む相手の場合、国境地帯で韓国とつないだ携帯電話を北朝鮮国内の固定電話に接続する手法が使われる。盗聴されるリスクはあるが、家族の安否確認であれば当局に聞かれても「韓国との通話」だとばれないという。地下銀行を使った送金も可能ではあるが、手数料の相場は送金額の少なくとも3割といわれている。

■ スムーズにいかない統一の予行演習〈脱北者と韓国社会〉

　3万人以上の脱北者を受け入れた韓国にとって、脱北者の社会定着は統一後の社会融和に向けた予行演習とも言える。韓国に入国した脱北者は公安機関の調査を受けた後、ハナ院[8]という教育施設で3カ月ほど定着教育を受けてから韓国社会での生活を始める。公的住宅への優先入居

8）「ハナ」は韓国語で「1つ」という意味。統一問題でよく使われる。

や職業あっせん、定着支援金の支給といった支援策はあるが、北朝鮮と全く違う韓国社会に適応するのは容易ではない。

　韓国政府系の北韓離脱住民支援財団（南北ハナ財団）が2022年12月に公表した実態調査によると、韓国に住む脱北者の失業率は6.1％であった。2011年の12.1％に比べると大きく改善されたが、それでも一般の韓国人の失業率3.0％の2倍に達していた。働いている人の月平均給与は2022年に238.4万ウォン（約24万円）で、一般国民の平均よりも49.6万ウォン（約5万円）少なかった。一般国民の8割弱ということになる。2014年調査での脱北者の月平均給与は一般国民の3分の2水準だったので改善されてはいるものの、依然として格差が残っている。

　財団は2014年、その時点で入国していた約2万3000人全員を対象にした大規模調査を実施し、1万3000人弱から回答を得た。そこでは脱北前と現在の暮らしぶりも聞いているのだが、北朝鮮での暮らしぶりは「上」2.8％、「中の上」9.9％、「中」36.6％、「中の下」18.3％、「下」32.2％。これに対して韓国での現在は「上」0.7％、「中の上」2.6％、「中」23.1％、「中の下」35.4％、「下」37.9％だった。北朝鮮での暮らしぶりについては半数近くの人が「中」以上と答えた一方で、韓国での暮らしぶりを「中」以上だとした人は4人に1人の割合でしかない。北朝鮮での生活が比較的良かったと感じていた人が、韓国に来て自信を失っていることを示している（図5-2）。

　社会統合という観点から重要なのは、「過去1年間に北朝鮮出身だという理由で差別されたり、無視されたりしたことがあるか」という2022年の調査に19.5％が「ある」と回答していることであろう。「ある」と答えた人に理由を複数回答で聞くと、「言葉や生活方式、態度など文化的なコミュニケーションが違うことから」が75％で圧倒的に多く、続いて「韓国人が脱北者の存在に否定的な認識を持っている」が44.2％であった。北朝鮮とは全く違う韓国の社会システムへの適応に苦労する脱北者は多く、「韓国社会はあくせくしすぎだ。食べるものさえ十分にあるなら北に帰りたい」と話す脱北者が少なくないとされる。人数は少ないものの、実際に自らの意思で北朝鮮に戻ってしまう人もいる。

図5-2　韓国に住む脱北者が感じる暮らしぶり

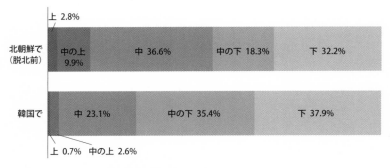

（出所）韓国・南北ハナ財団『2014年北韓離脱住民実態調査』。

　韓国での生活に絶望して欧米への再亡命を試みる人もいる。韓国籍を持っていると亡命を認められないため、韓国の旅券を捨て、北朝鮮から直接その国にたどり着いたと偽装して難民申請するのである。英国やスウェーデン、カナダなどにそういった脱北者が押し寄せ、それらの国の政府から韓国政府に苦情が寄せられる外交問題も起きた。

意図せざる「自力更生」実践〈新型コロナと北朝鮮〉

　朝鮮中央テレビは2020年1月21日午後8時のニュースで、中国・武漢市で流行が始まった新型肺炎について報じた。北朝鮮当局は世界保健機関（WHO）と協力し、感染予防の活動を全国で展開しているという内容であった。中国国家主席の習近平が感染予防の「重要指示」を出した翌日で、中国では20日時点で、200人超の感染と3人の死亡が確認されていた。

　食糧不足で栄養状態が悪く、医療体制の脆弱な北朝鮮にとって感染症は大きな脅威である。29日の『労働新聞』は、新型コロナウイルスによる肺炎の流入阻止は「国家存亡にかかわる」問題であると宣言した。中国との国際列車が31日に運行停止となり、航空便も2月1日が最後の便となった。ロシアとの列車運行も2月3日に運行停止になり、航空便も

止まった。定期航空路線はもともと中露両国との間にしかなかった。陸路の国境も閉鎖されたため、文字通りの鎖国状態となった。

　日本政府が中国と韓国からの入国制限を強化したのが3月9日であったことを考えれば、北朝鮮の対応は素早く徹底していた。北朝鮮は2003年の重症急性呼吸器症候群（SARS）、2014年のエボラ出血熱、2015年の中東呼吸器症候群（MERS）流行の際にも外国人の入国を禁じたが、新型コロナへの対応は段違いに厳しかった。北朝鮮で最も重視される金正日（2月16日）と金日成（4月15日）の誕生日を祝うイベントすら中止されたことが、危機感の強さを物語った。

　一方で北朝鮮は徹底的な防疫事業を「われわれ式社会主義のイメージを輝かすための重大な政治的事業」だとも位置付けた。迅速な決断力と実行力によって「国家制度の優越性と威力が今一度、全世界に明確に誇示される」と国民に教育したのである。

　各国で多くの死者が出る中、北朝鮮は「国内でのコロナ患者ゼロ」を豪語し続けた。感染者の確認を初めて認めたのは2022年5月になってからである。平壌で感染者が確認されたことを受け、朝鮮労働党中央委員会政治局は「国家防疫事業を最大非常防疫体制へ移行する」ことを決めた。8月に金正恩が新型コロナへの「勝利」を宣言するまでの間に500万人弱の発熱患者が確認され、うち74人が死亡したとされた。その間、金正恩自身も「高熱の中でひどく苦しんだ」ことが公表された。

　鎖国状態となった北朝鮮における感染状況の実態確認は難しい。厳しい隔離政策によって封じ込めを図ったとみられるものの、2年以上も感染者ゼロであったという主張には懐疑的な見方が少なくない。ただ本章で見たように、北朝鮮といえども完全に情報封鎖できているわけではない。欧米や中国、インドなどのように都市部で深刻な感染拡大が起きたならば、何らかの形で情報が漏れてくると考えられる。脱北者の流出もほぼ皆無となったため詳細は分からないが、大きな社会的混乱に陥ることは避けられた可能性がある。

　ただし社会・経済に与えた影響は大きかった。金正恩は「建国以来の大騒乱」だと述べて深刻な経済危機を認めたのである。地域間の移動に

　規制を掛けたため国内流通が滞ったばかりか、対外貿易もこの間に大きく萎縮した。中国との貨物列車運行が再開されたのは2022年1月であり、その後も断続的に中断された。人的往来に対する遮断はさらに厳しく、中国との航空便再開は2023年8月となった。その間、外国に出て働いていた労働者も帰国を許されず、公務を含めて北朝鮮から出国する人もいなかった。2020年9月には黄海上を漂流した韓国人男性を北朝鮮軍が射殺する事件が発生したが、背景にはウイルスを持ち込ませてはならないという強迫観念があったとも指摘される。

　一方で、米朝対話が頓挫した直後というパンデミック発生のタイミングを、金正恩政権は上手に利用したとも考えられる。金正恩は2019年12月に制裁を前提とした「自力更生」による経済建設の方針を打ち出していた。新型コロナ対策で期せずして事実上の鎖国状態となり、自力更生は必然となったのである。

第 **2** 部

北朝鮮と世界

第6章 なぜ日本人を拉致したのか
日朝関係

▍デタントに連動〈冷戦期の日朝関係〉

　朝鮮戦争開戦の記念日である2016年6月25日付『労働新聞』は、朝鮮戦争で日本が米軍側に立って敵対行為を行ったと非難する論説を掲載した。記事は「日帝こそ、わが人民の百年の宿敵である」と締めくくられていた。北朝鮮が好んで用いる言い回しだが、実際には日本と国交正常化を図ろうと接近した時期もある。大まかに見るならば、戦後70年余りの間に4回ほどだといえる。

　第1の時期は冷戦下の1950年代半ばである（年表6-1）。ソ連のヨシフ・スターリンが1953年3月に死去した後、米ソ間に緊張緩和と平和共存の雰囲気が出てきたことを受けて日ソ間でも国交正常化の機運が高まり、連動して日朝国交正常化の雰囲気が強くなった。北朝鮮はソ連の後ろ盾を得て樹立された国家であり、モスクワの動きには敏感であった。

　1955年2月、北朝鮮の外相、南日（ナミル）が「貿易、文化およびその他の朝日関係の樹立、発展に関する諸問題を具体的に討議する用意がある」と日本に呼びかけた。これを受けて日朝貿易が拡大し、日本と北朝鮮を結ぶ直航船も就航するようになった。さらに、1959年12月に**在日朝鮮人の帰国事業**が始まった。詳しくは後述するが、この事業では合計10万人近い在日朝鮮人と日本人配偶者が北朝鮮に渡っている。

年表6-1　米ソの雪解けと日朝関係（1950年代）

	出来事
1953年 3 月	スターリン死去
7 月	朝鮮戦争が休戦
1954年 7 月	第 1 次インドシナ戦争が終結。フランスの植民地支配に幕
1955年 2 月	北朝鮮外相が日本に協議呼びかけ
7 月	ジュネーブで戦後初の米ソ英仏の 4 カ国首脳会談
1956年 2 月	スターリン批判
1959年 8 月	日朝が在日朝鮮人の帰国に合意（カルカッタ協定）
9 月	ソ連首相が初めて訪米し、米ソ首脳会談
12月	在日朝鮮人の帰国事業始まる

　しかし、1961年5月に韓国で朴正熙がクーデター（5・16軍事クーデター）を起こして権力を握ってから日韓交渉が進展し、1965年6月には国交正常化を図る日韓基本条約が調印された。これを受けて日朝関係は急速に冷却化した。朝鮮戦争が1953年7月に休戦となってからまだ12年しか経っておらず、朝鮮半島情勢に強い利害を持つ周辺国の1つである日本が南北双方と良好な関係を築くことは現実的に難しかった。冷戦期において日米は韓国だけ、中ソは北朝鮮だけと国交を結んだ。冷戦終結後に中ソは韓国とも国交を樹立したが、日米は依然として北朝鮮との国交を持っていない。北朝鮮は、国連加盟国のうち日本が国交を持たない唯一の国家である。

　2回目は1970年代の米ソ・デタント[1]と米中接近の時期である。社会主義国同士で争っていた中国とソ連の双方がこの頃、米国との緊張緩和に乗り出した（年表6-2）。

　1969年1月に誕生した米国のリチャード・ニクソン政権は、泥沼に陥っていたベトナム戦争からの米軍撤退を始めた。ベトナム戦争によって財政的に苦しくなった米国は、軍事費削減を狙って中ソとの緊張緩和に動いた。ニクソン政権は同年11月から、米ソが互いに核兵器の数を制限しようという第1次戦略兵器制限交渉（SALT−Ⅰ）を始めた。さらに

---

1) Détente。フランス語で「緊張緩和」の意。

年表6-2　デタントと日朝関係

	出来事
1969年1月	ニクソン米政権が発足。ベトナム戦争から撤退へ
11月	米ソが第1次戦略兵器制限交渉（SALT-Ⅰ）を開始
1971年3月	在韓米軍が一部撤収
7月	米大統領補佐官キッシンジャーが極秘訪中
10月	中華人民共和国が国連に復帰 都知事の美濃部亮吉が訪朝し、金日成と会談
11月	国会議員約240人が日朝友好促進議員連盟を結成
1972年2月	ニクソン訪中
5月	ニクソン訪ソ
9月	日本が中華人民共和国と国交正常化
1974年2月	金正日を後継者に決定（非公開）
1970年代後半 〜1980年代前半	各地で日本人が拉致される
1970年代	日朝友好ムードが高まるが、政府間協議にはつながらず

　米国大統領の特別補佐官ヘンリー・キッシンジャーは1971年7月、中国を極秘訪問して大統領ニクソンの訪中に合意した。このニュースは世界中に大きな衝撃を与えた。ニクソンは1972年2月に訪中し、さらに5月にはソ連を訪問する。訪中4カ月前となる1971年10月には、それまで国連安全保障理事会の常任理事国であった台湾（中華民国）が国連から追放され、代わりに中華人民共和国がその地位を引き継いだ。米中関係の進展に合わせて日中両国も急接近し、1972年9月に日中が国交正常化した。

　その頃の日本の雰囲気は「中国の次は北朝鮮」というものであった。日本のメディアや政治家が相次いで訪朝し、約240人の国会議員による日朝友好促進議員連盟も結成された。

　しかし、国交正常化を契機に日本と緊密な関係を築きつつあった韓国の意向は無視できないものになっていた。デタントは大国間では緊張緩和だが、韓国にとっては米国から見捨てられるかもしれないという懸念につながる。そのような状況で日本が北朝鮮に急接近することは、韓国にとって受け入れがたかった。北朝鮮は南北との等距離外交を日本に要

求したが、日本側は北朝鮮との政府間接触には応じず、経済、文化、人道、スポーツ分野から交流を積み上げていくよう主張した。実際に民間分野の交流は大きく進んだが、それ以上の進展はみられなかった。

冷戦終結で対話再び〈ポスト冷戦期の日朝関係〉

　第3の時期は、冷戦が終結した1990年前後である。1985年3月にミハイル・ゴルバチョフがソ連の最高指導者である共産党書記長となり、ペレストロイカ（改革）を始めた。変革の波は人為的に押しとどめることができないほどの力で世界を動かし、ソ連や東欧の社会主義体制は次々に崩壊していった。そして、冷戦時代にアジアにおける東西対決の最前線と位置づけられていた朝鮮半島をめぐる国際情勢も大きな変革に見舞われることになった（年表6-3）。

　1988年7月7日、韓国の大統領、盧泰愚（ノテウ）は「北韓と韓国の友邦との関係改善および社会主義国家と韓国との関係改善のため、相互に協調する意思がある」と表明した。演説の正式名称は「民族自尊と統一繁栄のための大統領特別宣言」だが、発表された日付を取って7・7宣言と呼ばれる。日本にとっては、北朝鮮との国交正常化に韓国が反対しないという意味であった。

　韓国は、アジアで2番目の夏季五輪となるソウル五輪の開幕を2カ月

年表6-3　冷戦終結と日朝関係

	出来事
1988年9月	ソウル五輪（～10月）
1989年12月	米ソが冷戦終結を宣言
1990年9月	自民党、社会党と朝鮮労働党が国交正常化をめざす「三党共同宣言」 ソ韓国交樹立
1991年1月	第1回日朝国交正常化交渉
9月	南北朝鮮国連同時加盟
12月	南北基本合意書を締結（「統一を目指す特殊な関係」を明記）
1992年8月	中韓国交樹立
11月	第8回日朝国交正常化交渉。李恩恵問題で決裂

後に控えていた。五輪を開けるほど経済発展を成し遂げ、世界から認知される国家に成長したと自信を持つようになっていた。一方の北朝鮮は孤立感を深めていた。1989年2月には東欧社会主義国のハンガリーが韓国との国交樹立に踏み切り、他の東欧諸国も次々に韓国と国交を結んだ。1990年9月にはソ連までが韓国との国交樹立に踏み切ったのである。

　北朝鮮は、危機の突破口として日本との関係改善を進めようとした。日本側にも、最後に残った戦後処理として北朝鮮との国交正常化を進めたいという考えがあった。1990年9月、当時の与党・自由民主党と野党第一党・日本社会党を代表して元副首相の金丸信と社会党副委員長の田辺誠が訪朝して金日成と会談し、朝鮮労働党との間で**三党共同宣言**[2]に署名した。「できるだけ早い時期に国交関係を樹立すべき」だとした宣言を受け、両政府は1991年1月に**日朝国交正常化交渉**を始めた。北朝鮮はこの際、日本による植民地支配だけでなく、戦後も国交がなかったために北朝鮮が損害を受けたことへの謝罪と償いが必要だと主張し、金丸らはこれを宣言に盛り込むことに同意した。国交のなかった戦後45年間についての謝罪と償いという部分は、日本国内で強い批判を呼んだ。

　国交正常化交渉も大きな障害にぶつかった。1987年11月に発生した大韓航空機爆破事件の実行犯である北朝鮮の工作員、金賢姫に日本語を教えた**李恩恵**と名乗る女性が日本人拉致被害者ではないかという疑惑が浮上したのである[3]。北朝鮮は1992年11月の第8回会談の冒頭、「日本側がありもしない日本人女性の問題を持ち出している」と主張して交渉を打ち切った。北朝鮮の核開発疑惑が国際社会で大きな問題になってきたという事情もあった。日本側が核問題を含めた一括解決を主張したのに対し、北朝鮮側が全く応じなかったことも交渉決裂の大きな要因となった。

---

2) 正式には「日朝関係に関する日本の自由民主党、日本社会党、朝鮮労働党の共同宣言」。

3) 日本の警察庁が1991年5月、李恩恵は埼玉県出身の拉致被害者、田口八重子である可能性が極めて高いと発表した。日本は発表直後に開かれた第3回会談でこの問題を取り上げ、北朝鮮側に調査するよう求めた。

　一方で、この時期には民間交流が再び活発化していた。JTBや近畿日本ツーリストといった大手旅行代理店が北朝鮮ツアーを募集し、名古屋や新潟から平壌に空路で向かう直行チャーター便が運航されたこともある。1991年6月には、日本の女性ロックバンド、SHOW-YAが平壌でコンサートを開き、北朝鮮を代表する音楽グループである普天堡電子楽団が9月に日本で公演するという文化交流もみられた。

小泉訪朝と金正日の「謝罪」〈拉致問題と日朝関係〉

　日本の首相として初となる2002年9月17日の**小泉純一郎**による訪朝は第4の転機となった。それまでにみられた日朝間の接近は大国や国際政治の動きと連動したものであったが、この時は日朝両国による自律的接近だったと評価できる。両国間の交渉を政府が中心となって進めることへの転換点ともなった。それまでは、国交がないために政党外交が重要な位置を占めていた。

　訪朝実現をうながしたのは、北朝鮮による**日本人拉致問題**への関心の高まりである。拉致事件の多くは1970年代後半から1980年代前半にか

2002年9月、日朝首脳会談で握手する小泉純一郎（左）と金正日（右）。写真提供：時事

表6-1　日本政府認定の拉致被害者（2023年9月現在）

事件発生日	被害者（敬称略）	年齢（当時）	場所・状況	北朝鮮側の回答
1977年9月19日	久米　裕	52	石川県宇出津海岸付近にて失踪	入境していない
1977年10月21日	松本京子	29	鳥取県、自宅近くの編み物教室に向かったまま失踪	入境していない
1977年11月15日	横田めぐみ	13	新潟県新潟市において下校途中に失踪	1994年に自殺
1978年6月頃	田中　実（みのる）	28	欧州に向け出国した後失踪	入境していない
	田口八重子	22	不明	1986年に交通事故死
1978年7月7日	地村保志	23	福井県、「2人でデートに行く」と言って出かけて以来、失踪	生存
	地村富貴惠（旧姓・濱本）	23		生存
1978年7月31日	蓮池　薫	20	新潟県、外出したまま失踪	生存
	蓮池祐木子（旧姓・奥土）	22		生存
1978年8月12日	市川修一	23	鹿児島県、「浜に夕日を見に行く」と言って出かけたまま失踪	1979年に心臓麻痺で死亡
	増元るみ子	24		1981年に心臓麻痺で死亡
	曽我ひとみ	19	新潟県、「2人で買い物に行く」と言って出かけて以来失踪	生存
	曽我ミヨシ	46		入境していない
1980年5月頃	石岡　亨	22	欧州滞在中に失踪	1988年にガス事故で死亡
	松木　薫	26		1996年に交通事故死
1980年6月中旬	原　敕晁（ただあき）	43	宮崎県で拉致	1986年に肝硬変で死亡
1983年7月頃	有本恵子	23	欧州滞在中に失踪	1988年にガス事故で死亡

（出所）拉致問題対策本部のウェブサイトをもとに著者作成。

けて発生した。だが、物証が乏しかったこともあって大手メディアはあまり取り上げず、一般にも知られていなかった。広く知られる契機になったのは、朝日放送（大阪）の石高健次が1996年に月刊誌で発表した記事である[4]。韓国に亡命した元北朝鮮工作員の話として、日本から拉致された13歳の少女がいるというものであった。そして、この女性が**横田めぐみ**である可能性が高いことが判明した。その後、北朝鮮による拉

4）石高健次「私が『金正日の拉致指令』を書いた理由」『現代コリア』1996年10月号、28〜31頁。

致被害者家族連絡会（家族
会）や北朝鮮に拉致された日
本人を救出するための全国協
議会（救う会）が活動を開始
し、この問題が国民的関心事
となった。そして、平壌での
史上初の**日朝首脳会談**が実現
した。

　会談当日の直前事務折衝
で、北朝鮮側は8件11人の拉
致事件被害者を含む14人の
消息を日本側に通告した。そ
れは「8人が死亡、5人が生
存、1人は入境の事実なし」
というものだった。金正日は
首脳会談で謝罪し、「1970年

拉致問題対策本部のパンフレット。

代、80年代初めまで特殊機関の一部が妄動主義、英雄主義に走った」と
説明した。

　両首脳は**日朝平壌宣言**に署名した。主な内容は、①国交正常化交渉を
始める、②日本が植民地支配に対する「痛切な反省と心からのお詫び」
を表明する、③日本は国交正常化後に無償や低利での経済協力を実施す
る、④第2次世界大戦終結までに生じた財産および請求権を双方が放棄
する、⑤日本国民の生命と安全にかかわる懸案問題について、北朝鮮は
再発防止措置を取る、⑥北東アジアの平和と安定のため協力する、⑦核
問題に関するすべての国際的合意を遵守する、⑧ミサイル発射のモラト
リアム[5]を2003年以降も延長する——というものであった。日朝の首脳
が初めて取り交わした文書であり、将来的にも両国関係の基礎となる文
書と位置付けられる（巻末に全文掲載）。

5）留保＝凍結の意。北朝鮮は2003年までのモラトリアムを表明済みだった。

　日朝平壌宣言では「拉致」という言葉の代わりに、「日本国民の生命と安全にかかわる懸案問題」という抽象的な言葉が入れられた。金正日は謝罪に踏み切ったが、やはり文書に「拉致」という言葉を残すことには応じなかったことが読み取れる。

　もう1つ重要なのが、日本が国交正常化後に経済協力を行うと同時に、第2次世界大戦終結までに生じた請求権を双方が放棄するとされたことである。戦前に朝鮮半島を日本が植民地支配した過去に鑑みて、1965年6月の日韓国交正常化の際には計5億ドルの経済協力が韓国に供与された[6]。北朝鮮に対しても、国交が正常化されれば同様の資金供与がなされることは日朝両国の共通認識である。これを**「正常化資金」**と呼ぶこともある。ただ、北朝鮮はそれまで資金の名称を「賠償」や「補償」にするよう求めていた。賠償は敗戦国が戦勝国に支払うものであり、補償は植民地支配への償いという意味になる。抗日独立闘争を闘って建国したという北朝鮮の正統性に対するこだわりであった。

　これは日韓国交正常化交渉でも調整が難航したポイントである。日韓は結局、日本人が戦前に朝鮮半島で持っていた財産などを含めた「戦前の財産と請求権」をお互いに放棄したうえで、日本が経済協力を実施することで決着した。韓国との関係を考慮すれば、北朝鮮との国交正常化を別の形で進めることは日本にとって難しい。歴史認識にからむ非常に難しい問題であるにもかかわらず、北朝鮮は日朝平壌宣言で日本の主張を受け入れた。「苦難の行軍」と呼ばれた経済危機から立ち直りつつあった北朝鮮が、日本の資金を切実に欲していることをうかがわせた。北朝鮮のこうした姿勢を見ていたからか、日本政府内ではこの時、早ければ1〜2年内に国交正常化が実現するという楽観論が強かった。

---

6) 国交正常化について定めた日韓基本条約と共に締結された「請求権・経済協力協定」(「請求権協定」とも呼ばれる)に、日本からの3億ドルの無償供与と2億ドルの有償経済協力の供与と、両国が互いに対して持つ請求権に関する問題が「完全かつ最終的に解決された」ことの確認が明記された。

拉致を認めた理由〈北朝鮮の国内事情〉

　北朝鮮はそれまで「日本政府の捏造劇」だとしてきた拉致事件に対する態度を一変させ、金正日が首脳会談で謝罪した。さらに日朝平壌宣言では、「賠償」や「補償」という従来の要求を取り下げ、日本側が主張する「**経済協力方式**」を受け入れた。方針を変えた背景には何があるのだろうか。

　日本と北朝鮮は2001年秋から、北京や瀋陽、大連、マカオといった地で首脳会談開催へ向けた協議を行った。日本側の担当者は外務省アジア大洋州局長の田中均、北朝鮮側は金正日政権で「国家の中枢」と言われた国防委員会からの使者である「ミスターX」だった。ミスターXの名前や肩書きは公式には明らかにされていないが、後に処刑されたとされる柳敬国家安全保衛部副部長だったとの説が有力である。

　日本側は当初、ミスターXが金正日にどれくらい近い人物なのか、政権内でどれほどの力を持っているのか測りかねていた。転機になったのは2002年2月、2年余りにわたって北朝鮮に拘束されていた日本経済新聞社の元社員が釈放されたことである。ミスターXからは、事前に釈放を示唆する情報が日本側にもたらされていた。これが北朝鮮からのシグナルとなって日本側はミスターXを信用するようになり、その後のシナリオが練り上げられたという。

　4月と8月に北京で開かれた日朝赤十字会談を経て、8月下旬に平壌で外務省局長級協議が開かれた。局長級協議では、拉致問題や植民地支配の「過去清算」などについて政治決断に基づく同時解決を9月中に図ることを確認した。北朝鮮はこの時点ですでに、拉致を指す「人道上の問題」の解決を国交正常化後に回すべきだという立場を転換し、拉致とその他の問題の同時解決を図る「包括的」決着という日本側主張に同意した。この協議で日朝首脳会談開催の最終確認がなされたのだった。官房長官の福田康夫はこの時の記者会見で「最終的に政治決断が必要ということがあり得べしだ」と述べた。

　そして、前項で述べたように北朝鮮側は9月17日の首脳会談が始まる

直前に「8人が死亡、5人が生存、1人は入境の事実なし」と日本側に通告した。首脳会談では、金正日自身が日本人拉致の事実を認め、次のように謝罪した。

　「背景には数十年の敵対関係があるが、まことにいまわしい出来事だ。1970年代、1980年代初めまで、特殊機関の一部が妄動主義、英雄主義に走って、こういうことをしてきたと考えている。（拉致には）2つの理由がある。1つは、特殊機関で日本語の学習ができるようにするためであり、もう1つは、他人の身分を利用して南に入るためだ。私が承知するに至り、責任ある人々は処罰された。これからは絶対にしない。遺憾なことであったと率直におわびしたい。二度と許すことはしない」

　部下に責任を押し付けてはいるものの、金正日が謝罪したことには大きな意味がある。北朝鮮に大きな政策転換を迫るには、最高権力者との直接談判が最も強力な手段であることを実証した事件でもあった。

最高指導者の謝罪には前例があった

　金正日は2002年9月の日朝首脳会談で、「特殊機関の一部が妄動主義、英雄主義に走った」として日本人拉致事件について謝罪した。部下に責任を押し付けながら謝罪することで問題解決を図ろうというのは、金日成も過去にとった手法である。

　前例となったのは、北朝鮮の武装工作員31人が1968年1月、ソウルに侵入して青瓦台（大統領官邸）を襲撃しようとして失敗した事件である。金日成は1972年5月、韓国大統領密使として訪朝した韓国中央情報部長、李厚洛に「大変申し訳ない事件だった。われわれ内部に生じた左翼妄動分子がしたことであり、決して私の意思や、党の意思ではない」と謝罪したのである。

　韓国の朴正熙政権はこの謝罪を受け入れた。金正日は、日本も同じように謝罪を受け入れると考えたのであろう。

　金正日が直々に自国の非を認めた背景には複数の要素が考えられる。まず、自国の経済発展を達成するために、日本からの「正常化資金」と先進技術の獲得を狙った可能性である。北朝鮮はこの年7月1日から、北朝鮮版経済改革といえる経済管理改善措置を実施していた。首脳会談直前の9月12日には、新義州特別行政区の設置が発表された。中朝国境の都市である新義州に大幅な自治権を付与するという画期的なものであった。この構想は結果的に実現しなかったが、重要なのは、この時期に北朝鮮が資本主義的要素を備えた特区を設置しようとしていたことである。11月には、開城工業地区と金剛山観光地区という2つの経済特区も法制化された。

　北朝鮮は同時に、対外関係の改善にも乗り出していた。1998年12月に欧州連合（EU）との政治対話を始めるとともに、主要国との関係正常化にも注力したのである。2000年にはイタリア、オーストラリア、英

年表6-4　北朝鮮の政策変化と日朝首脳会談

	出来事
2000年1月	イタリアと国交樹立
5月	オーストラリアと25年ぶり国交回復 金正日訪中（首脳訪中は1991年の金日成以来）
6月	初の南北首脳会談
10月	経済危機「苦難の行軍」終了を宣言 金正日、経済管理改善の検討チーム設置を指示
12月	英国と国交樹立
2001年1月	オランダ、ベルギーと国交樹立 金正日訪中（上海を視察）
2月	カナダ、スペインと国交樹立
3月	ドイツと国交樹立
6月	金正日、経済管理改善に関する報告書を決裁
7〜8月	金正日訪露
秋から	日本と北朝鮮が首脳会談開催を水面下で協議
2002年7月	経済改革「経済管理改善措置」を実施
8月	金正日訪露
9月	新義州特別行政区の設置を発表 初の日朝首脳会談
11月	開城工業地区と金剛山観光地区を法制化

表6-2　金正日と主要国首脳の会談

日 付	場 所	会談相手	備 考
2000年 5 月	北京	江沢民（中国国家主席）	29〜31日に訪中。会談日は発表されず
6 月13〜15日	平壌	金大中（韓国大統領）	南北共同宣言に署名
7 月19日	平壌	プーチン（露大統領）	
2001年 1 月20日	北京	江沢民	
8 月 4 日	モスクワ	プーチン	朝露モスクワ宣言に署名
9 月 3 日	平壌	江沢民	公式会談を同日中に 2 回開いた
2002年 8 月23日	ウラジオストク	プーチン	
9 月17日	平壌	小泉純一郎	日朝平壌宣言に署名
2004年 4 月	北京	胡錦濤（中国国家主席）	19〜21日に訪中。会談日は発表されず
5 月22日	平壌	小泉純一郎	拉致被害者の子供 5 人が首相と共に帰国
2005年10月28日	平壌	胡錦濤	
2006年 1 月	北京	胡錦濤	10〜18日に訪中。会談日は発表されず
2007年10月 2 日〜 4 日	平壌	盧武鉉（韓国大統領）	南北関係発展と平和繁栄のための宣言に署名
2010年 5 月 5 、 6 日	北京	胡錦濤	2 日連続で会談
8 月27日	長春（中国吉林省）	胡錦濤	
2011年 5 月25日	北京	胡錦濤	
8 月24日	ウランウデ郊外（ロシア東シベリア）	メドベージェフ（露大統領）	
9 月23日	平壌	チュンマリー・サイニャソーン（ラオス国家主席）	金正恩が同席して外交デビュー

国等、2001年にはオランダ、ベルギー、カナダ、スペイン、ドイツ等と国交を結んだ。2000年 6 月には南北首脳会談にも踏み切った。経済改革を進めるために必要な資金と技術を得るための環境整備という意味合いであろう。

　北朝鮮側の視点から見れば、日朝首脳会談はこのような流れの中に組み込まれていた。日朝平壌宣言で「経済協力方式による過去清算」を受け入れたのも同じ文脈にある。日本側は経済協力資金の額について明言

していないが、北朝鮮側は日韓国交正常化時からのインフレ率などを考慮して100億ドル程度と考えていたとされる。

　もう一つの要素が、日本を通じて米朝交渉を模索した可能性である。米国大統領のジョージ・W・ブッシュは2002年1月の一般教書演説でイラク、イランと並べて北朝鮮を「悪の枢軸」と名指し非難していた。2001年9月11日の米同時テロを受け、イスラム原理主義組織タリバンをかくまったアフガニスタンに侵攻したばかりの時期であり、北朝鮮は警戒感を高めていた。金正日が、ブッシュと良好な関係を構築していた小泉を通じて米国との関係を打開しようとしたとも考えられるのである。

不自然さ目立つ北朝鮮の説明〈日朝関係の悪化〉

　北朝鮮側が提示した拉致被害者の安否報告を精査するため、2002年9月末に日本政府調査団が訪朝した。北朝鮮は調査団に対し、8人の死因はガス中毒や交通事故、溺死、自殺だったと説明し、さらに「8人のうち7人の遺骨は水害で流された」と主張した。日本では「不自然な点が多すぎる」という反発が強まった。

　生存しているとされた蓮池薫夫妻と地村保志夫妻、曽我ひとみの5人は10月15日に帰国した。当初は10日程度の一時帰国と説明されていたが、5人はそのまま日本に残ることになった。

　10月末にはマレーシアのクアラルンプールで第12回日朝国交正常化交渉が行われた[7]。2年ぶりに再開された正常化交渉だったものの、蓮池らの家族を日本に帰国させる問題で対立し、再び中断となった。世論の関心がきわめて高くなっている中、日本政府には拉致問題で弱腰姿勢をとる余地はなかったが、北朝鮮からすれば、金正日が謝罪までしたのに決着させないというのはありえないことである。北朝鮮側代表は最初から「拉致問題は解決済み」と繰り返した。結果として日朝両国の不信感

7）1992年11月の第8回交渉が決裂した後、2000年に3回の正常化交渉が行われていた。北朝鮮が韓国との首脳会談に応じたり、西欧諸国との外交関係を樹立したりした時期だったが、日朝交渉は成果を挙げられないまま再び中断された。

はさらに募り、両国の関係はそれ以前よりも冷えたものとなった。

　小泉は2004年5月に再び平壌を訪問し、金正日との首脳会談に臨んだ。小泉は日朝平壌宣言を再確認し、国際機関を通じた25万トンの食糧援助、1000万ドル相当の医療援助を約束した。金正日が被害者家族の帰国を許可したため、先に帰国していた蓮池、地村両夫妻の子供たち計5人が小泉と一緒に帰国し、次いで曽我の夫である米国人のチャールズ・ジェンキンスと2人の娘も日本に来た。

　金正日はこの時、拉致問題を「解決済み」と主張しつつ、「安否不明者」について「白紙の状況で再調査する」と約束した。それを受けて8月に北京で日朝実務者協議が開催され、安否不明者に関する再調査について北朝鮮側から報告があった。しかし、裏付けとなる具体的な証拠や資料の提示はなく、断片的な経過説明にとどまった。11月に平壌で開かれた第3回協議で横田めぐみの遺骨とされるものが提供されたものの、日本政府は別人のDNAが鑑定で検出されたと発表し、北朝鮮に抗議した。

　北朝鮮は、2008年6月に北京で行った日朝実務者協議で「解決済み」というそれまでの態度を変えて、拉致問題の再調査実施を約束した。8月には瀋陽での実務者協議で、北朝鮮側の調査委員会が早期に調査を始め、同年秋に結果を出すことで合意した。日本側は、調査開始と同時に、対北朝鮮経済制裁のうち人的往来の制限とチャーター機の発着禁止措置を解除することになった。しかし、翌9月に首相の福田康夫が突然辞任した後、北朝鮮側は合意を事実上反故にした。

　2009年9月に日本で民主党政権が誕生した際には、最高人民会議常任委員長の金永南が共同通信との会見に応じて「関係改善の展望はあくまで日本当局の態度にかかっている」と述べた。民主党には朝鮮労働党と友党関係にあった旧日本社会党系議員もいたことで期待感を抱いたようだが、日朝関係に進展はみられなかった。

破られた再調査への期待〈ストックホルム合意〉

　日朝関係が膠着状態にある中、北朝鮮では2011年12月に金正日が死

去し、金 正 恩が権力を継承した。日本では2012年12月、拉致問題に強い関心を見せる安倍晋三が首相に返り咲き、自らの任期中に解決すると繰り返し表明した。安倍政権発足に先立つ2012年8月、日本赤十字社と朝鮮赤十字会が10年ぶりの正式協議を北京で開いた。議題は、現在の北朝鮮となっている地で死亡した日本人の遺骨収集や遺族の墓参であった。戦後の混乱期、朝鮮半島には満州からの避難民を含めた多くの日本人が残留を余儀なくされた。越冬期の食糧不足や感染症などで軍人と民間人の計約3万4600人が死亡し、このうち日本に引き揚げた人が持ち帰った遺骨を除く約2万1600柱が北朝鮮に残っているとされる。日本政府は1952年から海外などでの戦没者の遺骨収集事業を行っているが、北朝鮮地域は手つかずとなっていた。

　北朝鮮はその後、日本人遺族に墓参のための入国を許可するなど前向きな姿勢を見せた。遺骨や墓参を「人道問題」と位置づけ、日朝関係を前に進めるテコにしようとしたとみられている。赤十字協議を契機に政府間協議も再び動き始め、11月にはモンゴルのウランバートルで外務省局長級協議が開かれた。4年ぶりの政府高官による正式協議で日朝は、日本人の遺骨収集問題での協力に合意した。日本側はこの際、拉致被害者に関する再調査実施を求め、拉致問題については協議継続で一致した。国交正常化交渉担当大使として北朝鮮側の首席代表を務めた宋日昊は協議後、日本人記者団の取材に応じて「拉致問題も協議した」と語った。それまで北朝鮮が繰り返してきた「解決済み」という言葉は使わず、「（両国間には）立場の差がある」とだけ述べて含みを持たせた。

　両国は2014年5月にスウェーデンのストックホルムでの外務省局長級協議で、包括的な合意に達する（**ストックホルム合意**）。北朝鮮は、拉致被害者や終戦時に北朝鮮で死亡した人を含む「全ての日本人に関する調査を包括的かつ全面的に実施し、最終的に、日本人に関する全ての問題を解決する意思」を表明した。日本は、北朝鮮側が特別調査委員会による調査を開始する時点で制裁の一部解除に応じる方針を示した。

　北朝鮮は7月1日に北京で開いた局長級協議で、調査委員会の陣容を日本側に伝えた。委員会は国家安全保衛部（秘密警察）、人民保安部（警

ストックホルム合意

　2014年5月のストックホルム合意に盛り込まれた日朝両国の立場は次のようなものであった。

　日本側は、北朝鮮が日本人に関する包括的調査のために特別調査委員会を立ち上げ、調査を開始する時点で制裁を一部解除する方針を示した。

　北朝鮮側は、①1945年前後に北朝鮮域内で死亡した日本人の遺骨および墓地、残留日本人、日本人配偶者、拉致被害者および行方不明者を含むすべての日本人に関する調査を包括的かつ全面的に実施する、②調査を全分野について同時並行で進める、③特別の権限が付与された特別調査委員会を立ち上げる、④日本人遺骨・墓地、残留日本人、日本人配偶者等の調査状況を日本側に随時通報し、その過程で発見された遺骨の処理と生存者の帰国を含む去就の問題について日本側と協議する、⑤拉致被害者・行方不明者に対する調査状況を日本側に随時通報し、調査過程において生存者が発見される場合には、帰国させる方向で去就の問題を協議し、必要な措置を講じる、⑥日本側関係者による北朝鮮滞在、関係者との面談、関係場所への訪問を実現させ、関連資料を日本側と共有し、適切な措置をとる、⑦調査は迅速に進め、さまざまな形式と方法によって引き続き協議する──ことを約束した。

察）、人民武力部（国防省）等の関係者を含む30人程度で構成され、委員長は国防委員会安全担当参事兼国家安全保衛部副部長の徐大河が務める。「拉致被害者」「行方不明者」「日本人遺骨問題」「残留日本人・日本人配偶者」の4分科会が設置されるということであった。「行方不明者」には日本側が「拉致された可能性を排除できない」としている人を含み、日本側は後に900人弱の名前を提示した。「残留日本人・日本人配偶者」は、終戦後に日本へ引き揚げなかった人や1950年代末から行われた帰国事業で在日朝鮮人の夫に同行した日本人妻らを指している。

　北朝鮮は7月4日、国営メディアを通じて特別調査委員会の設置と調査開始を発表した。これを受けて日本は、「北朝鮮籍者や当局職員の入国禁止、北朝鮮への日本人の渡航自粛など人的往来の制限」「北朝鮮への10万円を超える現金持ち出しの届け出義務と300万円超の送金の報告

義務」という制裁を解除するとともに、全面禁止となっていた北朝鮮船
舶の日本の港への入港を人道目的の場合には認めることとした。

　官房長官の菅義偉は記者会見で「夏の終わりから秋の初め」に北朝鮮
側から最初の報告を受けると述べていたが、北朝鮮は9月に北京の大使
館を通じて「全体で1年程度を目標としており、現在は初期段階にある」
と日本側に連絡した。北朝鮮は、調査委発足から1年となる2015年7月
には「いましばらく時間がかかる」と日本側に伝えてきた。

　ただ共同通信は2018年3月、日本政府が拉致被害者と認定している田
中実と、「拉致の可能性を排除できない」としていた金田龍光の2人につ
いて、北朝鮮が生存を伝えてきたと報じた。安倍政権はこの報道を否定
し、その後の政権もその立場を踏襲していた。しかしストックホルム合
意時の外務事務次官だった斎木昭隆は2022年9月に朝日新聞とのインタ
ビューで、田中と金田の生存情報が北朝鮮から提供されたのかという質
問に対し、「北朝鮮からの調査報告の中に、そうした情報が入っていた
というのは、その通りです。ただ、それ以外に新しい内容がなかったの
で報告書は受け取りませんでした」と答えた[8]。事実であれば、身より

かつて新潟と北朝鮮東部・元山の間で不定期に就航していた万景峰92号は現在、元山港に停泊
したままとなっている。2006年に日本政府の独自制裁によって、日本への入港が禁止された。
2018年9月撮影

がないため世論に強い関心を持たれていなかった2人の国民を見捨てた
ことになる。日本政府の人権感覚が厳しく問われる点である。

　両国関係に大きな進展を見ないまま時が過ぎ、北朝鮮は2016年1月6
日に4回目の核実験、2月7日に事実上の長距離弾道ミサイル発射を強行
した。これを受けて日本政府は解除済みだった制裁を復活させたうえ、
人道目的かつ10万円以下の場合を除く北朝鮮への送金を原則禁止にする
などの制裁強化策を10日に発表した。反発した北朝鮮は12日、日本人
に関する調査の全面中止と特別調査委員会の解体を表明した。

　北朝鮮がその後も核実験やミサイル発射実験を繰り返したため、安倍
は「対話のための対話では意味がない」と述べて圧力路線を取ったが、
2019年5月に方針転換を図った。拉致問題の進展を金正恩と会談する事
実上の条件としてきた姿勢を転換し、「**無条件対話**」を唱えはじめたの
である。5月1日に『産経新聞』との単独インタビューに応じた安倍は、
金正恩について「国家にとって何が最善かを柔軟に、かつ戦略的に判断
できる指導者だと期待している」と評価し、「条件をつけずに」会って
話し合ってみたいと語った。米韓両国の首脳が金正恩との会談を重ねて
いたこともあり、日本の世論もこの時には対北朝鮮政策で「圧力重視」
と「対話重視」という意見が拮抗するようになっていた[9]。

　金正恩は、2018年から2019年にかけて周辺国に外交攻勢を掛けてい
た。米大統領のドナルド・トランプと3回、中国国家主席の習近平と5
回、韓国大統領の文在寅（ムンジェイン）と3回の会談を重ねたのだが、無条件対話とい
う安倍の提案には無視を決め込んだ。「拉致被害者全員を私の手で取り
戻す」と繰り返してきた安倍が拉致問題を脇に置いたまま首脳会談に臨
むと考えるのは難しいと判断したとみられ、国営メディアを通じて、安
倍の姿勢転換を「厚かましい」と切り捨てた。それは日本が北朝鮮に不
信感を抱くのと同様、北朝鮮側も日本に不信感を募らせてきたことを示

表6-3 北朝鮮の核実験・長距離ミサイル発射と日本の対応

	北朝鮮の行為	日本政府の独自対応
1998年 8月31日	人工衛星「光明星1号」を「白頭山1号」で打ち上げ（テポドン1発射）	・情報収集衛星の導入を決定
2006年 7月5日	テポドン2発射	・北朝鮮当局者の原則入国禁止 ・北朝鮮への渡航自粛 ・朝鮮総連議長らが訪朝目的で出国した場合に再入国禁止 ・万景峰92号の入港禁止 ・航空チャーター便乗り入れ禁止
2006年 10月9日	第1回核実験	・北朝鮮籍船舶の入港禁止 ・北朝鮮籍者の原則入国禁止 ・北朝鮮からの輸入全面禁止
2009年 4月5日	試験通信衛星「光明星2号」を「銀河2号」で打ち上げ（テポドン2改良型発射）	・北朝鮮への送金・現金持ち出しの報告や届け出の規制強化
2009年 5月25日	第2回核実験	・北朝鮮への輸出全面禁止
2013年 2月12日	第3回核実験	・再入国禁止の対象を朝鮮総連副議長らに拡大
2014年 5月29日	ストックホルム合意	以下の制裁を解除 ・人的往来：北朝鮮当局者（朝鮮総連幹部）の再入国原則禁止、北朝鮮への渡航自粛、北朝鮮籍者の原則入国禁止 ・送金・現金持ち出し規制 ・北朝鮮船舶の人道目的での入港禁止（ただし、万景峰92号は引き続き禁止）
2016年 1月6日	第4回核実験	・2014年に解除した制裁を復活 ・訪朝した在日外国人の核・ミサイル技術者の再入国禁止
2016年 2月7日	地球観測衛星「光明星4」を「光明星」で打ち上げ（テポドン2改良型発射）	・人道目的かつ10万円以下を除く送金禁止 ・北朝鮮に寄港した第三国籍船舶の入港禁止
2016年 9月9日	第5回核実験	・再入国禁止の対象範囲拡大 ・北朝鮮に寄港した全船舶の入港禁止 ・資産凍結の対象拡大

（注）北朝鮮発表と食い違う場合、カッコ内に日米韓の判断を付した。

している。安倍は拉致問題を「政権の最重要課題」に掲げたものの、具体的な進展を見ることなく退任した。

　後任首相となった菅義偉は新型コロナウイルス対策に追われ、日朝関係に本腰を入れることなく約1年で退陣した。2021年10月に菅の後任となった岸田文雄も「無条件対話」の呼びかけを踏襲した。

　留意すべきなのは、北朝鮮からの発信が誰の名前でなされているかである。北朝鮮メディアで繰り返される対日非難等の発信者は主として「日本研究所研究員」「朝鮮オリンピック委員会代弁人」といったレベルにとどまってきた。米国や韓国に対する非難が金与正らによって発信されることとの落差は大きい。それは、日本を重要な交渉相手とみなしていないことを意味している[10]。

　背景には、拉致問題の進展なしに日本の政策転換はないという判断に加え、相対的な日本の経済力低下があると考えられる。長期にわたって日朝関係が停滞する間に、日本と中国の経済力は逆転した。日本より支援を引き出しやすい韓国もいまや、1人当たり国民総所得（GNI）は日本と肩を並べる。そもそも日本が拠出する経済協力資金は国交正常化が前提であるのに対し、韓国は時の政権の判断で姿勢が変わりうる。国連制裁に縛られるため進歩派の文在寅政権でも本格的な支援に踏み切ることはなかったものの、制裁解除となれば保守派政権であっても支援のハードルは高くない。実際に、歴代の保守派政権は「核放棄に応じるなら大規模な支援をする」と表明してきた。北朝鮮とすれば、米国との交渉で経済制裁の一部解除を取り付けた上で、中韓から援助を引き出すというシナリオの方が現実的なのである。小泉が訪朝した2002年とは大きく環境が変わっており、日本の立場はより難しいものとなっている。

地上の楽園への礼賛〈1970年代までの北朝鮮イメージ〉

　日本での北朝鮮に対するイメージは、過去半世紀の間に180度といっていいくらい変わった。1970年代まで主流だったのは、北朝鮮は「**地上の楽園**」だというプロパガンダである。後述する在日朝鮮人の帰国運動が始まった1959年12月には日本メディア各社の記者を北朝鮮が受け入れた。その時の新聞報道を見てみると、ある新聞には「躍進する北朝鮮」

---

10) 2024年1月の能登半島地震の際には金正恩から「日本国総理大臣　岸田文雄閣下」宛の見舞い電が送られた。北朝鮮の最高指導者から日本の首相への電文は初めてである。

「躍進」「ばく進」する北朝鮮の姿を描いた1959年の主要各紙。上から、『毎日新聞』（12月26日付夕刊）、『朝日新聞』（12月25日付）、『読売新聞』（11月8日付）、『産経新聞』（12月27日付）。

「焼土から立上がる　5年計画も2年半で達成」という大きな見出しが躍った。記事の書き出しは次のようなものであった。

　　「北朝鮮は変わった。──この言葉はわずか数日間の北朝鮮滞在の間で何回となく、どこででも聞かされた。3年前に北朝鮮を訪れたことのある記者ですら平壌でわかったのは、大同橋と平壌国際ホテルだけだったと驚いたほどのすさまじい建設のテンポである」

見出しを考えれば予想はつくが、続く本文も肯定的である。

　　「『われわれの周辺の国はみなよい暮らしをしている。ソ連も中共もそうだ。日本も事実上文明国家だ。わが国はまだ中農程度だ。しかし、そんなことにはかまわない。追いついていこう』──金日成首相は21日

帰還者代表に会ってこんなことを力強く言った。

　北朝鮮の現状がこの言葉でにじみ出ている。終戦によって朝鮮は
"解放"されたが、その後起こった朝鮮戦争で再び戦火に見舞われ、
1953年（昭和28年）4月（原文ママ・休戦協定署名は7月）、戦いが終
わったときには平壌市内は草木もない焼土と化していたという。この
ため北朝鮮政府は翌1954年から3か年の復旧計画をスタートさせ、
1957年からは第1次5か年計画として衣食住の基本的解決、つまり全部
の国民が最低の衣食住を確保することにのり出し、今年の6月、計画
の半分を2年半でなしとげた」

　これは、1959年12月27日付の『産経新聞』に掲載された記事である。
『産経新聞』だけではない。12月25日付『朝日新聞』には「『ばく進する
馬』北朝鮮」という見出しで記事が掲載された。次のような内容だ。

　「戦争の荒廃と貧乏のどん底から立ち上がって前途に希望を持った喜
びが感じられる。衣食住がどうにか安定し、働けば食えるようになっ
た朝鮮に、他国で苦労している同胞をひきとっていっしょに働こうと
いう気持ちが今度の帰還問題の底に流れている。もう1つ、千里の馬
のけん引者はもちろん金日成首相。3日前、帰還者代表150人と向かい
あった金首相はちっとも飾りけがなく、親切な町会長が隣近所の人と
笑いながら世間話をしているようだった。（中略）
　『金将軍はわれわれの偉大なダムだ。遅れ、落ちぶれた民族を組織し
てたくましい民族エネルギーをたくわえてくれたダムだ』とある人はこ
ういった。深夜の町で酔っぱらいなど1人もみることができない。真夜
中雪の道を行くのは交代の労働者だ。寒さしのぎに『金日成の歌』を
歌いながら工場へ歩いていく」

　北朝鮮や金日成への礼賛ともとられかねない。このような論調は、他
の新聞でも1970年代まで珍しくなかった。1972年9月19日付『毎日新
聞』は、論説主幹らを平壌に派遣して行った金日成のインタビューを1

面トップで掲載し、金日成につ
いて「堂々とした体格、日焼け
した顔は赤銅色に輝き、メガネ
越しの目は青年のように若々し
い」などと書いている。

　当時の知識人に大きな影響力
を持った月刊誌『世界』1972年
2月号には、「金日成首相会見
記」という東京都知事、美濃部
亮吉の訪朝記録が掲載された。
そこで紹介された美濃部と金日
成の会話は次のような内容だっ
た。

北朝鮮を礼賛した『別冊週刊読売』1972年9月号の表紙。

美濃部都知事：一昨日からい
ろいろなところを参観しています。工業農業展覧館、キム・イルソン
総合大学を参観しましたし、昨夜は、歌と舞踊を見物しました。わた
しは、お世辞でいうのではなく、キム・イルソン首相の指導されてお
られる社会主義建設にはまったく頭がさがるばかりで、感心していま
す。

金日成首相：ありがとうございます。

美濃部都知事：わたしといっしょに来た小森君とも話したのですが、
資本主義と社会主義の競争では、平壌の現状を見るだけで、その結論
は明らかです。われわれは、資本主義の負けが明らかであると話し合
いました。これから残っている数日間に、できるだけたくさん見てまわ
り、非常に困難な状況にある東京都の建設にわれわれが利用できるも
のは、できるだけ利用したいという考えをもっております。

　これらの筆者や媒体を今さら批判することに意味はない。美濃部は、
東京都民の選択によって三選を果たした政治家である。かつて日本人が

抱いた対北朝鮮イメージは、隣国観がいかに極端なものとなりやすいか
を示す典型例だといえる。現在の対北朝鮮政策を支える北朝鮮観につい
ても、歴史の検証に堪えられるものかどうかは常に問うていく必要があ
る。

生活難と民族差別からの逃避先で〈帰国事業と日本人妻〉

　北朝鮮に対する良好なイメージは、多くの在日朝鮮人の運命を変え
た。これまでにも触れた北朝鮮への**帰国事業**である。1959年12月から
1984年7月にかけて実施された事業で、在日朝鮮人や日本人配偶者、そ
の家族を含めて9万3340人が日本から北朝鮮に渡った。世界的にも例の
ない資本主義社会から社会主義社会への大移動だった。

　当時、在日朝鮮人の多くは日本で生活難に苦しんでいた。民族差別も
大きな問題だったが、韓国もまだ日本と国交正常化していなかった。そ
れだけでなく韓国は李承晩による独裁政治が続き、経済的にも混乱して
いた。

1959年12月、帰国事業の第1陣として新潟港から北朝鮮に向かう船。写真提供：共同通信社

　そのような中、1958年9月に金日成が在日朝鮮人の帰国を歓迎すると演説した。それを受けて1959年4月からスイスのジュネーブで日朝赤十字交渉が始まり、8月には「帰還を希望する在日朝鮮人とその配偶者およびその子、その他それに扶養されている者でともに帰還することを希望する者」を対象にした赤十字協定が調印された。調印された場所の名を取って「カルカッタ協定」という。そして12月14日に新潟から第1次帰還船が出港した。前項で紹介した『産経新聞』や『朝日新聞』の記事は、この際に現地で取材した記者のルポである。

　北朝鮮が10万人近い在日朝鮮人らを受け入れた背景には、1956年に開始された千里馬運動があった。1日に千里を走る伝説上の馬にたとえた全国的な増産運動で、この運動を成功させるために大量の労働力と技術を必要としていたのである。

　体制宣伝というメリットも大きかった。当時の北朝鮮にとって最大の目標は南北統一であった。1950年から3年間にわたった朝鮮戦争は休戦という形で終結し、金日成は武力による統一をひとまず保留した。疲弊した経済の立て直しを図り、韓国よりも早く発展を成し遂げることで体制の優越性を誇示しようとしたのである。現状からは想像しがたいが、当時の北朝鮮は「**日本に追いつけ、追い越せ**」というスローガンが掲げられるほどの勢いを見せていた。日本から多くの在日朝鮮人を帰国させる事業は、北朝鮮の社会主義体制が韓国より優れていると世界に示す好機と考えられた。

　一方で日本政府が帰国事業を積極的に進めた背景には、在日朝鮮人を厄介者と見る風潮があったといわれている。表面上は「人道的見地」から帰国事業を支援したものの、生活保護などで財政的な負担にもなっていたことから、内実は棄民政策だったのではないかという指摘である。

　韓国は、事業を「北送」と呼んで猛反発した。韓国を支持する在日本大韓民国居留民団（民団）[11] は、北朝鮮を支持する**在日本朝鮮人総聯合会（朝鮮総連）**の宣伝に乗ってはいけないと反対運動を展開した。その

11）1994年に「居留」という言葉を削除し、在日本大韓民国民団に改称した。

ような状況下で、帰国すべきか否かの岐路に立たされた在日朝鮮人に大きなインパクトを与えたとされる1冊の本がある。歴史研究家の寺尾五郎が1959年に出版した『38度線の北』という紀行本だった。

　「あの気象の激しい朝鮮の北方の人々が、強制や監視で働き廻るものでもあるまい。また、そんなに連日、精魂のかぎり働きつづけたのでは、息がつまってしまいはしないかとも質問される。私もまた、現地の朝鮮でそう質問してみた。答えは、『とんでもない、面白くて仕様がないのですよ。たまに休むと苦しくて息がつまりそうです』というのだ。

　（中略）

　事実、朝鮮では、一日々々の、一人々々の労働がそのまま、目に見えて、（これは文学的な形容詞でなく、物理的な説明なのである）国家と彼自身とを豊かにさす成果をあげているのである。労働が苦痛をともなわない喜びにかわりつつある。

　（中略）

　だから私のような怠け者でも、箸1本、自分で生産したことのない人間でも、朝鮮にいると、あの大衆的雰囲気の中で、いつの間にか妙に体を動かしてみたくなり、力いっぱい働いてみたくなるから不思議である。労働意欲という病気に感染してしまうのである」

　1960年には、毎日新聞、共同通信、産経新聞、読売新聞という4社5人の日本人記者団による『北朝鮮の記録』という本も出版された。こちらも、北朝鮮の宣伝を真に受けたルポになっている。1959年2月13日に日本政府が帰国事業の開始を決めた翌日の『毎日新聞』は社説で「人道的見地から、居住地の自由選択という国際的に認められた原則」に立脚した事業だと断じるとともに、「韓国が帰還妨害の挙に出れば、韓国はその自負する正統政府の威信をさらに傷つけるだけであろう」と主張した。北朝鮮の人権状況を精査することなく、帰国事業は人道的なものだと考え、それを妨害しようとする韓国の姿勢を批判的に見たのである。

他紙の論調も大同小異だった。

　在日朝鮮人と結婚した日本人配偶者約1800人を含む6000人強の日本国籍保持者が、この事業で北朝鮮へ渡った。ほとんどが、在日朝鮮人の夫に同行した**日本人妻**とその子供たちだった。彼らは3年ほど経てば日本に里帰りができるといわれていたが、自由な帰国など望むべくもない状況に陥った。1990年代に政府間交渉によって一時里帰りが3回実現したものの、参加した日本人配偶者は43人だけである。そればかりか、日朝両国の官僚主義の壁に阻まれて事前に計画された行動以外はいっさい認められなかった。故郷の路地裏に立って何かを思い出し、予定されたルートから1本外れた道に行きたいと思っても制止された。自由な国であるはずの祖国に帰ってきたのに、短い滞在期間中に自由な行動は認められなかったのである。

　事業参加者の一部は「苦難の行軍」期以降に脱北した。日本政府は人道的措置として脱北した人々を中国で保護し、日本に戻るための在留許可を出した。プライバシー保護を理由に人数は明らかにされていないが、北朝鮮生まれの2世を含めて約200人が日本に戻ったとされる。脱北者への公的支援が手厚いことや2世が日本語を話せないという理由で、韓国に向かった人も2022年時点で約400人いる。事業に参加した10万人弱と比べると1%にもならない人数である。

第**7**章

対話路線の期待と破綻
米朝関係

米国は「100年の宿敵」〈米朝関係の歴史〉

　北朝鮮は米国のことを「100年の宿敵」と呼ぶ。日本への黒船来航と同時期となる19世紀半ばに米国が砲艦外交で当時の朝鮮王朝に開国を迫り、1905年7月に米国のフィリピン統治と日本の朝鮮支配を互いに認める桂タフト協定[1]を結んだことが背景にある。日本の植民地支配から脱することを望む朝鮮の人々の立場に立つと、米国は第2次世界大戦中にも空手形を切っていた。米国大統領のフランクリン・ローズヴェルトは、英国首相のウィンストン・チャーチル、中華民国総統の蒋介石と1943年11月にカイロで会談した際、満州や台湾の中国への返還とともに朝鮮の独立を日本への要求事項に入れていた（カイロ宣言）。だが実際には、1945年8月に日本の敗戦で解放された朝鮮は、北緯38度線の北側をソ連軍、南側を米軍が統治する軍政の下に置かれた。

　戦後すぐに米ソの対立が深まったため、一時的な措置だったはずの分割占領は固定化された。米国は朝鮮独立問題を国連に持ち込んで朝鮮全

---

1) 日露戦争中の1905年7月に米国大統領特使として訪日した陸軍長官ウィリアム・タフトが首相の桂太郎と交わした秘密覚書。①日本は米国のフィリピン統治を認める、②極東の平和維持は日米英3カ国の合意に基づいて図られるべきである、③米国は朝鮮に対する日本の優越的支配を認める——というものであった。日本のフィリピンへの南下を危惧する米国と、日露戦争後の朝鮮支配を国際社会に認めさせたい日本が手を握った。

土での総選挙を実施しようとしたが、ソ連側が拒否する姿勢を見せると1948年5月に南側だけでの国会議員選挙を強行した。そして8月15日に大韓民国（韓国）が成立し、李承晩が初代大統領に就任した。北側では同月末に国会に当たる最高人民会議代議員選挙を経て、9月9日に朝鮮民主主義人民共和国（北朝鮮）が創建され、金日成が首相となった。

　武力統一を狙う金日成はソ連の了承を得た上で、1950年6月25日に**朝鮮戦争**を引き起こした[2]。当時の韓国軍は貧弱な装備しか持ち合わせず、米軍も小規模な軍事顧問団しか韓国に駐留させていなかった。ソウルは3日後に陥落し、韓国軍は1カ月も経たずに南東部の釜山周辺にまで追い詰められた。国連安全保障理事会は韓国を支援する**朝鮮国連軍**を創設する決議を採択し、米軍を主力とする国連軍が編成された。中国の代表権を巡る問題でソ連が国連会合をボイコットしていたため、拒否権は行使されなかった[3]。9月の仁川上陸作戦を皮切りに本格的な反撃を始めた。国連軍は38度線を超えて北上し、中国との国境近くにまで北朝鮮軍を追い詰めた。これに危機感を強めた中国の最高指導者である毛沢東が、北朝鮮を支援する**中国人民志願軍**という形での参戦を10月に決定した。これによって国連軍側を押し戻したものの、開戦からおよそ1年後には膠着状況に陥った。1951年7月に休戦交渉が始まると、交渉で有利な立場を得るための消耗戦が続き、最終的には1953年7月27日に開戦前の境界線と大差ない軍事境界線を設定して休戦となった。休戦協定は北朝鮮と中国、国連軍（米国）の署名で発効し、最終的な勝利に固執した韓国は署名しなかった。犠牲者は南北で計数百万人に達すると見られている。

　戦火はやんだものの、法的には休戦状態にあるだけで戦争は終結して

---

2) 北朝鮮は米韓による「北侵」であったと主張しており、朝鮮戦争を「祖国解放戦争」、休戦記念日を「祖国解放戦争勝利記念日」と呼んでいる。

3) 創設時の国連では中華民国が安全保障理事会常任理事国となっていた。国共内戦に敗れた中華民国（国民党政権）は台湾に逃れ、北京では1949年10月に中華人民共和国が成立した。ソ連は国連での中国の代表権を中華人民共和国に与えるべきであると主張し、国連の会合をボイコットしていた。朝鮮国連軍は現在も存続しており、司令部をソウル南方の平沢基地、後方司令部を東京・横田基地に置く。在韓米軍司令官が司令官を兼務している。

いない。米国は休戦協定を受けて韓国と軍事同盟「**米韓相互防衛条約**」を結び、北朝鮮と対峙してきた。北朝鮮が米国を「敵」とみなして「アメリカ帝国主義（米帝）」と称するのは朝鮮戦争の延長線上に立つ視点であり、米軍の強大な力に対する警戒感はきわめて強い。北朝鮮は1974年3月に平和協定締結に関する直接会談を米国に提案したが、米国側が拒否した。平和協定を締結して戦争状態を終わらせようという考えはその後も関係国の間で何回か浮上したものの、根深い相互不信によって実現していない。

北朝鮮攻撃を真剣に考えた米国〈第1次核危機〉

　北朝鮮による**核兵器開発**を米国が関知したのは、冷戦末期の1980年代半ばだとされる。米国の偵察衛星が、北朝鮮の原子力施設が集中する寧辺（ニョンビョン）地区でプルトニウム型原爆の起爆装置に使われる高性能爆薬の実験跡とみられるクレーターを発見したのである。1986年からは巨大な長方形の建物の建設を確認しており、1987年にまだ屋根のない建物内部の撮影に成功した。部屋の配置は、使用済み核燃料から兵器用プルトニウム

年表7-1　冷戦終結と第1次核危機

	出来事
1989年12月	米ソが冷戦終結を宣言 ルーマニアでチャウシェスク政権崩壊
1990年9月	ソ連と韓国が国交樹立
10月	東西ドイツ統一（西独が、社会主義の東独を吸収）
1992年8月	中国と韓国が国交樹立
1993年3月	北朝鮮、核拡散防止条約（NPT）脱退を宣言
6月	ニューヨークで初の米朝高官協議
1994年3月	南北協議で北朝鮮代表が「戦争になればソウルは火の海に」
5月	米軍が北朝鮮攻撃計画を詳細に検討
6月	カーターが訪朝し、金日成と会談 金日成はIAEA査察官残留を認め、南北首脳会談を提案
7月	金日成死去
10月	米朝枠組み合意で危機終結

を抽出する再処理施設に典型的なものであった。

　この施設は1992年になって国際社会からの注目を集め始める。北朝鮮はこの年、核施設への査察受け入れに関する保障措置協定を国際原子力機関（IAEA）と締結し、IAEAの査察を受け入れた。この査察によって北朝鮮のそれまでの報告に疑問点があることが判明したため、IAEAは特別査察の受け入れを北朝鮮に求めた。だが北朝鮮はこれを拒否し、1993年3月に**核拡散防止条約（NPT）**からの脱退を宣言した。第1次核危機の始まりである。

　冷戦終結によって北朝鮮は孤立感を深めていた。後ろ盾であったソ連と中国はこの時期に韓国との国交樹立に踏み切った。北朝鮮は1990年9月に韓国との国交樹立の方針を伝えてきたソ連に核抑止力の提供がなくなるのであれば自力で開発すると伝えていた。

　一方で北朝鮮は前節で触れたように1970年代から米国との直接対話を求めてきたが、米国が応じていなかった。北朝鮮は1993年1月、米大統領からの退任後に積極的な外交活動を展開していたジミー・カーターに公式の招待状を出したが、発足したばかりのクリントン米政権は応じることに反対していた。3月のNPT脱退宣言は、米国の態度を変更させるための「賭け」だったといえる。

　そして、北朝鮮の賭けは成功した。米国は1993年6月に北朝鮮との高官協議に応じたのである[4]。米朝両国はこの時、問題解決のために2国間協議を続けていくことと、北朝鮮がNPT脱退を留保、すなわち一時的に棚上げすることで合意した。米国務省の北朝鮮担当官として協議に参加したケネス・キノネスによると、北朝鮮側外交官は非公式の実務接触で「米国から攻撃しないという確約を得ること」が大きな関心事であることを米国に伝えた。

　ニューヨークでの第1ラウンド協議を終えた両国は7月にジュネーブで第2ラウンド協議を行い、①北朝鮮とIAEAの査察協議再開、②北朝

4）北朝鮮の姜錫柱外務次官と米国のロバート・ガルーチ国務次官補がニューヨークで初の高官協議を開いた。

鮮と韓国が署名して1992年2月に発効した朝鮮半島非核化共同宣言の履行を進めるための南北対話の早期再開――で合意した。米国はさらに、北朝鮮が持つ黒鉛減速炉型原子炉の軽水炉への転換を支援する用意があると表明した。黒鉛減速炉はプルトニウムを使った核兵器製造への利用が容易なのに比べ、軽水炉は技術的ハードルが高いと考えられていた。

　北朝鮮の外務省スポークスマンは12月30日、第2ラウンド以降に18回の実務接触を重ねた結果、次の第3ラウンドで問題を一括妥結させることで米国側と合意したと表明した。だが実際には、米国と北朝鮮の思惑は多くの部分ですれ違ったままであった。

　1994年3月3日にIAEAの追加査察が始まったものの、北朝鮮は査察の一部を拒否した。IAEA理事会は問題を国連安全保障理事会に付託し、安保理決議に基づく制裁が現実のものとして議論され始めた。北朝鮮は強く反発する。19日には南北対話に出ていた北朝鮮側代表が「戦争になればソウルは火の海になる」と発言し、協議を決裂させた。対話解決へ進み始めたかに見えた核危機は、再び緊張した局面に入った。

　米国は朝鮮半島周辺の米軍を増強し、さらなる増強の準備を進めた。当時の状況を取材した米国のジャーナリスト、ドン・オーバードーファーによると、釜山に最初のパトリオット・ミサイルが輸送されたのが4月中旬。在韓米軍に配備されていた旧式のコブラ・ヘリコプターに代えてアパッチ攻撃ヘリコプター大隊が投入され、さらに追加が予定されていた。戦車や兵員装甲輸送車、高性能レーダー、航空機の交換部品なども続々と陸揚げされた。5月18日には世界各地に展開する米軍司令部の首脳がワシントンに集められた。米軍が一体となって在韓米軍の戦闘計画を支援する具体策を検討するためであった。会議では、米軍の主力戦闘部隊のほぼ半分に上る大増派計画や空母の配置転換などについて詳細な検討が行われた。大統領のビル・クリントンは翌日、戦争が起きた時の被害想定に関する説明を国防総省から受けた。最初の90日間で米軍兵士5万2000人が死傷し、韓国軍は死傷者49万人、北朝鮮側も民間人を含めて多くの死者が出ると予測された。政治的に許容しうる水準を大きく超える想定であった。クリントンは対話を通じた解決を探る路線

に戻すことにしたが、大きな進展は見られなかった。

　米国は、北朝鮮の核開発に初期段階で歯止めをかける必要性を感じていた。放置すれば北朝鮮はいずれ核兵器を完成させて脅しに使ったり、中東諸国に売りつけたりするかもしれないと考えられたからである。当時の国防長官ウィリアム・ペリーはオーバードーファーとのインタビューで、戦争の危険があったとしても「北朝鮮が大規模な核兵器開発計画を進めるのを認める方がさらに危険だと判断した」と証言した[5]。

　北朝鮮は5月14日、IAEAの立ち会いがないまま原子炉からの燃料棒取り出しを始めたと表明していた。それまでの核活動を検証する機会を失わせる深刻な行動である。IAEA事務局長のハンス・ブリクスは6月2日、燃料棒取り出しによって「北朝鮮が核物質を軍事転用していないとの保証を提示できない」という書簡を国連事務総長に送った。IAEA理事会は6月10日に北朝鮮に対する技術協力停止などの制裁を決議した。北朝鮮はこれを受けて13日に①IAEAから即時脱退する、②査察はこれ以上認めない、③国連制裁は宣戦布告と見なす──と表明した。

■ 核開発を止めるため重ねられた対話 〈米朝枠組み合意〉

　流れを変えたのは、カーター訪朝であった。クリントン政権の了解を取り付けたカーターは6月15日から18日まで平壌を訪問した。公式の権限を持たない「民間人」としての訪朝であったが、金日成との会談で譲歩を引き出すことに成功した。カーターは平壌からホワイトハウスと連絡を取り、安保理に制裁を求めようとしていた政権の動きを止めた。金日成はこの時、IAEA査察官の残留を認め、IAEAが核施設に設置した監視装置を引き続き稼働させることを約束した。同時に、韓国大統領、金泳三との南北首脳会談を提案した。史上初の南北首脳会談は7月25日から27日まで平壌で開かれることになった。米朝高官協議第3ラウンドも7月8日からジュネーブで再開され、戦争の危機は遠のいた。

5）オーバードーファー、カーリン『二つのコリア』320〜324頁。

　ところが7月9日に金日成が前日に死去したと発表され、始まったばかりの米朝協議第3ラウンドは中断となった。後継となる金 正 日の出方を不安視する声もあったが、協議は8月に再開された。米国と北朝鮮は結局、10月21日にジュネーブで核問題解決へ向けた包括的合意文書である「米朝枠組み合意（Agreed Framework）」に署名した。合意の骨子は、①北朝鮮は黒鉛減速炉と関連施設を凍結し、究極的には解体する、②米国は合計で200万kWの軽水炉型原子力発電所を北朝鮮に提供することに責任を持つ、③米国は軽水炉が完成するまで年間50万トンの重油を北朝鮮に提供する、④米朝両国は政治・経済関係を正常化する方向に進む――というものである。北朝鮮の核開発をやめさせると同時に、米朝関係の正常化までを視野に入れた包括的な内容になっている。この合意に基づいて、日米韓が中心となって軽水炉建設を進めるための朝鮮半島エネルギー開発機構（KEDO）を設立した。46億ドルに上る軽水炉建設費用は、韓国が32億ドル、日本が10億ドルをそれぞれ負担し、欧州連合（EU）などが残りを分担することで調整された。米国は、毎年50万トンの重油代金を支払うことになった。

　ところが、クリントン政権の与党・民主党はこの年11月の中間選挙に大敗して、枠組み合意を強く批判する共和党が上下両院の多数派を握った。これもあって日本海に面した咸 鏡 南道新浦市琴湖地区で進められた軽水炉建設工事は遅れ気味となり、黒鉛炉の停止に応じた北朝鮮に「米国は約束を守っていない」と批判する余地を与えた。当時の米国は、北朝鮮の早期崩壊論に立っていたとされる。そのため現実的なスケジュールかどうかの検討が甘くなり、米朝関係の根幹にかかわりかねない踏み込んだ合意を安易に結んだとの批判もある。

幻の米大統領訪朝と「悪の枢軸」〈急変する米朝関係〉

　1994年10月の米朝枠組み合意によって北朝鮮の核開発に歯止めをかけた後、北朝鮮に対する米国の関心はミサイル開発問題に移った。北朝鮮は1970年代からミサイル開発を本格化させ、シリアやエジプトといっ

た中東諸国にミサイルの完成品や関連技術を輸出していたからである。ソ連のスカッドBミサイル（射程300km）を解体・分析するリバースエンジニアリングの手法で研究を始めた北朝鮮は、1980年代半ばにはスカッドBのコピー版を製造できるようになった。1980年代末には射程を500kmにまで延ばしたスカッドCの開発にも成功し、ミサイルの輸出を外貨稼ぎの手段としていた。

　米国は1996年4月、北朝鮮のミサイル問題を協議するための直接対話を始めた（**米朝ミサイル協議**）。北朝鮮は1999年9月の米朝高官協議でミサイル発射のモラトリアム（一時凍結）に同意した。これでミサイル問題でも大きな山は越えたとされ、米国による**テロ支援国家**指定の解除に関する協議が2000年3月に始まった。米国は、1987年11月の大韓航空機爆破事件を受けて北朝鮮をテロ支援国家に指定していた。

　2001年1月に2期8年の大統領任期を終えるクリントンは政権最終盤になって、歴史的な業績を残そうと北朝鮮との関係改善を急いだと考えられる。米朝は2000年10月6日に「すべてのテロに反対する」という国際テロに関する共同声明を発表した。8日には国防委員会第1副委員長の趙明禄（チョミョンノク）が金正日の特使として訪米し、ホワイトハウスでクリントンと会談した。訪米中の12日に米国と北朝鮮は互いに敵対的な意思を持たないことなどを盛り込んだ「**米朝共同コミュニケ**」を発表した。

　国務長官マデレーン・オルブライトは23日に米国の現職閣僚として初めて訪朝し、金正日と会談した。ミサイル輸出やテロ支援国家指定に関する問題で進展があれば、クリントンが退任前に訪朝する運びとなっていた。ただ北朝鮮からミサイル問題に関する譲歩を引き出せなかった上、接戦となった11月の大統領選の結果確定まで約1カ月かかるという内政の混乱もあり、史上初となる米大統領の訪朝を強行できる状況ではなかった。後任のジョージ・W・ブッシュが、北朝鮮に対して強硬な姿勢を取るとみられたこともクリントン訪朝を難しくした。

　2001年1月に発足したブッシュ政権は、ネオ・コンサーバティブ（ネオコン）と呼ばれる新保守主義者が中枢を占めた。米国の価値観を非西欧社会に広めることに積極的で、自国に対する脅威が存在する場合に

は、米国単独でも軍事行動を辞さないという単独行動主義（ユニラテラリズム）をとった。9月11日に米同時テロ事件が起きると、ブッシュは「テロとの戦争」を宣言した。米国は10月7日、事件を起こしたテロ組織「アルカイダ」をかくまったアフガニスタンへの報復攻撃を開始し、12月にタリバン政権を崩壊させた（アフガニスタン戦争）。

　そしてブッシュは2002年1月の一般教書演説で、北朝鮮とイラン、イラクの3国をテロリストと連帯する「**悪の枢軸**」と名指し批判した。それぞれの国について、国民を抑圧しながら大量破壊兵器の開発を続けているなどと指摘し、悪の枢軸が世界の平和を脅かしているとの主張であった。ただ、3カ国が第2次世界大戦時の枢軸国のように連携しているわけではなかった。

　ブッシュ政権は2002年9月には新たな国家安全保障戦略（ブッシュ・ドクトリン）を発表した。北朝鮮はこの時も、イラン、イラク両国と並んで非難された。「北朝鮮はこの10年間、世界の主要な弾道ミサイル供給者となっており、大量破壊兵器の開発を続けながら性能を向上させたミサイルの試験を行ってきた」と名指しされたのである。新戦略は「ならず者国家と彼らの支援するテロリストが、合衆国や同盟国、友好国に対して大量破壊兵器による脅しをかけたり、大量破壊兵器を使用したりすることを事前に阻止しなければならない」と規定し、一方的な先制攻撃も辞さないという姿勢を表明した。

　米国は2003年3月、イラクのフセイン政権が大量破壊兵器の廃棄に応じないなどとしてイラク攻撃に踏み切り、フセイン政権を崩壊させた（イラク戦争）。北朝鮮の政府機関紙『民主朝鮮』はこの時、米国がサダム・フセインをはじめとするイラクの「指導部除去」に目標を置いていると糾弾し、「国際法のどの条項にも、他国の主権の最高代表者に手出しする権利が米国にあるとは記されていない。にもかかわらず、他国指導者の殺害を国家政策に決め、それを白昼に強行している米国こそ、国家テロの元凶、ならず者国家だといわざるをえない」と強い調子で米国を非難した。ブッシュ政権の強引な手法には国際社会からも批判が出ていた。しかも、実際にはイラクで大量破壊兵器は発見されなかった。米

国や英国で後に行われた検証によって、イラクの大量破壊兵器の脅威を強調したCIAの事前情報に根拠がなかったことも明らかになった。

イラクと並んで悪の枢軸とされた北朝鮮にとっては他人事ではない。北朝鮮は、朝鮮戦争で戦火を交え、休戦後も数万人規模の在韓米軍を維持し続けてきた米国を脅威に感じてきた。北朝鮮の体制を守るためには、米国に存続を認めさせることが欠かせない。だからこそ北朝鮮は、クリントンにも「北朝鮮を攻撃しない」と保証することを求めていた。

アフガニスタンとイラクでの戦争を見た金正日の危機感が、それまでになく高まったことは疑いようがない。2つの戦争はその後に泥沼化し、米国の国際的地位を揺らがせた。だが開戦当初に米軍が見せた軍事力は圧倒的なものであり、攻撃を受けた側はどちらも既存体制が崩壊に追いやられた[6]。金正日が、米国を「脅威」と捉えるのは当然であった。

▰ 核実験強行という瀬戸際戦術〈第2次核危機〉

米国は2002年10月、「北朝鮮がウラン濃縮型核開発を行っていることを認めた」と発表した。第2次核危機の始まりである。秘密核開発の証拠を察知した米国が平壌へ派遣した国務次官補ジェイムズ・ケリーに、北朝鮮側が認めたのだという。北朝鮮は米国の発表を否定したが、米国は枠組み合意への違反だとみなし、合意に基づく北朝鮮への重油提供をストップさせた。対抗して北朝鮮は12月に枠組み合意で凍結した核施設を再稼働させるとともに、いったん保留するとしていたNPT脱退の効力を発効させると2003年1月に宣言した。

この時は中国が仲介役として積極的に動き、2003年4月に北京で米朝中3カ国協議が開かれた。前月に国家主席に就任したばかりの胡錦濤が北東アジア外交の主導権を握ろうとしたことも背景にあったとされる。北朝鮮は協議初日の4月23日に開かれた夕食会の後、核兵器をすでに保有していると非公式な形で米国に通告した。

6）アフガニスタンでは、タリバンが2021年8月に首都カブールを奪還して再び政権を掌握した。

年表7-2　第2次核危機とミサイル開発をめぐる主な動き

	出来事
2000年6月	南北首脳会談（金正日・金大中）
2001年1月	ブッシュが米大統領に就任
2002年1月	ブッシュが、北朝鮮とイラン、イラクを「悪の枢軸」と名指し
9月	日朝首脳会談（金正日・小泉純一郎）
10月	米国、北朝鮮がウラン濃縮による新たな核開発を認めたと発表（第2次核危機の始まり）
2003年3月	イラク戦争開戦
4月	米朝中3カ国協議。北朝鮮、「核兵器を既に保有している」と米国に非公式通告
8月	第1回6カ国協議
2004年5月	日朝首脳会談（2回目、金正日・小泉）
2005年9月	6カ国協議で「すべての核兵器と既存の核計画の廃棄」などを盛り込んだ共同声明を採択 米、マカオの銀行バンコ・デルタ・アジア（BDA）を制裁
2006年10月	1回目の核実験
2007年3月	米、BDA制裁を解除
10月	南北首脳会談（2回目、金正日・盧武鉉）
2008年10月	米、北朝鮮に対するテロ支援国家指定を解除
2009年1月	オバマが米大統領に就任
5月	2回目核実験
2011年12月	金正日死去
2013年2月	3回目核実験
3月	金正恩政権が「並進路線」を打ち出す
2016年1月	4回目核実験（北朝鮮は「水爆」と主張）
9月	5回目核実験
2017年1月	トランプが米大統領に就任
5月	文在寅が韓国大統領に就任
7月	初のICBM「火星14型」発射
9月	6回目核実験
11月	新型ICBM「火星15型」発射。政府声明で「核武力完成」を宣言

　この時点での核保有が本当だったのか、それともブラフだったのかはわからない。ただ、朝鮮中央通信は翌24日の論評で「国際社会の一致した反対にもかかわらず、米国によって強行されたイラク戦争は、国と民族の自主権を守るためには唯一、強力な物理的抑止力がなければならないという教訓をすべての主権国家に与えている」と主張した。「強力な

物理的抑止力」は核兵器を意味する可能性が高い。北京での核保有通告が、イラク戦争を強く意識したものであることは明白であった。

　北朝鮮の核問題は2003年8月から米朝中に加え、日本、ロシア、韓国を加えた**6カ国協議**で話し合われることになる。北朝鮮は北京での第1回6カ国協議の際にも、米国との個別協議の中で核兵器に関して「デモンストレーションの用意がある」と伝え、核実験を示唆したとされる。

　6カ国協議は、北朝鮮と韓国に加えて、朝鮮半島情勢に深い関係を持つ近隣の四大国が顔を合わせる構図となった。米朝2カ国の直接交渉で進められた第1次核危機の解決策が失敗した教訓に基づいて、多国間協議の枠組みで解決策を探ろうとしたのである。日米韓は、「完全かつ検証可能で不可逆的な核廃棄（Complete, Verifiable and Irreversible Dismantlement ＝ **CVID**）」を北朝鮮に要求した。

　6カ国協議は2005年9月の第4回協議で、北朝鮮が「すべての核兵器と既存の核計画の放棄」を約束するとともに、米国が北朝鮮攻撃の意図がないと確認することなどを盛り込んだ共同声明を採択した。具体的な項目は先送りとなったため目標を確認しただけともいえるが、それでも大きな進展だと評価された。

　しかし米政府は同月、マカオの銀行バンコ・デルタ・アジア（BDA）を「マネーロンダリング（資金洗浄）の主要懸念先」に指定し、米国の金融機関に対して同行と取引することを禁止した。理由は、北朝鮮の政府機関による資金洗浄や偽造米ドル札の流通に関与した疑いであった[7]。米政府は不法行為への制裁は核問題とは別件だとしたが、北朝鮮は、BDA問題が解決するまで核問題の協議に応じないと強く反発した。

　北朝鮮がBDAに保有していた口座は、朝鮮労働党39号室の管理下にあるといわれていた[8]。金正日が自由に使える資金を確保するために設置したとみられる機関である。多額の外貨を獲得するため、兵器からマツタケまであらゆるものを扱っているほか、金正日ファミリーが必要と

7）北朝鮮による不法な外貨稼ぎとマネーロンダリングについて詳しくは第3章参照。
8）39号室という名称は、朝鮮労働党3号庁舎の9号室を意味し、表向きは大聖（テソン）総局や朝鮮綾羅（ルンラ）888といった企業名を使って活動しているとされる。

瀬戸際戦術の原点となったプエブロ号事件

　紛争を嫌う相手を意識し、わざと緊張を高めて交渉相手に譲歩を迫る手法を瀬戸際戦術と呼ぶ。冷戦初期の1940年代後半から1950年代にかけてソ連や中国も類似する手法を使ったが、北朝鮮における原点は1968年のプエブロ号事件である。

　この年1月23日に米国の情報収集艦「プエブロ号」が北朝鮮

平壌市内を流れる大同江に係留された「米帝の武装スパイ船」プエブロ号。2008年8月撮影

東部・元山沖で領海侵犯を理由に北朝鮮側から攻撃され、拿捕された。乗員83人のうち1人が死亡し、残りは北朝鮮側に身柄を拘束された。米国は領海侵犯を否定し、日本海に空母などを展開して圧力をかけて返還を迫ったが、北朝鮮は応じなかった。米国は結局、12月に謝罪文書にサインすることで事態を収拾させ、乗員を取り戻した。

　武力衝突を恐れずに強硬姿勢を貫いた北朝鮮に対し、ベトナム戦争中の米国は妥協せざるをえなかった。米外交にとっては大きな汚点だが、北朝鮮にとっては歴史的戦果である。米国に返還されなかった船体は現在も平壌を流れる大同江に係留され、反米教育の生きた教材として公開されている。

する物資を調達してくる役割も担った。

　事態を動かしたのは、2006年10月に北朝鮮が初めて核実験を強行したことであった。米国はこれを契機に北朝鮮への姿勢を軟化させ、それまで拒否していた2国間協議にも応じるようになった。2007年2月の6カ国協議では、2005年9月の共同声明を北朝鮮が履行すれば、履行状況に応じてエネルギー支援を行うという共同文書が採択された。そして米国は2007年3月の第6回会合開催を前にBDAに対する制裁の解除を発表した。北朝鮮にとってはまさに瀬戸際戦術の成功であった。ただ凍結された資金の返還が遅れたため、この時の会合は実質的な協議に入らないま

ま休会となった。米国は6月に返還完了を確認した。

　北朝鮮は2008年6月に核関連施設の「無能力化」措置として寧辺の黒鉛減速炉につながる冷却塔を爆破し、米国は10月に北朝鮮へのテロ支援国家指定を解除した。拉致問題の解決まで待ってほしいという日本の要請は、米国に無視された。第2次核危機の発生当初は強硬だったブッシュ政権も、2期目の残り任期が少なくなって成果を急いだのではないかとみられている。自らが始めたアフガニスタンとイラクでの戦争が泥沼化していたため、他の外交課題で成果を出したいと考えたのではないかと指摘される。6カ国協議は第6回会合の休会後に首席代表者会合などを重ねたものの、大きな進展はなかった。結局、2008年12月の首席代表者会合が最後となった。

　続くオバマ政権の2期8年の間、米国と北朝鮮の思惑はかみ合わないままに終わった。2009年1月に米大統領となったバラク・オバマは対北朝鮮政策の基調を対話に置いたが、北朝鮮は4月に人工衛星打ち上げと称して事実上の長距離弾道ミサイルを発射し、5月には2回目の核実験を強行した。ブッシュを相手にした瀬戸際戦術の成功体験に基づいた行動だとみられた。しかしオバマは動かなかった。国連を通じた制裁や日米韓の協調固め、中国への協力要請を静かに行うだけだったのである。国務長官のヒラリー・クリントンは12月の記者会見で「（北朝鮮問題への）アプローチは、6カ国協議参加国との緊密な協調の下での**戦略的忍耐**というものである」と述べた。北朝鮮が行動を改め、米国の求める対話に応じるまで、忍耐強く待つという事実上の無視政策である。

　当時の米国にとって外交上の最優先課題はアフガニスタンとイラクであった。さらに2011年には「アラブの春」で中東情勢が大きく動き、2014年6月には過激派組織「イスラム国（IS）」が建国を宣言した。シリアやリビアでの激しい内戦と無政府状態の出現によって欧州に大量の難民が押し寄せ、ISによるテロは欧州や東南アジアにまで広がっていった。一方で北朝鮮の核・ミサイル能力は、まだ米本土を脅かす水準にはなっていなかった。

　その後の展開は、オバマの見方が甘かったことを示している。「戦略

的忍耐」政策は結果として、北朝鮮に核・ミサイル開発の時間的余裕を与えてしまった。「無策」であったという批判は免れない。

　近年は、北朝鮮を国際法上の「核兵器国」と認めることは決してないものの、核兵器を放棄させるのは難しいという認識が米国で広がっている。オバマ政権で情報機関を統括した国家情報長官ジェームズ・クラッパーは2016年10月、米国のシンクタンク「外交問題評議会（CFR）」のイベントで「北朝鮮を非核化させることは、おそらく見込みのない努力だ」と述べた。米国務省は核を放棄させる政策に変更はないと釈明したものの、政権末期に本音を漏らしたと受け取られた。

　外交政策で「これをしたら許さない」という一線のことをレッドラインと呼ぶ。北朝鮮核問題での米国のレッドラインは、核兵器や核技術を中東の国家やテロリストに渡すことだとみられている。これはブッシュ政権の時から変わっていない。

　ブッシュ政権の国務次官補として６カ国協議の首席代表を務めたクリストファー・ヒルの補佐官だったバルビナ・ホァンは2009年11月に東京での記者会見で、私見として「北朝鮮の完全な非核化ができるかには懐疑的だ」と語った。そして、「米国は、核兵器や核技術を中東の国家やテロリストに渡すことは絶対に許さないし、米本土に到達する核ミサイルを作ることも許さないだろう」と語る一方で、「北朝鮮が事実上の核保有国になったとしても、正当な保有国とは絶対に認めない」と述べた。明らかに、核拡散を防ぐことに重点を置いた考え方である。

対話路線への急転〈金正恩とトランプの時代1〉

　金正恩に代替わりした北朝鮮は2013年3月、経済建設と核開発を同時に進めるという「並進路線」を打ち出した。そして第3章で見たように、2016年に核・ミサイル開発をかつてない速度で進め始めた。多様な種類の弾道ミサイルの発射が繰り返され、核実験も1月と9月に強行された。戦略的忍耐政策を取ったオバマではあるが、2017年1月に退任する際には後任のトランプに「北朝鮮問題はもっとも切迫した課題になる

年表7-3　金正恩とトランプをめぐる動き

	出来事
2016年1月	4回目核実験
9月	5回目核実験
2017年1月	トランプが米大統領に就任
7月	初のICBM「火星14型」発射
9月	6回目核実験 トランプ、国連総会演説で金正恩を「ロケットマン」と揶揄 金正恩、国務委員長名義の声明でトランプを「老いぼれ狂人」
11月	新型ICBM「火星15型」を発射し、政府声明で「核武力完成」宣言
2018年2月	平昌冬季五輪
3月	トランプ、金正恩の会談提案を受け入れ 金正恩が訪中し、習近平と会談
4月	金正恩とトランプの往復書簡が始まる 北朝鮮、核実験とICBM実験のモラトリアム宣言 金正恩が板門店で文在寅と会談
5月	金正恩が訪中し、習近平と会談 金正恩が板門店で文在寅と会談
6月	シンガポールで米朝首脳会談（金正恩・トランプ） 金正恩が訪中し、習近平と会談
9月	文在寅が訪朝し、金正恩と会談
2019年2月	ハノイで2回目の米朝首脳会談（金正恩・トランプ）
4月	金正恩、ハノイ会談の決裂で米国を非難しつつ、トランプとの関係は良好と表明。「今年末まで勇断を待つ」
6月	金正恩とトランプが板門店で予定外の会談
8月	金正恩がトランプに、不満をぶちまける最後の書簡
12月	金正恩が「正面突破戦」「自力更生」路線を打ち出す
2020年1月	新型コロナウイルス対策で北朝鮮が国境封鎖
11月	米大統領選でトランプ敗北

だろう」と警告したとされる。

　就任当初のトランプは北朝鮮核問題に関する過去25年間の政策をすべて失敗だったと決めつけ、軍事行動を含む「すべての選択肢がテーブルの上にある」と強調した。「最大限の圧力と関与」と称するトランプの政策は強い圧力をかけて北朝鮮を交渉の場に引き出すことを主軸とし、そのために軍事力を見せつけるというものであった。

　トランプは4月にシリアを空爆して武力行使をためらわない姿勢をア

ピールした直後[9]、空母「カールビンソン」を朝鮮半島近海に派遣すると表明した。これにより、米国と北朝鮮による武力衝突に対する懸念が一気に高まった。トランプはさらに9月の国連総会演説で金正恩を「ロケットマン」と揶揄し、「米国と同盟国の防衛を迫られれば北朝鮮を完全に破壊する以外に選択肢はない」とまで述べた。金正恩は演説を受け、トランプを「老いぼれ狂人」とこき下ろす声明を発表した。北朝鮮が核実験やミサイル発射を繰り返したことに加え、時に大きくぶれるトランプの言動によって情勢は緊迫した。

　北朝鮮は2017年9月に6回目となる核実験を実施した。11月には新型大陸間弾道ミサイル（ICBM）「火星15型」を発射し、**「国家核武力完成」**を表明する政府声明を発表した。米国などの基準で実戦に使えるかどうかは疑問が残るものの、核搭載ICBMを完成させたと主張したことになる。翌年1月から米韓両国へ対話攻勢をかける布石であった。

　金正恩は2018年元日の「新年の辞」で、2月に韓国で開かれる平昌_{ピョンチャン}冬季五輪への協力姿勢を突然打ち出し、代表団派遣などのために韓国との当局間対話に応じると表明した。「核武力」を完成させて自らの立場を強めてから対話を呼びかけたのである。平和裏に五輪を開きたい韓国側の事情を考えれば、北朝鮮に有利な環境といえた。

　韓国の文在寅政権はもともと五輪開会式での合同入場行進と合同チームの結成を呼びかけていた。南北対話は順調に進み、金正恩の妹である金与正_{キムヨジョン}が五輪開会式に出席し、合同入場行進なども実現した。トランプは南北対話を歓迎し、文在寅と電話で協議した際に「条件が整えば適切な時期に」北朝鮮と対話するという考えを表明した。

　文在寅は五輪閉幕後の3月5日に国家安保室長の鄭義溶_{チョンウィヨン}を特使として北朝鮮に派遣した。鄭義溶は平壌で金正恩と会談し、4月末に板門店の韓国側施設で南北首脳会談を開くことに合意した。鄭義溶は直後に訪米し、3月8日に金正恩との会談内容をトランプに説明した。金正恩がトラ

---

9) シリア内戦でアサド政権軍が化学兵器を使用したことへの対抗措置として、シリア軍基地をミサイル攻撃した。

ンプとの会談に意欲を見せたという説明を受けたトランプは、5月末までに会談に応じるという考えを示した。史上初の米朝首脳会談という衝撃的なニュースは、韓国政府の高官である鄭義溶がホワイトハウスで記者団に語るという異例の形で明らかにされた。

　金正恩はこれを契機に積極的な首脳外交を展開し始める。権力継承後初めての外遊として3月25日に中国を訪問し、国家主席の習近平と会談した。4月27日には板門店で文在寅との会談に臨み、5月7日に再び訪中して習近平と会談した。さらに5月26日に板門店で文在寅とも再び会談した。中国を後ろ盾にするとともに、韓国との関係改善を進めることで、トランプと向きあう自らの立場を強めようとしたと考えられる。米朝首脳会談の場となったシンガポールへ向かう際に平壌で乗り込んだ航空機も、中国が提供した中国国際航空機であった。金正恩はトランプとの会談から1週間後の19日に改めて訪中し、米朝首脳会談における中国の支持と協力への謝意を習近平に伝えた。

　朝鮮労働党はこの間の4月20日に第7期第3回全員会議を開き、核・ミサイル開発が進展したことで並進路線の目的は達したとして核実験とICBM発射実験を中止することを決めた（**核・ICBM実験のモラトリアム宣言**）。さらに、▽核実験に使った施設を廃棄する、▽核による威嚇や挑発を受けない限り核兵器を絶対に使用しないし、いかなる場合にも核兵器と核関連技術を移転しない[10]、▽人民生活を画期的に高めるための闘いに全力を集中する、▽周辺諸国と国際社会との緊密な連係と対話を積極化していく――ことを決めた。金正恩は会議で「わが共和国が世界的な政治思想強国、軍事強国の地位に確固として立った現段階で、全党、全国が社会主義経済建設に総力を集中すること、これが、わが党の戦略的路線だ」と述べた。

　前年11月に宣言した「国家核武力完成」を並進路線の勝利だと規定し、核・ミサイル開発を中断すると表明したことになる。トランプとの会談を前に融和路線を印象づけようとするものであった。同時に、核・ミサ

10）「移転」は、他国に渡すこと。「拡散」も類似の意味で使われる。

イル開発を集中的に進めることで危機を作り出し、米本土を狙うICBM
の開発も進んでいることを見せつけることで米国を交渉に引き出そうと
していたことも明確になった。核兵器とICBMを交渉テーブルに載せる
ことで、トランプから最大限の譲歩を引き出そうという作戦であった。

米朝首脳会談の高揚と破綻〈金正恩とトランプの時代2〉

　2018年6月12日、金正恩とトランプはシンガポールの高級ホテルで初
の米朝首脳会談に臨んだ。超大国である米国との首脳会談は、金日成と
金正日にできなかったことである。北朝鮮メディアは、トランプと対等
にわたりあう金正恩の姿を大きく報道した。北朝鮮の人々は、米朝関係
の進展によって制裁が解除され、経済状況が好転するという期待感を
持ったといわれている。

　金正恩とトランプは会談で「新たな米朝関係を樹立する」とうたった
共同声明に署名した（**米朝首脳共同声明**＝巻末に全文）。金正恩は「**朝
鮮半島の完全な非核化**」を約束し、トランプは北朝鮮に「**安全の保証**」
を与えた。適切な時期に自ら訪朝することに意欲を見せ、金正恩をホワ
イトハウスに招待する考えも示した。

　最大の焦点である非核化について合意の文言は「朝鮮半島の完全な非
核化」に留まり、米側が求めてきた「完全かつ検証可能で不可逆的な核
廃棄（CVID）」とはならなかった。「完全な非核化」の主語は北朝鮮で
はなく「朝鮮半島」であるため、その後の成り行きによっては北朝鮮が
在韓米軍の撤退や米韓同盟の解消を求めてくる危険性を否定できなかっ
た。にもかかわらずトランプは署名後に単独で記者会見に臨んで成果を
誇り、**米韓合同軍事演習**を中止すると表明した。

　演習中止は北朝鮮が要求してきたことではあるが、金正恩がこの会談
で大きな実利を得たとまでは言えない。それでも北朝鮮にとっては歴史
的な一歩と捉えられた。『労働新聞』は、金正恩が「今回の会談で討議
された諸問題と共同声明を履行していくための実践的措置を積極的に講
じていく」「世界は重大な変化を目撃することになるであろう」などと言

表7-1 金正恩と主要国首脳の会談

日　付	場　所	会談相手	備　考
2018年3月26日	北京	習近平（中国国家主席）	
4月27日	板門店 （韓国側施設）	文在寅（韓国大統領）	板門店宣言に署名
5月7日	大連	習近平	
5月26日	板門店 （北朝鮮側施設）	文在寅	
6月10日	シンガポール	リー・シェンロン （シンガポール首相）	
6月12日	シンガポール	トランプ（米大統領）	米朝首脳共同声明に署名
6月19、20日	北京	習近平	2日連続で会談
9月18、19日	平壌	文在寅	2日連続で会談、9月平壌 共同宣言に署名
11月4日	平壌	ディアスカネル（キュー バ国家評議会議長）	
2019年1月8日	北京	習近平	
2月27、28日	ハノイ	トランプ	2日連続で会談、非核化め ぐり決裂
3月1日	ハノイ	グエン・フー・チョン （ベトナム国家主席）	
4月25日	ウラジオストク	プーチン（露大統領）	
6月20日	平壌	習近平	
6月30日	板門店 （韓国側施設）	トランプ	北朝鮮側は「会談」ではなく 「対面」と表現
2023年9月13日	露極東アムール州 ボストーチヌイ宇 宙基地	プーチン	

及したことを紹介し、「最も敵対的であった朝米関係を時代の発展の要
請に即して画期的に転換するうえで重大な意義を持つ大きな出来事」だ
と評価した。

　だが閣僚レベルで詳細を詰めるとされた非核化協議は遅々として進ま
なかった。文在寅は朝鮮戦争の「終戦宣言」を提案し、金正恩も前向き
な姿勢を見せたものの、米国は応じなかった。それでも金正恩は2019年
元日の「新年の辞」でこれまでになく対米関係に時間を割き、初めて自
ら「完全な非核化」という言葉を口にした。金正恩がまず狙ったのは経
済制裁の緩和である。

初の米朝首脳会談について伝える2018年6月13日付の『労働新聞』1面。「朝米関係の新たな歴史を開拓した世紀の出会い　歴史上初の朝米首脳対面と会談を開催：わが党と国家、軍隊の最高領導者金正恩同志がアメリカ合衆国大統領と共同声明採択」という見出しを掲げた。提供：コリアメディア

2019年2月27、28日にハノイで開かれた2回目の米朝首脳会談で、金正恩は寧辺にある核施設を放棄する見返りに経済制裁を解除するようトランプに求めた。金正恩の主張は、それまでに安保理で採択された制裁決議のうち2016年以降の5本で導入された「民需経済と人民生活に支障を与えている項目」をまず解除してほしいというものであった。北朝鮮はあくまで「一部解除」を求めたのだと説明したが、会談後に記者会見したトランプは「全面解除」を要求されたと語った。米国側は、制裁解除のためには寧辺以外の核施設廃棄も必要だとして拒否した。

　決議本数だけ見れば「一部解除」という北朝鮮の主張は正しいが、大切なのは決議の中身である。北朝鮮への制裁決議は2006年10月の第1回核実験以降、計10本に上る。だが当初は核・ミサイル開発に関連する特定の組織や人物を対象としたターゲット型の制裁であった。それに対して北朝鮮が核・ミサイル開発を加速させた2016年以降の制裁決議は、北朝鮮の外貨収入や石油輸入を対象にした経済封鎖に近い形に強化されていた。これらの解除は事実上の「全面解除」と言えた。

　金正恩は2019年4月12日、最高人民会議第14期第1回会議での施政演説で、ハノイ会談での米国の要求は実現不可能なものだったと非難した[11]。一方でトランプとの個人的関係は良好であると述べ、米国側が3回目の首脳会談を提案するのなら応じる考えを示し、「今年末までは忍

11）北朝鮮の最高指導者による「施政演説」という名称の演説は初めてのことであった。同時期に金正恩は代議員から外れていることから、米国大統領による連邦議会での一般教書演説などに倣ったものと見られる。

金正恩とトランプの往復書簡

　金正恩とトランプは最初の首脳会談を前にした2018年4月から個人的な書簡を交換するようになった。トランプは金正恩の書簡を称賛し、支持者を前に金正恩と「恋に落ちた」とまで口にした。米朝交渉が破綻してもなお、金正恩との信頼関係を語る姿勢は変わらなかった。

　2019年8月までに交わされた書簡の数は、確認されたものだけで27通に上った。短い社交辞令が多いものの、金正恩の思考を知る貴重な資料である。米朝首脳会談を事前調整するために訪朝した米CIA長官（後に国務長官）、マイク・ポンペオに金正恩が託した2018年4月1日付の書簡が端緒となった。

　金正恩がトランプに敬意を示して「最初の出会いが偉業達成への第一歩になると確信している」と伝えると、トランプも3日に返信を送った。直前まで「ロケットマン」「老いぼれ狂人」などと相互に罵っていた両者であるが、往復書簡では互いに賛辞を送り続けた。

　シンガポール会談前の5月29日付書簡で金正恩は「会談を歴史的イベントにしようと努力している大統領閣下を高く評価する」とトランプを持ち上げ、会談後の8月12日付では「指導力、政治的センス、決断力に優れた強力な政治指導者と関係を構築したことが嬉しい」と伝えた。トランプの自尊心をくすぐろうと考えたのであろう。

　金正恩は9月6日付書簡で「閣下（トランプ）の考えを十分に代弁できるとは思えないポンペオ長官と両国の問題について意見交換するより、優れた政治的センスを持つ閣下と直接会う」ことの方が建設的だと主張した。トップダウンでのディール（取引）を好むトランプから譲歩を引き出そうという計算がうかがえる。指導者が全てを決める北朝鮮としては、トランプのスタイルはなじみやすいものであった。

　金正恩は3回目の南北首脳会談を終えた直後の9月21日付書簡で、「文在寅大統領とではなく、閣下と直接話し合いたい」とトランプに伝えた。2019年8月5日付書簡では「ミサイル発射実験で南の馬鹿どもを驚かせてしまった」と書き、韓国を見下している様子を露骨に見せた。

　2019年2月の2回目の首脳会談は決裂に終わった。トランプの気まぐれな性格、内政を重視せざるをえない民主主義国家の事情、部下たちの意見が少なからずトップの決断に影響することなどを計算できなかった北朝鮮側の戦略ミスであった。

　　金正恩はそれでも、シンガポール会談1周年の直前となる6月10日付書簡で「閣下に対する尊敬の念は絶対に変わらない」とまで書いた。トランプの誕生日祝いを兼ねた書簡で、特別な友情を強調していた。トランプが29日に板門店での予定外の会談をツイッターで呼びかけたのは、それに対する事実上の返信であった。大阪に滞在していたトランプは、その後に韓国を訪問するので「もし金委員長がこれを見ているなら、境界線／非武装地帯で握手し、ハロー（?）と言うために会うだろう」とツイートした。ハノイでの決裂で苦境に陥った金正恩の心を、今度はトランプがくすぐったのであった。

　　クライマックスは2019年8月5日付の27通目、すなわち最後の書簡である。金正恩は米韓合同軍事演習が中止されていないことに「私は明らかに気分を害しており、この気持ちをあなたに隠すつもりはない。本当に極めて不愉快だ」と吐露した。さらに、「私たちが会った後、あなたはことあるごとに、もう人工地震（核実験）もなければ、飛翔体（ミサイル発射）もないと述べた。また、抑留者は釈放され、遺骨も返還されたと述べた。このように私は信頼関係を維持するため、現段階でできる限りのことを非常に迅速かつ現実的に行ってきた。しかし、閣下は何をされたのか。私たちが会ってから何が変わったのか、私は人民にどう説明すればよいのか」と不満をぶつけた。

耐心を持って米国の勇断を待ってみる」と表明した。金正恩はそれまでにトランプとたびたび書簡を交換し、個人的な関係を築いていた。

　トランプは主要20カ国・地域首脳会議（G20サミット）のため大阪市に滞在していた6月29日朝にツイッター[12]で板門店での再会を金正恩に呼びかけ、北朝鮮側は昼過ぎに「非常に興味深い提案だ」と応じた。もともと韓国を訪問する予定になっていたトランプは30日にソウルで文在寅と会談した後、文在寅と共に板門店へ向かった。板門店を走る南北軍事境界線をはさんで金正恩と再会したトランプは、軍事境界線を越えて北側に入るパフォーマンスを披露した。金正恩とトランプはその後、韓国側にある施設「自由の家」で約50分間にわたって会談した。トランプは会談後、非核化へ向けた実務レベルの米朝協議を数週以内に再開する

12）その後「X」と改称。

2019年6月30日、板門店で並んで歩く（左から）金正恩、トランプ、文在寅。写真提供：朝鮮通信
＝時事

と語ったが、実際に進展を見ることはなかった。

　北朝鮮メディアはこの際、「会談」ではなく「対面」という表現を使っ
た。金正恩が4月に言及した「3回目の米朝首脳会談」には当たらないと
いう考えを示したのであろう。金正恩は8月にトランプへ宛てた書簡で
米韓合同軍事演習の再開に反発し、「私は信頼関係を維持するため、現
段階でできる限りのことを非常に迅速かつ現実的に行ってきた。しか
し、閣下は何をされたのか」と不満をぶつけた。米国との対話は実利を
得るためのものだという認識を示しており、金正恩の書いた一連の書簡
からは「無条件対話」になど関心がないことが読み取れた。

　そして一方的に期限と設定した年末を迎え、金正恩が打ち出したのは
「**正面突破戦**」であった。2019年12月28〜31日に開かれた朝鮮労働党
第7期第5回全員会議では、「われわれの前進を阻害する全ての難関を正
面突破戦で切り抜けていこう！」というスローガンが掲げられた。金正
恩は「正面突破戦における基本戦線は経済戦線」であると定義し、「自
力更生」による経済建設で制裁が無意味であることを示そうとした。た
だトランプを名指しで批判することはせず、交渉再開の余地を残した。

　しかしトランプは2020年11月の大統領選で再選に失敗し、2021年1

月にジョー・バイデンが大統領となった。バイデン政権は「**調整された現実的なアプローチ**」を追求するとして北朝鮮に対話を呼びかけたものの、積極的に具体策を追求する姿勢は乏しかった。米中対立の激化やロシアによるウクライナ侵略といった国際情勢の激変もあり、米国にとっての北朝鮮情勢の優先度が再び低下したことは否定しがたい。バイデンが副大統領を務めたオバマ政権時の「戦略的忍耐」を想起させた。

　朝鮮労働党はバイデンの就任式（1月20日）の直前となる5〜12日に第8回党大会を開き、米国から制裁解除を引き出せないことを前提に「自力更生」で乗り切る方針を再確認した。前回大会からの5年間に関する「総括報告」をした金正恩は、米国を「最大の主敵」だと規定するとともに、核兵器の小型・軽量化や固体燃料式のICBM開発を進めるなどと語った。バイデン政権との間で交渉が進むことはないと見て、その間にできるだけ兵器開発を進めておく考えを示したと考えられる。この党大会では「国防科学発展および兵器システム開発5カ年計画」が採択されたことが後に明らかになった。

国際社会からの新たな攻勢〈北朝鮮の人権問題〉

　2010年代以降で注目すべき変化は、北朝鮮の人権侵害への視線がかつてなく厳しくなったことである。国連人権理事会は2013年3月、北朝鮮人権調査委員会（COI）を設置した。委員会には「特に人道に対する罪に相当しうる人権侵害についての全面的な説明責任の確保という観点から、北朝鮮における組織的、広範かつ重大な人権侵害について調査する任務」が与えられた。

　オーストラリアの元最高裁判事であるマイケル・カービーが委員長に就任した。北朝鮮は協力を拒否したため、政治犯収容所に入れられた経験のある脱北者や日本人拉致被害者の家族らを対象にした公聴会や面接調査、資料調査を重ねた。そして2014年2月、「国家の最高レベルで決定した政策によって人道に対する罪が犯されている」ことを確信させる情報を得たという報告書を公表した。報告書は、北朝鮮の犯罪を裁くた

障害者を厚遇して人権アピール？

2012年8月に開幕したロンドン・パラリンピックに北朝鮮選手が参加した。幼い時の事故で左腕と左足を失った17歳の男子水泳選手だった。1人だけの選手団だったが、北朝鮮のパラリンピック初参加として注目された。

北朝鮮は近年、障害者福祉に力を入れている。2013年7月には国連の障害者権利条約に署名（2016年12月に批准）し、2015年2月には平壌障害者交流団が英国とフランスで「白雪姫」などの公演を行った。平壌の地下鉄で2016年1月から運行が始まった国産の新型車両には高齢者と障害者の専用座席が作られている。同じ月に開館した平壌の科学技術殿堂という施設には障害者専用の閲覧室があり、科学技術に関する資料を自由に閲覧できるのだという。2023年9月には障害者権利保障法を制定した。

障害者厚遇の狙いは明らかではない。人権侵害国家という国際社会からの批判を気にしていることから、障害者福祉を前面に出すことで人権国家だとアピールしようとしているのかもしれない。朝鮮社会科学院には人権問題研究所が設置され、米韓の人権問題を激しく非難するようにもなった。

めに国際刑事裁判所（ICC）に付託することを安保理が決めたり、国連が特別法廷を設置したりするよう勧告した。

報告書は結論部分で「北朝鮮では過去、そして現在、国やその機関、当局者による組織的で、広範かつ重大な人権侵害がされてきた。調査委員会が人権侵害と認める事案の多くは、人道に対する罪に相当する」と断じ、北朝鮮のことを「国民生活のあらゆる側面を支配し、国民を恐怖でねじ伏せようとする国家である」と指弾した。政策決定にあたった「最高レベル」とは金正恩を指す。カービーは記者会見で「金正恩自身も人道に対する罪への責任を有する可能性がある」と述べた。

北朝鮮は、国民は「真の政治的自由を享有」し、拷問は「厳格に禁止されている」と反論する自国の人権状況に関する報告書を9月に公表した。10月にはニューヨークの国連本部で自国の人権状況を説明する会合を開き、政治犯収容所など存在しないと主張した。

しかし国連総会は12月、ICCへの付託を検討するよう安保理に促す北

朝鮮人権状況決議を採択する。安保理はこれを受けて同月、北朝鮮の人権問題を初めて公式議題として取り上げた。中国とロシアは反対したが、議題を決める投票には拒否権がないので阻止できなかった。常任理事国である中露が否定的なICCへの付託に現実味はないものの、北朝鮮には大きな圧力となった。COIの報告書を受け、国連人権高等弁務官事務所（OHCHR）は2015年6月、北朝鮮の人権状況を監視する北朝鮮人権事務所をソウルに設置した。

　米国は2016年7月、北朝鮮国内での人権侵害に関与したとして金正恩を含む北朝鮮の個人11人と5団体を制裁対象に追加した。米国内での資産凍結や米国への入国禁止、米国人との取引禁止などの措置が取られることになった。北朝鮮の最高指導者を直接の制裁対象とするのは初めてであった。北朝鮮が米国内に巨額の金融資産を持っていたり、北朝鮮企業が米国企業を主な取引相手としていたりするわけではないため、実質的な打撃を与えるわけではない。象徴的なものではあるが、北朝鮮は猛反発した。北朝鮮外務省は「わが方に対する公然たる宣戦布告だ」という声明を発表した。金正恩に対する制裁指定を撤回しないなら、米朝間のすべての外交ルートを即時遮断するとともに、「米国の敵対行為を断固粉砕するための超強硬対応措置」を取ると主張したのである。

　韓国でも2016年3月に北韓人権法が制定され、韓国政府が北朝鮮の人権状況に関する報告書を作成するようになった。北朝鮮との対話を重視した文在寅政権（2017～2022年）は報告書を非公開としたが、後任の尹錫悦（ユンソンニョル）政権が2023年3月に初めて公表した。脱北者508人の証言に基づく報告書は、韓国の動画を視聴したり、流布したりする行為などにも死刑が適用されているとした。

　北朝鮮は、人権問題での金正恩への名指し批判には特に強い拒否反応を見せる。ロシアによるウクライナ侵略以降、安保理を舞台に北朝鮮を圧迫することは難しくなった。そうした状況の中、米国や国際社会が人権問題で北朝鮮を圧迫しようとするケースは今後も出てくるであろう。

第**8**章

統一へのためらい
南北関係

勝負ついた体制間競争 〈朝鮮戦争後の経済建設〉

　35年間にわたって日本の植民地支配を受けていた朝鮮では、1945年8月の日本の無条件降伏を受けて独立を回復できるという期待が高まった。ソウルでは即座に独立運動家の呂運亨らを中心とする朝鮮建国準備委員会が結成された。委員会は米軍のソウル進駐直前となる9月6日に朝鮮人民共和国の樹立を宣言したものの、米軍政はこれを認めなかった。米英中首脳による1943年11月の**カイロ宣言**は「朝鮮をやがて自由かつ独立のものとする」ことを日本に要求したが、それは即時独立を意味していなかった。米国は当初から、複数の大国による一定期間の信託統治を構想していたのである。

　米国の後押しを受けた大韓民国が1948年8月、ソ連の後押しを受けた朝鮮民主主義人民共和国が10月にそれぞれ成立したことで朝鮮半島の分断は固定化された。そして北朝鮮の指導者となった金日成は武力統一を図ろうと1950年6月25日に韓国に侵攻した。米中両国を巻き込んだ国際戦争は泥沼化し、1953年7月27日に休戦協定が板門店で締結された時には、開戦前とあまり変わらない線が南北軍事境界線として定められたのである。

　板門店はその後、北朝鮮と国連軍との接触・交渉や、南北協議の舞台

朝鮮戦争開戦時の国際情勢

　冷戦終結後に公開された旧ソ連の公文書などによって、金日成が、ソ連のスターリンから開戦の許可をもらい、中国の毛沢東からも同意を得て朝鮮戦争の開戦に踏み切ったことが明らかになっている。

　金日成はその前から武力統一を考えていたが、実際に行動する契機となったのは米国務長官のディーン・アチソンによる1950年1月の演説である。アチソンは、米国の防衛線として日本や沖縄、フィリピンを明示したのに、朝鮮半島には触れなかった（アチソン・ライン）。北朝鮮と中ソ両国には、朝鮮半島で戦争が起きても米国は介入しないというサインだと受け取られた。

　当時、韓国にいた米軍は小規模な軍事顧問団だけで、韓国軍も貧弱な装備と未熟な兵士ばかりであった。米国のジャーナリスト、ディヴィッド・ハルバースタムの著書によると、開戦10日前に軍事顧問団が国防総省に送った報告は、韓国軍の装備の大半が使いものにならず、攻撃には最長で15日しか持たないと指摘していた。韓国にいた米情報機関員は開戦前、北朝鮮軍が精鋭部隊を南北軍事境界線沿いに集めていると報告したが、ダグラス・マッカーサーを司令官とする東京の米極東陸軍司令部に無視された。軍と情報機関の確執が背景にあったという。

として使われてきた。なお、北朝鮮は米韓による「侵略戦争」だと主張しており、この戦争を「**祖国解放戦争**[1]」、休戦協定締結日を「祖国解放戦争勝利記念日」ないし「戦勝節」と呼んでいる。

　韓国と北朝鮮はこの後、軍事境界線付近で小規模な衝突を繰り返すなど軍事的に対峙しながら、経済建設や外交関係をめぐって激しい体制間競争を展開することになった。1965年の日韓基本条約と請求権協定によって日本から多額の経済支援を得た韓国が1960年代後半から経済成長の速度を上げ始めると、北朝鮮も1970年代初頭になって日本や西欧からのプラント輸入による開発の加速を図ろうとした。

　しかし、日米からの支援やベトナム戦争での特需をうまく活用して

---

1) 韓国では「韓国戦争」、または開戦日を取って「6・25（ユギオ）」。

韓国側から見た板門店の風景。手前の建物の中央に軍事境界線が走っている。2012年5月撮影

「漢江の奇跡」と呼ばれた高度経済成長を実現させた韓国と、社会主義陣営からの支援がなくては国民への食糧配給すら維持できない体制しか作れなかった北朝鮮の国力の差は歴然としている。第4章で見たように北朝鮮の経済力が韓国を上回っていると見られた時期もあったが、1970年代には完全に逆転された。

　冷戦終結後はさらに格差が開いている。韓国は1996年に「先進国クラブ」と呼ばれた経済協力開発機構（OECD）への加盟を果たし、世界経済の主要プレーヤーとしての地位を確立した。一方の北朝鮮は冷戦終結後の経済危機に苦しみ、その後緩やかに回復したとはいえ、いまや経済規模は韓国の50分の1以下、1人当たり国民所得（GNI）は30分の1水準でしかない（図8-1）。南北による「どちらの体制が優れているか」という競争の結果は、少なくとも経済面において誰が見ても明白である。

■ デタントで進んだ南北接近〈冷戦下の南北関係〉

　南北関係の基本は、互いに互いの存在を主権国家として認めないところにある。韓国の憲法は「大韓民国の領土は韓半島とその付属島嶼とす

表8-1　北朝鮮の外交関係（2024年）

		国交を結んでいる国		韓国だけと国交
		韓国と国交なし	平壌に大使館あり	
アジア	25カ国		モンゴル、ベトナム、インドネシア、インド、中国、カンボジア、パキスタン、ラオス	日本、マレーシア、ブータン、パラオ、サモア、ツバルなど12カ国
米　州	24カ国		キューバ、ブラジル、ベネズエラ	米国、アルゼンチン、ボリビアなど11カ国
欧　州	48カ国		ロシア、ルーマニア、ブルガリア、ポーランド、スウェーデン、ドイツ、英国、チェコ	フランス、ウクライナ、モナコ、アンドラ、エストニア、バチカンの6カ国
中　東	16カ国	シリア、パレスチナ	シリア、イラン、エジプト、パレスチナ	サウジアラビア、イラク、イスラエル、ヨルダンの4カ国
アフリカ	46カ国		ナイジェリア	ボツワナ、エスワティニの2カ国
合　計	159カ国	2カ国	24カ国	35カ国

（注）キューバは長年にわたって北朝鮮のみと国交を持ってきたが、2024年2月に韓国とも国交を樹立。
（出所）韓国統計庁「北韓の主要統計指標2022」をもとに著者作成。

図8-1　1人当たり国民総所得（GNI）の南北格差

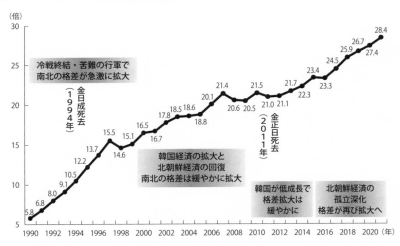

（出所）韓国統計庁資料をもとに著者作成。北朝鮮は韓国銀行による推定値。

る」（第3条）と明記している。北朝鮮側も同様に、朝鮮半島全土の領有を主張し、韓国を「南朝鮮傀儡」などと揶揄してきた。だからこそ北朝鮮は朝鮮戦争で武力統一を目指し、韓国の李承晩も同様に武力による北進統一論を掲げたのである。

　北朝鮮は朝鮮戦争の休戦後も、韓国で革命を起こして自らの体制に吸収しようという意思を持ち続けた。韓国側ではそれを「**赤化統一**」と呼んでいる。1964年2月には「祖国統一偉業と南朝鮮革命を発展」させるための**三大革命力量論**が唱えられた。南朝鮮革命達成のためには、北朝鮮の革命力量、南朝鮮の革命力量、国際的革命力量の3者が必要であるとの理論であり、武力統一が難しいにしても、韓国での革命を目指すことが明示された。1968年1月21日には、朴正熙暗殺を狙った北朝鮮の武装工作員31人が韓国の大統領官邸である青瓦台の裏山にまで侵入して銃撃戦となった（**青瓦台襲撃未遂事件**）。

　この時期に国際情勢は大きく動いた。米中接近と米ソ・デタントという緊張緩和の時代である。1969年1月に米国でリチャード・ニクソン政権が発足し、ベトナム戦争の終結へと動き始める。ニクソンは1972年2月に訪中して中国との関係正常化を進め、ソ連とは5月に第1次戦略兵器制限交渉（SALT−Ⅰ）を妥結させた。その間の1971年3月には、朴正熙の強い反発を押し切って在韓米軍の一部を撤収させた。日本もこの流れに乗って1972年9月に中国との国交を正常化させている。南北双方にとっては、後ろ盾となっていた国々の変心であり、双方が「見捨てられるかもしれない」という懸念を持つようになった。冷戦の対立構図が緩めば最前線の戦略価値は下がってしまうからである（年表8−1）。韓国には、青瓦台襲撃未遂事件の2日後に起きたプエブロ号事件（188頁のコラム参照）の処理を米国が最優先にし、大統領の命を狙われた韓国の事情を考慮しなかったという不満もあったとされる。

　危機感に後押しされた韓国と北朝鮮は1971年9月、初の南北公式接触となる実務者による南北赤十字予備会談を開く。韓国中央情報部（KCIA）部長の李厚洛と北朝鮮の副総理、朴成哲が相手側の首都を極秘訪問して交渉した末、韓国と北朝鮮は1972年7月4日、「自主・平和・民族大団

年表8-1　デタントと南北関係

	出来事
1968年1月	青瓦台襲撃未遂事件 プエブロ号事件
1969年1月	ニクソン米政権が発足。ベトナム戦争から撤退へ
1971年3月	在韓米軍が一部撤収
9月	板門店で第1回南北赤十字予備会談
10月	中華人民共和国が国連に復帰
1972年2月	南北赤十字が初の実務者会談 ニクソン訪中
5月	米ソの第1次戦略兵器制限交渉（SALT-Ⅰ）が妥結
7月	南北共同声明〈7・4声明〉
8月	平壌で第1回南北赤十字本会談
9月	日中が国交正常化
10月	韓国で「10月維新」（新憲法制定は12月）
12月	北朝鮮、主体思想を明記した新憲法で金日成の権限強化
1973年8月	韓国情報機関が東京滞在中の野党指導者、金大中を拉致（金大中拉致事件） 北朝鮮、金大中拉致事件を非難し南北対話中断を表明

結」という統一に関する三大原則を盛り込んだ**南北共同声明**（7・4声明）を発表した[2]。7・4声明によってソウルと平壌の間にホットライン（常設直通電話）が設けられ、南北対話が始まった。一方で、危機意識を強めた南北双方の指導者は、独裁体制の強化に走った。韓国の朴正煕は10月に大統領権限を大幅に強化する上からの革命を起こし、終身大統領への道を開く新憲法を制定した（10月維新）。北朝鮮も12月、金日成の支配哲学である主体思想を唯一イデオロギーとして盛り込んだ新憲法を制定し、金日成は新設の主席に自ら就任した。南北対話と独裁体制強化はどちらも国際情勢の変化に対応した措置だが、相互信頼につながるものではなかった。

　南北関係はその後、停滞を続けた。特に、金 正 日（キムジョンイル）が後継者として公式に登場した1980年代には、ビルマ訪問中の韓国大統領、全斗煥（チョンドゥファン）の暗殺を狙った**ラングーン爆弾テロ事件**[3]（1983年10月）や、北朝鮮の工作

---

2) KCIAは後に金大中拉致事件を引き起こした情報機関で、現在の国家情報院の前身である。

員による**大韓航空機爆破事件**[4)]（1987年11月）が起きている。ラングーン事件では大統領こそ無事だったものの、同行した副首相、外相ら閣僚4人を含む10人以上が死亡した。北朝鮮はこれらの事件への関与を公式に認めておらず、韓国の自作自演だと主張している。

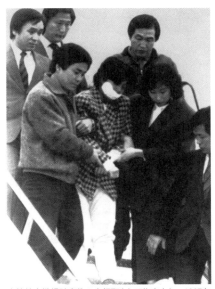

大韓航空機爆破事件の実行犯として拘束され、1987年12月にソウル・金浦空港へ護送された北朝鮮工作員の金賢姫。写真提供：時事

選択肢から外れた「戦争」
〈冷戦終結後の変化〉

　1980年代後半になると、ソ連共産党書記長となったミハイル・ゴルバチョフによるペレストロイカ（改革）が国際社会の空気を一変させた。1987年12月の韓国大統領選で当選した盧泰愚（ノ・テウ）は、社会主義国との国交樹立を積極的に進めて北朝鮮を対話に引き込もうとする北方政策を展開した。韓国は1987年に民主化を実現させ、1988年9月にはアジアで2番目の夏季五輪となるソウル五輪を開催して自信を深めていた[5)]。ソウル五輪を契機に東欧社会主義諸国との国交を次々と結び、1990年9月にはソ連、1992年8月に

3）ビルマ、ラングーンは、それぞれ現在のミャンマー、ヤンゴン。ビルマの独立運動家らを祀るアウンサン廟での爆弾テロ。実行犯の自白により北朝鮮による犯行であると明らかになったことを受けてビルマは北朝鮮と断交したが、2007年4月に復交した。

4）バグダッド発ソウル行き大韓航空機がインド洋上で爆発し、乗客・乗員115人全員が死亡した。途中経由地で降機していた日本旅券を持つ男女2人がバーレーン警察に逮捕され、服毒自殺を図った。生き残った「蜂谷真由美」という名義の旅券を持っていた金賢姫（キム・ヒョニ）が、北朝鮮当局の指示を受けて爆破工作をしたと自供した。1988年のソウル五輪を前に、韓国のイメージダウンを狙ったとみられている。

5）1980年のモスクワ五輪は日米など西側諸国が、1984年のロサンゼルス五輪はソ連や東欧諸国がそれぞれボイコットしたが、ソウル五輪には北朝鮮やキューバなど一部の国家を除く史上最多159カ国・地域が参加した。

年表8-2　冷戦終結と南北関係

	出来事
1988年9月	ソウル五輪（～10月）
1989年12月	米ソが冷戦終結を宣言
1990年9月	ソ韓国交樹立
10月	東西ドイツ統一
1991年1月	第1回日朝国交正常化交渉
9月	南北朝鮮国連同時加盟
12月	南北基本合意書を締結（「統一を目指す特殊な関係」を明記）
1992年2月	南北基本合意書が発効
8月	中韓国交樹立
11月	第8回日朝国交正常化交渉。李恩恵問題で決裂
1993年3月	北朝鮮がNPT脱退宣言（第1次核危機）
1994年7月	金日成死去
10月	米朝枠組み合意

は中国との国交樹立に成功した。

　北朝鮮は韓国の動きに対抗するため、1989年7月に平壌で**第13回世界青年学生祝典**という国際イベントを開催した。韓国の学生組織代表として女子学生、林秀卿[6]が秘密裏に訪朝して参加したが、国際社会に大きくアピールすることはできなかった。

　このような中、韓国と北朝鮮は軍事的に対峙しながらも互いの存在を認める方向に舵を切った。1991年12月に締結され、1992年2月に発効した**南北基本合意書**（「南北間の和解と不可侵および交流、協力に関する合意書」）である。前文に「双方の関係は国と国の関係ではなく、統一を目指す過程で暫定的に形成された特殊な関係」と明記された。1991年9月には北朝鮮が「2つの朝鮮」の固定化につながると反対してきた国連への南北同時加盟を受け入れた[7]（年表8-2）。南北基本合意書と同時に、核兵器の実験、製造、生産、受け入れ、保有、貯蔵、配備、使用をせず、核の平和利用だけを行うとした**南北非核化共同宣言**も発効した。

6）韓国で2012～2016年に国会議員を務めた。
7）冷戦期、南北朝鮮はそれぞれ国連加盟を目指していたが、韓国は中ソ、北朝鮮は米英仏という安保理常任理事国によって阻まれていた。

1994年には金日成と韓国大統領、金泳三による首脳会談を平壌で7月に開くことが合意された。初の南北首脳会談となるはずだったが、金日成の急死によって実現しなかった。

そして金大中が1998年2月に韓国大統領となり、同国初の進歩派政権として北朝鮮に対する「**太陽政策**」(包容政策)を推進した[8]。日本の植民地だった1924年1月に朝鮮南西部・全羅南道に生まれ、解放による分断と朝鮮戦争という激動期に青年期を過ごした人物である。軍事政権下で民主化を求める政治指導者として活動し、1973年8月にはKCIAによって東京のホテルから拉致された(金大中拉致事件)。1980年には内乱陰謀罪で軍法会議にかけられて死刑判決を受けたが、米国の圧力で減刑された。祖国分断の痛みを肌で知ると同時に、日米両国に多くの知己を得た国際的な視野を持つ政治家であった。

統一を悲願とした金大中の政策は、北朝鮮の挑発に厳しく対応することを前提にしつつ、経済・人的交流や人道支援を前面に出して対話を呼びかけるものであった。韓国内でも北朝鮮に関する情報統制を大幅に緩和し、国民が北朝鮮の実情を知ることができるようにした。民間交流も積極的に進め、軍事境界線に近い北朝鮮の景勝地・**金剛山**を一般の韓国人が訪れる観光事業が1998年11月に始まった。一方で、1999年6月には黄海に浮かぶ韓国・延坪島沖で南北海軍による銃撃戦が起きた。韓国軍の被害は軽微だったが、北朝鮮側は数十人の死傷者を出した。

史上初の南北首脳会談へ向けて金大中はまず、朝鮮半島情勢に利害と影響力を持つ日米中露という周辺4カ国からの理解を取り付けた[9]。その上で2000年3月にベルリン自由大学での演説で、①本格的な経済協力を実施するための南北当局者間の対話と協力が必要である、②当面の目標は、統一よりも冷戦終結と平和の定着である、③南北離散家族の再会問題を解決しなければならない、④南北間の特使交換を提案する──と

8) 太陽政策は、イソップ童話「北風と太陽」になぞらえたものである。圧力ではなく、経済支援などの関与政策を取ることで北朝鮮の態度を改めさせようとした。
9) 金大中はこの年のノーベル平和賞を受賞する。授賞理由には南北対話の進展に加え、日本との歴史的和解を進めたことが挙げられた。

2000年6月、分断後初の南北首脳会談で喜びの表情を見せる金大中（左）と金正日（右）。写真提供：AFP＝時事

　北朝鮮に呼びかけた（ベルリン宣言）。演説の前後に南北の特使がシンガポールや上海、北京で秘密接触を重ねていた。

　金大中は2000年6月13日から15日まで韓国大統領として初めて平壌を訪問し、金正日との首脳会談に臨んだ。両首脳は、①統一問題の自主的解決、②統一の方法に関する南側の連合制案と北側の低い段階の連邦制案の共通性を認め、統一を志向、③離散家族訪問団の交換、非転向政治囚問題の解決、④経済協力を通じて民族経済を均衡的に発展、⑤当局間対話開催——を盛り込んだ「**南北共同宣言**」（6・15共同宣言、巻末に全文）に署名した。韓国と北朝鮮はその後、閣僚級会談や国防相会談といった当局間の南北対話を活発化させるとともに離散家族再会などの人的交流や、韓国からの支援を含む経済交流を活発化させた。経済交流の象徴的事業として、北朝鮮南西部・開城に韓国企業向けの工業団地を造成することも合意された（**開城工業団地**）。ただ共同宣言にうたわれた金正日の訪韓は実現しなかった。

　後任の盧武鉉は金大中の政策基調を継承した。第2次核危機が起きていたこともあって南北問題で目立った業績はなかったが、任期最終盤の2007年10月2日から4日に訪朝して金正日と会談した。この第2回南北

首脳会談では、①南北共同宣言の精神の再確認、②相互尊重と信頼関係への転換、③南北国防相会談の開催、④朝鮮戦争終戦宣言のための３カ国もしくは４カ国首脳会談開催、⑤西海（黄海）平和協力特別地帯の設置、⑥白頭山観光の実施、白頭山—ソウル直行航空路線の開設、⑦離散家族の面会拡大、⑧首相会談開催合意——に加え、南北首脳が随時対面して懸案を協議するという合意を盛り込んだ「**南北関係発展と平和繁栄のための宣言**」（10・4共同宣言、巻末に全文）が出された。実際には韓国側の政権交代もあって宣言の履行は困難なものとなった。それでも、2000年代初めの10年間で南北関係は大きく変容したと言える。

　北朝鮮が通常戦力による戦争で韓国に勝つことはいまや不可能だが、韓国にとっても、人的・経済的に甚大なダメージを被る戦争はもはや選択肢となりえない。金大中がベルリン宣言で、「当面の目標は、統一よりも冷戦終結と平和の定着」だと述べた所以である。

軍事衝突でも維持された交流 〈朴槿恵政権までの南北関係〉

　保守派の李 明 博政権（2008〜2013年）は、金大中と盧武鉉の進めた対北融和路線を転換させた。ただ局地的な武力衝突が生じて制裁措置を取った際にも、南北経済交流の象徴である開城工業団地は対象から外した。実現しなかったものの、2011年に南北首脳会談の開催を持ちかけてきたと北朝鮮側に暴露されてもいる。北朝鮮に厳しい姿勢を取るといっても戦争だけは避けなければならず、そのためには対話と交流を模索するしかないということであろう。

　2010年3月に朝鮮半島西側の黄海で韓国海軍の哨戒艦「天安」が撃沈された事件（**哨戒艦沈没事件**）への対応は、韓国の置かれた難しい立場を示すものであった。現場海域は、米韓両国が海上の南北境界線だとする**北方限界線**（Northern Limit Line＝NLL）近くの韓国側で、乗員の死者・行方不明者は46人にのぼった。韓国が中心となった国際調査団は5月20日、「北朝鮮製魚雷の爆発によって沈没した」「魚雷は北朝鮮の小型潜水艇から発射されたという以外に説明できない」と結論づけた。

　韓国は5月24日、①開城工業団地を除く南北の交流・交易中断、②国連安全保障理事会への問題提起、③米韓両国による合同軍事演習実施——など厳しい対応措置を打ち出す（5・24措置）。事件への関与を否定する北朝鮮はこれに強く反発し、**米韓合同軍事演習**に対しては、北朝鮮の最高権力機関である国防委員会の報道官が「必要な時期に核抑止力に基づいた報復の聖戦を開始する」と恫喝のような発言で応じた。

　李明博は5・24措置を発表した際、北朝鮮のことを「世界で最も好戦的な集団」と非難しつつ、金正日の名指しは避けた。南北協力の象徴であり、北朝鮮にとっては外貨稼ぎの重要なツールである開城工業団地も制裁対象から事実上除外した。北朝鮮を追い詰めすぎないように配慮したのである。

　このような基調は、11月に起きた**延坪島砲撃事件**を受けても変わらなかった。この事件では、黄海上のNLL近くの韓国領・延坪島に対して対岸の北朝鮮軍陣地から砲撃が行われた。延坪島付近はNLLが朝鮮半島西岸にへばりつくように走っており、島から北朝鮮の本土までは10km余りしか離れていない。対岸の北朝鮮軍陣地から発射された約170発の砲弾のうち約80発が、民間人居住地域を含む島内各地に着弾した。この

北朝鮮軍の砲撃によって破壊された延坪島の建物。韓国はその後、砲撃の被害現場を「安保教育」の施設に利用している。2012年8月撮影

軍事衝突の現場となる海上境界線「NLL」

朝鮮戦争休戦協定（1953年）は、海上の境界線を明確に定められないまま締結された。ただ38度線より南の黄海に浮かぶ延坪島や白翎島などは国連軍側の管轄とされた。これらの島は陸上の軍事境界線を単純に延長した線よりかなり北側に位置するため、海上境界線がないままでは偶発的な衝突が起きると考えられた。

当時の韓国大統領、李承晩が主戦論を唱え続けたため、米国はこの点を特に懸念した。このため休戦協定締結後に、これらの島々を韓国側に入れる北方限界線（NLL）という海上境界線が在韓国連軍司令官（在韓米軍司令官が兼務）によって設定された。韓国軍の暴走を抑えるという意図であったため、北朝鮮との事前協議はなかった。

NLLの性格は次第に変化し、北朝鮮の船舶や航空機の行動を統制するものとして使われるようになった。これを受けて北朝鮮はNLLを問題視し、1973年には周辺海域を北朝鮮の領海だと主張し始めた。一方で、1991年に締結した南北基本合意書ではNLLを事実上認めた。

北朝鮮がNLL拒否を明確に示し始めたのは、1999年6月に延坪島周辺海域で南北海軍の軍事衝突が起きてからだ。韓国海軍の損害は軽微だったものの、北朝鮮側は魚雷艇1隻の沈没を含めて艦艇多数が大破し、少なくとも数十人が死傷したとみられている。北朝鮮は同年9月、NLLを「米軍側が休戦協定と国際法を無視して一方的にわが方の領海内に引いた不法な線だ」と主張。NLLよりかなり南側に、陸上の軍事境界線を延長するような形で**海上軍事境界線**を設定すると宣言した。このため南北双方の主張が重なる海域が生じ、軍事衝突がしばしば起きるようになった。延坪島砲撃事件当日は、主張が重なる海域で韓国軍が射撃訓練を実施し、北朝鮮が反発していた。

砲撃で、島に駐屯する海兵隊員2人と海兵隊宿舎の建設現場にいた民間の作業員2人の計4人が死亡した。

北朝鮮はそれまでも、青瓦台襲撃未遂事件のほか、南北軍事境界線近くで韓国側に銃撃を加えたり、NLLに近い海域で小規模な軍事衝突を起こしたりということを繰り返してきた。だが、それらの攻撃対象はあくまでも韓国政府や韓国軍であり、民間人が住む地域への攻撃は1953年7

月の休戦後初めてであった。李明博は北朝鮮を強く非難する大統領特別談話を発表したが、軍事的緊張を高めるような措置は取らなかった。

　同じく保守派の朴槿恵政権（2013〜2017年）も、北朝鮮との信頼醸成の重要性を強調する「朝鮮半島信頼プロセス」を打ち出し、対話を模索した。一方で朴槿恵は2014年1月に南北統一は負担より機会をもたらすのだと韓国民に呼びかける「統一テバク（大当たり）」論を掲げ、北朝鮮側から強く反発された。韓国による吸収統一を前提にした概念であったからである。

　南北関係の基調は2016年初頭に再び変わった。北朝鮮は2016年1月に4回目の核実験を行い、2月には地球観測衛星「光明星4」の打ち上げを強行したのである。衛星打ち上げに使用されるロケット技術は基本的に弾道ミサイルと変わらない。この時に発射されたのは「テポドン2改良型」で、射程は1万2000kmに達するとみられた。

　韓国はこの時、開城工業団地の操業中断という独自制裁に踏み込んだ。操業中断を発表した際に洪容杓統一部長官は、工業団地の事業を通じて計5億6000万ドルの現金が北朝鮮に渡り、「核兵器と長距離ミサイルを高度化するのに使われたようだ」と語った。それまで聖域視されてきた事業を核・ミサイル開発の資金源と決めつけたことになる。反発した北朝鮮も工業団地の閉鎖を宣言し、3月には北朝鮮内にある韓国の資産を「清算」すると発表した。金剛山観光事業に関連する韓国企業の資産や工業団地内に残る資産の接収を意味した。

　さらに朴槿恵は国会演説で「核開発では生存していけず、むしろ体制崩壊をもたらすだけだという事実を北朝鮮の政権に思い知らせ、自ら変化するしかない環境を作る」という強い姿勢を表明した。韓国の大統領が公の場で「北朝鮮の体制崩壊」に言及するのはきわめて異例のことであった。朴槿恵は演説で金正恩を呼び捨てにしたばかりか、2016年9月に北朝鮮が5回目の核実験を行った際には「金正恩の精神状態は統制不能だとみなければならない」とまで言及した。朴槿恵の父である朴正熙が政権を握っていた時期（1961〜79年）は冷戦期でもあり、北朝鮮の指導者を呼び捨てにして対決姿勢を示すのは当然だったが、2000年の

南北首脳会談以降では考えられないことであった。

　第3章で見たように北朝鮮は、2016、2017年に核・ミサイル開発を従来にも増して集中的に進めた。これ以降の南北関係は、核・ミサイル問題をめぐる国際力学を無視して進められなくなった。それは朴槿恵の厳しい反応にとどまるものではなく、後任の文在寅をも縛るものであった。

聖域だった開城工業団地〈民間の経済交流〉

　韓国の李明博政権が制裁措置の事実上の例外とした開城工業団地は、2000年6月の南北首脳会談を契機に大きく進んだ民間の経済交流の成果であった。首脳会談を受けて8月に韓国の財閥・現代グループ＝現代財閥と北朝鮮当局の間で、板門店に近い北朝鮮南西部の古都・開城の郊外に韓国企業向けの工業団地を造成することが合意された。現代は金剛山観光も手がけ、北朝鮮での事業展開に熱心であった。背景として指摘されるのは、創業者である鄭周永の存在である。植民地時代の1915年、現在は北朝鮮となっている江原道通川に生まれた人物で、故郷に錦を飾りたいという強い思いを抱いていた。

　開城工業団地は2004年12月に操業を始めた。板門店から7kmほどという立地である。北朝鮮が提供した土地を韓国側が造成し、水や電気も韓国側から送られた。工場で使う原材料は韓国側から陸路で持ち込み、完成品は韓国へ出荷される。北朝鮮が得るのは労働者の賃

表8-2　金剛山と開城への観光客の数

	金剛山	開城
1998年	1万554人	—
1999年	14万8074人	—
2000年	21万3009人	—
2001年	5万7879人	—
2002年	8万4727人	—
2003年	7万4334人	—
2004年	26万8420人	—
2005年	29万8247人	1484人
2006年	23万4446人	—
2007年	34万5006人	7427人
2008年	19万9966人	10万3122人
合　計	193万4662人	11万2033人

（出所）韓国統計庁「国家統計ポータル」。

図8-2　南北経済協力の象徴だった開城工業団地

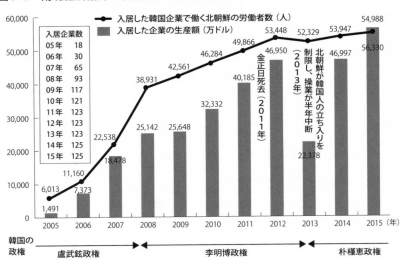

(出所)　韓国統一部。

　金などに限られたものの、それでも貴重な外貨収入源と言えた。入居し
た韓国企業のメリットも大きかった。ソウルから陸路で1時間程度の距
離で、言葉の問題がない労働力を安価な費用で雇えたからである。韓国
政府の資料によると、開城工業団地で働く北朝鮮労働者の月平均賃金は
2014年時点で141.4ドル。韓国での一般労働者の平均である286万ウォ
ン（当時のレートで約2700ドル）とは比較にならず、中国の659ドル、
ベトナムの193ドルよりも安かった。人件費負担にあえいでいた労働集
約型の工場が次々と進出を決めた。
　韓国政府には、北朝鮮の一般国民である労働者が韓国の実情に触れる
ことで生じる心理的効果への期待感もあった。労働者は北朝鮮の水準か
ら考えればごちそうである工場の給食を食べ、間食として支給された韓
国製菓子「チョコパイ」をひそかに持ち帰る人が多かった。チョコパイ
は市場に横流しもされ、韓国製品に対するあこがれを北朝鮮の人々に抱
かせた。工場に整えられたシャワー設備を毎日のように使うようになる
労働者も少なくなかったという。

コラム

和解の象徴だった「金剛山」と「開城」観光

「花より団子」のことを朝鮮半島では「金剛山も食後の景色」という。金剛山近くの出身である韓国現代財閥の創業者、鄭周永の熱心な働きかけによって、金大中政権下の1998年11月に海路での金剛山観光が始まり、2003年2月には陸路で往復できるようになった。観光客の入る地域は柵で囲われて一般の北朝鮮社会とは隔てられ、米ドルしか通用しない完全な別世界であった。観光事業は大きな投資なしで外貨を獲得できるため、一時は平壌や白頭山の韓国人観光客への開放も検討された。

　しかし、未明に立ち入り禁止区域の砂浜を散歩した韓国人女性旅行者が北朝鮮兵に射殺される事件が2008年7月に発生し、韓国政府はツアーを中断した。2007年12月に開始されたばかりであった開城観光も1年足らずで中断となった。中断までの10年間に金剛山を訪れた韓国人は193万人に上り、北朝鮮側に4億ドル以上が支払われた。ソウルから日帰りできる開城観光には11万人超が参加し、北朝鮮側に1000万ドル以上が支払われた。

　南北の利害が一致していたこともあり、開城工業団地は経済協力の象徴として聖域視された。韓国軍の兵士46人が犠牲となった2010年3月の哨戒艦沈没事件を受けての大規模な対北制裁でも、事実上の例外となった。北朝鮮は、2013年2月25日の朴槿恵政権発足の前後に挑発的行動を重ねた。金正恩政権下で初の核実験を2月12日に実施し、4月には開城工業団地の操業を止めた。ただ開城工業団地に関する措置は一時的なもので終わり、8月には南北が操業再開で合意した。

　朴槿恵政権が操業中断に踏み切った2016年2月時点では、入居中の韓国企業は125社、北朝鮮の労働者数は約5万5000人に上り、多くの韓国政府当局者や企業関係者らも常駐していた。2015年の生産額は5億6330万ドルであった。中断発表時に韓国政府は、開城工業団地の事業を通じて累計5億6000万ドルが北朝鮮に渡ったと明らかにした。

実らなかった対話の成果〈文在寅政権期の南北関係〉

　弾劾による朴槿恵の失職を受けて実施された2017年5月の大統領選挙で文在寅が当選し、韓国は再び進歩派政権となった。文在寅が選挙期間中に米紙『ワシントン・ポスト』のインタビューで語った「運転者論」は、南北関係に関する基本的な立場を示すものであった。文在寅は「米中の議論や、米国と北朝鮮の対話を後部座席から見ているという状況は、韓国にとって望ましいものではない」と語り、韓国こそが運転者になると主張したのである。6月に訪米して米大統領ドナルド・トランプと会談し、米韓首脳共同声明に「朝鮮半島の平和統一へ向けた環境を作るにあたって韓国の主導的役割を支持」すると盛り込むことに成功した。

　しかし当時は、北朝鮮が核実験とミサイル発射を繰り返し、トランプが国連総会で「米国と同盟国の防衛を迫られれば北朝鮮を完全に破壊する以外に選択肢はない」と語る一触即発の状況にあった。9月には6回目の核実験、11月には大陸間弾道ミサイル（ICBM）「火星15型」の発射と続く中で、韓国が主導的役割を発揮する余地はないと考えられた。

2018年2月11日、ソウルで行われた北朝鮮芸術団の公演を鑑賞する金与正と文在寅。写真提供：EPA＝時事

　転機となったのは2018年1月1日の金正恩の「新年の辞」であった。2月に韓国北東部・平昌で開かれる冬季五輪への参加を表明し、韓国との関係改善に前向きな姿勢を示したのである。これを契機に南北対話が急進展し、北朝鮮は2月9日の五輪開会式に金正恩の妹である金与正と公式序列2位で最高人民会議常任委員長の金永南を派遣した。金与正は翌日、青瓦台で会談した文在寅に首脳会談のための訪朝を要請した。これを受

2018年4月27日、板門店で話し込む文在寅と金正恩。写真提供：AFP＝時事

けて、文在寅は平壌に特使を派遣した。

　韓国政府は3月6日、4月末に板門店で南北首脳会談を開くと発表した。さらにトランプが8日、金正恩との会談に応じる意向を電撃的に示した。米朝首脳会談をしたいという金正恩の意向が韓国の特使を通じてトランプに伝えられ、それに呼応したのである。

　4月27日、金正恩と文在寅は板門店にある軍事境界線をはさんで対面する。金正恩が徒歩で境界線を越え、その後、文在寅も金正恩と手をつないで北側へ入るパフォーマンスを見せた。会談後に2人だけで周辺を散策し、ベンチに座って話し込む姿も世界に中継された。両首脳は、①核のない朝鮮半島を実現するのが共通目標である、②朝鮮戦争の終戦宣言をするため南北と米国の3者、もしくは南北と米中の4者による会談を推進する、③文在寅が秋に平壌を訪問する、④南北共同連絡事務所を開城に設置する、⑤軍事境界線一帯での宣伝放送やビラ散布を5月から中止する――などを盛り込んだ**板門店宣言**に署名した（巻末に全文）。

　5月には米大統領補佐官のジョン・ボルトンが「リビア方式」[10]を強調したことに北朝鮮が反発し、米朝首脳会談の開催が一時危ぶまれた。

北朝鮮が強く反発する心理戦

　韓国は1960年代から、軍事境界線沿いの大型スピーカーを通じた対北宣伝放送をしてきた。スピーカーの音量は非常に大きく、10km先でもよく聞こえるという。最前線にいる数十万人の北朝鮮軍の兵士に内外の情報を伝え、体制を動揺させようとする心理戦で、南北関係の動きに合わせて中断と再開が繰り返されてきた。

　李明博政権は、2010年3月の哨戒艦沈没事件への対抗措置として対北宣伝放送を再開すると発表した。ただこの時は、「放送を再開すれば拡声器などへの照準射撃をする」などと北朝鮮が猛反発したため大型スピーカーを使った宣伝放送はせず、FMの宣伝放送再開にとどめた。

　一方で朴槿恵政権は、2015年8月に南北軍事境界線付近に埋設された地雷で韓国軍下士官2人が重傷を負う事件が起きると、スピーカーによる対北宣伝放送を11年ぶりに再開した。北朝鮮は韓国側へ向けて砲撃を加えるなど反発する一方、南北対話を通じて放送中止を強く要求した。この時の放送は南北の合意によって約2週間で停止したが、2016年1月の核実験を受けて再び放送が始められた。

　文在寅政権は2018年4月の南北首脳会談直前にスピーカーによる宣伝放送を止めた。会談ではスピーカーによる宣伝放送の中断と施設の撤去が合意され、5月には撤去が完了した。ただスピーカーの設置は難しくないので、時の政権の判断によって対応が変わりそうである。

　この直後に金正恩は文在寅に会談を求め、26日に再び板門店で南北首脳会談が開かれた。文在寅は会談後、米朝首脳会談を成功させなければならないことを金正恩と確認したと語った。

　6月12日の米朝首脳会談では非核化へ向けた閣僚級の協議を始めることが合意されたものの、実際の動きは鈍かった。米朝関係が停滞局面に入る中、文在寅は板門店宣言で約束した訪朝に踏み切った。

---

10) リビアのカダフィ政権による核開発計画を米英が経済制裁解除と引き換えに放棄させたことを指す。カダフィはその後、「アラブの春」で失脚し、殺害された。第3章を参照。

南北が飛ばしあった宣伝ビラ

敵の士気低下を図ることなどを目的とするビラは、朝鮮戦争でも国連軍と北朝鮮軍の双方が計28億枚をまいたとされる。1953年7月の休戦後は、南北が自らの優位性を相手方の一般住民に訴える道具として使われた。韓国からの近年の対北ビラ散布は民間の脱北者団体や人権団体によるものである。

大型風船に大量のビラをくくり付けて飛ばし、なるべく多くの人に拾ってもらおうと1ドル札なども同封する。北朝鮮は特に、金正恩をののしるような文言に神経をとがらせている。2014年10月には、

軍事境界線近くから北朝鮮の体制を批判するビラを飛ばす韓国在住の脱北者ら。風船には「地獄に落ちた金正日」と書かれている。金正日死去直後の2011年12月21日撮影

朴槿恵政権からの自制要請を無視して脱北者団体が飛ばした大型風船に北朝鮮軍が銃撃を加え、韓国軍が応射する事件が起きた。

2018年4月の南北首脳会談で文在寅と金正恩はビラ散布の中止に合意したが、韓国の脱北者団体は2020年5月に散布を強行した。反発した北朝鮮は6月、金与正の談話で文在寅政権に対応を講じるよう要求するとともに、開城の南北共同連絡事務所を爆破した。韓国国会では12月、野党の反対を押し切ってビラ散布に3年以下の懲役などを科す法案が可決された。だが韓国憲法裁判所は2023年9月、法律によるビラ散布行為の禁止について「表現の自由を過度に抑制する」と判断し、違憲決定を下した。

金正恩と文在寅は平壌で9月19日に開いた南北首脳会談で、①実質的な戦争の危険除去と根本的な敵対関係の解消を約束し、「板門店宣言軍事分野履行合意書」を付属合意書として採択、②鉄道・道路連結着工式、開城工業団地と金剛山観光事業の再開、西海（黄海）経済共同特区・東海（日本海）観光共同特区の造成について協議、③離散家族問題解決

のため、金剛山における常設面会所設置について協議を約束、④多様な分野での協力と交流の推進、2020年東京五輪への共同参加、2032年夏季五輪の共同開催誘致を約束、⑤北朝鮮側は東倉里エンジン試験場とミサイル発射台を永久廃棄、アメリカが相応の措置をとる場合には寧辺核施設の永久廃棄の用意があることを表明、⑥金正恩によるソウル訪問の約束──を盛り込んだ共同宣言に署名した（**9月平壌共同宣言**、巻末に全文）。会談後に金正恩と共に平壌市内のメーデースタジアムでマスゲームを鑑賞した文在寅は、15万人の市民を前に韓国大統領として初めて演説し、「70年の敵対を清算し、再び一つになるための大きな歩みを踏み出すことを提案する」と述べた。

　文在寅はこの頃から、米国との足並みの乱れを見せるようになる。北朝鮮情勢が危機的状況にあった2017年5月の就任から1年ほどは日米と連携して対処する慎重な姿勢を見せていたものの、南北、米朝の対話が順調に進み始めた2018年半ばからは、米国との事前調整をおろそかにする姿勢が目立つようになったのである。

　9月平壌共同宣言では南北を結ぶ鉄道と道路の着工式を年内に行うとうたわれたが、予定通りに進まなかった。韓国の統一部長官、趙明均は遅れの理由について「米国側と若干の考え方の違いがある」と国会で説明した。本格的な工事を進めるためには制裁緩和が必要となるものの、米国から同意を得られる見込みはなかったのである。さらに問題となったのは、南北の国防担当閣僚が署名し、9月平壌共同宣言の付属合意書となった**軍事分野履行合意書**であった。軍事境界線周辺に飛行禁止空域を設定するなどの内容が入っているにもかかわらず、米国との事前調整がされていなかったのである。外交部長官の康京和は10月の国会答弁で、首脳会談の結果を米国務長官マイク・ポンペオに電話で説明した際、ポンペオから不満が表明されたことを認めた。

　文在寅はこの時期から日本との関係も悪化させた。9月の国連総会に参加した際、安倍晋三との首脳会談で慰安婦合意に基づく財団の解散を示唆した。日本は強く反発したものの、11月には財団の解散と事業終了が発表された。韓国大法院（最高裁判所）が10月に元徴用工への賠償を

年表8-3　文在寅政権期の南北を取り巻く動き

	出来事
2017年1月	米国でトランプ政権が発足
5月	韓国で文在寅政権が発足
6月	米韓首脳会談。共同声明に「韓国の主導的役割」
9月	北朝鮮が6回目の核実験
11月	北朝鮮が新型ICBM「火星15型」を発射し、「国家核武力完成」を宣言
2018年1月	金正恩が「新年の辞」で平昌冬季五輪参加を表明
2月	平昌冬季五輪。開会式に金与正らを派遣
3月	南北、4月末に板門店で首脳会談を開催することに合意 トランプ、米朝首脳会談に応じる意向を表明 金正恩が訪中し、習近平と会談
4月	米CIA長官ポンペオが秘密訪朝し、金正恩と会談 朝鮮労働党第7期第3回全員会議で核実験とICBM発射実験のモラトリアムを決定 金正恩と文在寅が板門店で会談し、板門店宣言に署名
5月	金正恩が再訪中し、習近平と会談 金正恩と文在寅が板門店で再び会談
6月	金正恩とトランプがシンガポールで会談し、共同声明に署名 金正恩が3回目の訪中。習近平と会談
7月	安倍晋三が日朝首脳会談への意欲を表明
9月	文在寅が平壌で金正恩と会談し、9月平壌共同宣言に署名
2019年1月	金正恩が訪中し、習近平と会談
2月	金正恩とトランプがハノイで会談したものの、決裂
5月	安倍、拉致問題進展を日朝首脳会談の条件としない方針に転換
6月	習近平が初めて公式に訪朝し、金正恩と会談 金正恩とトランプが板門店で予定外の会談、文在寅も板門店に同行
12月	金正恩が「自力更生」による「正面突破戦」を表明
2020年1月	北朝鮮、新型コロナウイルス流入を防ぐため国境封鎖
6月	北朝鮮が開城の南北共同連絡事務所を爆破
2021年1月	金正恩が第8回党大会で文在寅を非難 米国でバイデン政権が発足
2022年2月	ロシアがウクライナに侵攻
3月	北朝鮮が新型ICBM「火星17型」を発射
5月	韓国で尹錫悦政権が発足

日本企業に命じる判決を確定させた件でも、事務レベルで事態収拾を図ろうとした当初の動きを青瓦台が制止する動きが見られた。安倍も、2019年7月に事実上の対抗措置として韓国に対する半導体素材の輸出規

制を強化して両国の対立は深刻化した[11]。安倍はこの間、対北朝鮮政策で前のめりの姿勢を取らないようトランプに警告し続けた。

　2019年2月27日、28日にハノイで開催された第2回米朝首脳会談の決裂は、南北関係にも大きな影響を与えた。文在寅は終戦宣言に突破口を見出そうとしたものの、日米韓連携が機能しない状況ではもはや「運転者」としての役割は望みえなかった。北朝鮮は2020年6月、事前予告のうえ開城の**南北共同連絡事務所**を爆破する。韓国の脱北者団体による対北非難ビラ散布を理由にしたが、文在寅に対する不満の表明であることは明らかであった。

　2018年半ば以降の動きは、文在寅が「運転者」としての自らの実績を過大評価し、日米との連携を軽視したことを示唆する。だがそれは結果として、対北朝鮮政策で韓国が動ける幅を狭めてしまった。金正恩は2021年1月の朝鮮労働党第8回党大会で「再三の警告に顔を背けている」と文在寅政権を非難したが、文在寅が独自に動ける余地はすでに失われていた。非核化をめぐる米朝関係が進展しない限り経済制裁が解除されることはなく、南北朝鮮間でいかに立派な合意がなされようとも、それを韓国自らの判断で履行することは困難だったのである。

　一方で文在寅は「自主国防」を掲げて軍事費を大幅に増やし、弾道ミサイルの長射程化などを進めた。韓国の国防予算は文在寅政権最後の年であった2022年に、人口と経済規模が2倍以上ある日本の防衛費と肩を並べる水準に達した。自主国防は米国に対する不信感から朴正煕が掲げた路線で、近年では文在寅の盟友であった盧武鉉が進めていた。米韓同盟に依存しすぎないための「自主国防」であったが、北朝鮮から見れば敵対的な行動であり、不信感を招いたことは否定できない。文在寅政権が2019年3月に米国製ステルス戦闘機F35Aを導入した際、北朝鮮は対外発信用ウェブサイトを通じて「歴史的な北南宣言（9月平壌共同宣言

11）日韓両国は2015年12月、元慰安婦の心の傷を癒やし、支援する措置を実施する財団を韓国政府が設立し、日本政府が10億円を拠出することで合意した。文在寅は財団を解散させたものの、2021年1月の記者会見では「政府間の公式な合意だったという事実を認める」と発言して軌道修正を図ろうとした。後任大統領の尹錫悦が2023年3月、徴用工問題の解決策を打ち出したことで日韓関係は改善された。

を意味する：著者注）と北南軍事分野合意書に反し」ていると非難した。

　2022年3月の韓国大統領選挙では保守派で、北朝鮮に厳しい姿勢を見せる尹錫悦が進歩派の与党候補との大接戦を制して当選した。尹錫悦は対北朝鮮政策での日米韓連携を従来以上に重視する姿勢を見せ、日本との関係改善にも積極的に取り組んだ。これに対して北朝鮮は、日米韓連携の動きを「核戦争挑発の企み」であると非難するとともに、米国に対抗する「核戦争抑止力の強化」としての核戦力拡充という主張を強めた。

　さらに北朝鮮が2023年11月に初の偵察衛星打ち上げ成功を発表すると、尹錫悦政権は2018年9月に署名された南北軍事分野履行合意書の一部効力停止を宣言し、最前線地域での偵察活動再開などの措置を取った。尹錫悦政権は、北朝鮮側がそれまでにも頻繁に合意書への違反行為を繰り返していたとも指摘した。北朝鮮はこれに反発して「合意に縛られない」と宣言し、南北関係は対決色を強めることとなった。

民族強調から「二つのコリア」へ〈金正恩の対南政策転換〉

　金正恩政権の姿勢からは、統一よりも事実上の現状維持を図ろうとする、いわば「二つのコリア」志向が強くうかがえる。韓国側が南北関係改善を重視する進歩政権であれば、互いに異なる体制であることを認め合って「平和共存」を目指す姿勢を強調する一方、北朝鮮に厳しい姿勢を見せる保守政権下では態度を変える。北朝鮮は韓国を突き放し、干渉しないでほしいといった態度を見せるのである。進歩派の文在寅政権から保守派の尹錫悦政権に交代した際、このような政策転換が特に目立った。これは、北朝鮮主導の統一はもはや難しいという現実的な認識を反映したものである。理由は全く異なるものの、現状維持志向が強まっている方向性は韓国世論と同じである。

　金正恩政権初期には金正日が提唱した「わが民族第一主義」というスローガンが踏襲されたものの、2017年11月には『労働新聞』に「わが国家第一主義」という言葉が登場した。「民族」から「国家」へのシフトである。2019年元日の新年の辞では、従来の「朝鮮民族第一主義」が

「わが国家第一主義」へと完全に置き換わった。南北朝鮮の人々を包含する概念である「わが民族」「朝鮮民族」よりも北朝鮮という国家が重要だということである。ソファに腰かけてスーツ姿で新年の辞を述べる金正恩の傍らには従来は見られなかった国旗が飾られ、同日付の『労働新聞』には金正恩のお気に入りとされる新曲「われわれの国旗」の楽譜が大きく掲載された。これもまた「国家」を強調する一環であろう。

　金正恩は2021年1月の朝鮮労働党第8回党大会で「国家の尊厳と地位を高めるための決死の闘争の結果として誕生した自尊と繁栄の新しい時代」が始まったと宣言し、この新しい時代が「わが国家第一時代」であると規定した。党規約も改正され、序文にあった「全国的範囲で民族解放民主主義革命の課業を遂行する」という「党の当面の目標」が、「全国的範囲で社会の自主的で民主的な発展を実現する」という曖昧なものに変わった。韓国で革命を起こさせて統一につなげるという従来の赤化統一論からの転換とも考えられる。党大会での人事では、かつて重要な役職とされた対南政策の担当書記が空席となった。

　8月には、南北関係を主管する党統一戦線部長の金英哲が米韓合同演習の実施について「南朝鮮と米国がまたもやわが国との対決を選択した」などと強く非難した。注目すべきなのは、「わが国」という言葉である。外国である米国に対して「わが国」を使うことに違和感はないが、韓国を主たる対象にした談話での使用は初めてであった。10月に開催された「国防発展展覧会『自衛─2021』」においては、党創建76周年の記念行事であったにもかかわらず、党旗ではなく国旗が並べられた。

　南北首脳会談を重ねた2018年以降、金正恩の演説でも「統一」への言及が激減した。分断から70年以上たって大きく異なる体制が定着した今となっては、統一は現実的なものではなくなっているとの認識があろう。むしろ韓国からの内政干渉を避け、まずは現体制を護持することが肝心だとの考え方が強まっていると考えられる。

　2023年7月には韓国人の訪朝不許可を北朝鮮外務省が発表し、韓国側を驚かせた。対南窓口である党統一戦線部や祖国平和統一委員会が担当してきたはずの事案であり、「外国」や「外交」を管轄する外務省は畑

違いのはずだったからである。北朝鮮はさらに同月、カギカッコ付きの「大韓民国」という用語を金与正の談話でも使った。北朝鮮はそれまで南北対話の公式文書などでは「大韓民国」という正式国名を使ったものの、談話では初めてであった。8月には金正恩自身が海軍司令部での演説で「大韓民国」という言葉を初めて使い、明確な意思に基づく変更であることを示した。北朝鮮メディアは10月に中国・杭州で開催された第19回アジア競技大会の中継で、韓国を「傀儡」と呼んだ。近年のスポーツ中継には見られなくなっていた敵対的な姿勢である上、従来ならば「南朝鮮傀儡逆徒」などとしていたのに「南朝鮮」を外した点が注目された。

　金正恩は12月末に開催された党中央委員会第8期第9回全員会議での演説で、この問題に明確な立場を示した。「北南関係はもはや同族関係、同質関係ではなく敵対的な国家関係、戦争中の交戦国関係に完全に固着した」と述べたのである。さらに「われわれを『主敵』と宣布し、外部勢力と結託して『政権崩壊』と『吸収統一』の機会をうかがう連中を和解と統一の相手と見なすのは、これ以上われわれが犯してはならない誤りである」と主張した。

　金正恩時代に入ってから使われるようになったスローガンが「タンスメ（一気に）」である。この時も対南政策の転換が明確に打ち出されると、関連施策が一気に実行された。金正恩は2024年1月の最高人民会議第14期第10回会議での施政演説で、韓国を「和解と統一の相手であり同族だという現実と矛盾した既成概念」でとらえた現行憲法を改め、「第一の敵対国、不変の主敵」とみなすと明記するよう指示した。具体的には1972年7月の南北共同声明に由来する「自主、平和統一、民族大団結」という言葉を憲法から削除するとともに、朝鮮半島の別称である「三千里の錦繍江山」や、南北朝鮮と第三国に居住する人口を総計した「8000万同胞」も使ってはならない単語として挙げた。韓国との窓口を担ってきた祖国平和統一委員会と民族経済協力局、金剛山国際観光局は廃止され、2000年6月の南北首脳会談後に連結された南北の鉄道を「完全に断ち切る」ことや、平壌に建立された巨大な「祖国統一3大憲章記念塔」の撤去も打ち出された。韓国向けのラジオやウェブサイトも運用停止と

なった。

　金日成が1980年10月に打ち出した「**高麗民主連邦共和国**」方案以来の大転換である。金日成は、異なる制度に基づく二つの政府を南北に残した上で連邦制国家として同一民族による単一国家を作るという統一を提唱していた。だが北朝鮮主導による統一は現実的でない。金正恩はそうした現実的な判断に基づき、数年間にわたって方針転換の準備を進めたと考えられる。韓国に向けた発言は攻撃的であるものの、「二つのコリア」路線そのものは現状の追認にすぎない。ただ将来的に南北対話が必要だという判断になれば、外国との交渉であることを前提に外務省など別機関を窓口として再開される可能性も残されている。

恐れられる「負担の重さ」〈韓国人の統一観〉

　北朝鮮と同様に韓国でも統一に対する考え方は変化してきた。歴代政権が「統一政策」として推進してきた対北政策を大きく転換させたのが、文在寅政権である。文在寅の対北政策は最上位のビジョンに「平和共存、共同繁栄」を掲げるものであり、統一については「平和が定着すれば、南北が葛藤なく共存でき、統一の門も自然に開かれるだろう」と説明された。「共存」は二つの主体の併存を意味し、「統一」とは相容れない。「統一の門が自然に開かれる」というのも、遠い将来の目標であるとあいまいに示したに過ぎない。北朝鮮との対話に力を入れた政権ではあったが、統一を具体的な課題とする姿勢を見せることはなかった。2022年5月に大統領となった保守派の尹錫悦は前任者と正反対とも言える圧力重視路線を取るが、統一への熱意を感じさせない点は共通する。背景にあるのは、韓国社会における統一観の歴史的変化である。

　韓国社会の心理が表面化する契機となったのは、2000年6月に開かれた史上初の南北首脳会談である。日本の新聞には「1日も早く統一を」という在日韓国・朝鮮人の声が大きな見出しで掲載されたが、韓国ではむしろ、南北対話の進展を契機に対北政策に関する意見対立が深刻化した。保守派が、金大中ら進歩派の姿勢を融和的過ぎると非難するように

なったのである。韓国内部での対立という意味で「**南南葛藤**」と呼ばれる。

　そして、それまで声高に言うことをはばかる雰囲気があった「統一は急がなくていい」という話をする人が増えた。北朝鮮の飢えた同胞に同情しつつ、北朝鮮の貧しさとは対照的な自分たちの豊かさを考えて早期統一を恐れる心理が表面に出てきたのである。「10 年以内に統一が可能だと思うか」という韓国ギャラップ社の世論調査では、1992年に6割近かった「可能だ」という意見が、首脳会談後の2003年には2割にまで減っていた。統一に消極的な世論は、その後も広まった。

　ソウル大学統一平和研究院が2007年から行っている「統一意識調査」は、このような傾向を明確に示している。統一の必要性についての質問に「とても必要だ」「やや必要だ」と答えた人は2007年に計63.8％いたが、2022年には46％となった。落ち込んだのは「とても必要だ」で、34.4％が14.6％になった。特に若い世代は深刻で、2022年に「とても必要だ」と答えた19～29歳は6.1％、30代は7.3％だけであった。統一をどう進めるかについても「急ぐより条件が整うまで待つべき」という回答が最も多く、2007年に70.6％であった。2019年から回答の選択肢が若干変わったものの、この回答が最多であることに変わりはなく、2022年には48％を占めた。この間に顕著に増えたのは「現状のままがいい」で、2007年の11.8％から2022年には26.3％となった。（表8-3）。

　分断国家の「統一」にはベトナムやイエメンといった複数の前例があるが、戦争を経ずに資本主義体制側が主導的に吸収統一を果たすという点では東西ドイツの統一が想起される。しかし、東ドイツは東欧の優等生で、西ドイツとの経済格差は2対1程度しかなかった。南北朝鮮の格差はそれと比べられない程に大きく、統一するには韓国国民が莫大な**統一コスト**を負担しなくてはならない。北朝鮮の経済をてこ入れし、国民の生活水準も引き上げなければならないからである。調査結果は、このような負担を恐れる韓国人の心理を反映したものだといえる（表8-4）。

　韓国紙『朝鮮日報』によると、未来企画委員会という韓国大統領の諮問機関が2010年6月に作成した報告書には衝撃的な数字が並んでいた。北朝鮮が開放政策をとらないまま突然崩壊した場合、2040年までの30

表8-3　韓国人の持つ「統一」に対する意識（%）

	統一を急ぐより条件が整うまで待つべき	現状のままがいい	どのような対価を払ってでも早く統一を	できるだけ早く統一を	統一に関心がない
2007年	70.6	11.8	10.6	—	7.0
2008年	65.8	16.3	9.2	—	8.6
2009年	68.3	15.6	8.6	—	7.5
2010年	66.9	16.1	10.0	—	6.9
2011年	66.9	15.3	9.6	—	8.2
2012年	65.1	18.3	9.6	—	7.0
2013年	61.8	18.9	11.3	—	8.0
2014年	61.3	19.6	12.1	—	7.0
2015年	57.5	21.8	11.7	—	9.0
2016年	54.2	23.2	13.1	—	9.5
2017年	54.7	24.7	12.1	—	8.4
2018年	68.0	16.8	9.7	—	5.5
2019年	53.5	19.7	4.3	16.7	5.8
2020年	55.6	21.4	3.9	12.3	6.8
2021年	50.6	25.5	3.2	12.7	8.0
2022年	48.0	26.3	3.2	13.6	8.9

（出所）ソウル大学統一平和研究院『2022統一意識調査』2022年。

　年間に 2 兆1400億ドルの統一コストがかかるというのである。北朝鮮の社会インフラや個人所得を韓国に準じたレベルにするために必要な経費を試算したというが、これは当時の韓国の国内総生産（GDP）の 2 倍を超える金額だった。委員会は、段階的な開放政策によって北朝鮮経済をある程度の水準まで引き上げてから統一しても3220億ドルの統一コストが見込まれるとした[12]。

　李明博は、日本の植民地支配からの解放65周年にあたる2010年 8 月15日の大統領演説で「統一は必ずやってくる。その日に備えて統一税など現実的な対策を準備しなければならない」と述べ、統一コストの問題

---

12) 韓国国会立法調査処が2010年12月に出した報告書「韓半島統一費用の争点と課題」によると、大統領への事前報告には統一費用の試算が含まれていたが、その後の正式報告書からは削除された。報告書全文も非公開となった。

表8-4　東西ドイツと南北朝鮮の比較

統一直前（1989年）の東西ドイツ

西ドイツ		東ドイツ
約25万km²	面　積	約11万km²
6097万人	人　口	1667万人
1兆2000億ドル	国民総生産（GNP）	1600億ドル
1万9484ドル	1人当たりGNP	9670ドル

比率で見ると……

西ドイツ		東ドイツ
2.3	面　積	1
3.7	人　口	1
7.5	GNP	1
2.0	1人当たりGNP	1

（注）東ドイツの人口は1988年。
（出所）『世界年鑑』1990、1991年版。

現在（2022年）の南北朝鮮

韓　国		北朝鮮
約10万km²	面　積	約12万km²
5163万人	人　口	2566万人
2193.7兆韓国ウォン	国民総所得（GNI）	36.7兆韓国ウォン
4249万韓国ウォン	1人当たりGNI	143万韓国ウォン

比率で見ると……

韓　国		北朝鮮
0.8	面　積	1
2.0	人　口	1
59.8	GNI	1
29.7	1人当たりGNI	1

（注）韓国銀行は近年、北朝鮮の国民所得について「韓国との比較」を主眼に韓国ウォンで発表している。
（出所）韓国銀行「南北韓の主要経済指標比較」（北朝鮮は推計）。

を真剣に考えるよう訴えた。だが、世論からの強い反発を受けて、2日後には「今すぐ課税するわけではない」と釈明に追われることになった。

恐ろしい敵から哀れみの対象に〈韓国の安保観の変化〉

　太陽政策を掲げた金大中政権（1998～2003年）は、統制されてきた北朝鮮情報へのアクセスを解禁した。それまで年間数百人程度だった北朝鮮訪問者数も大きく増え、2002年には1万人を超えた（図8-3）。韓国の人々は冷戦時代に反共教育で「北朝鮮は恐ろしい敵だ」と教わってきたため、「苦難の行軍」という経済危機に直面した姿を眼前に突きつけられて驚くこととなった。

　いかに韓国人が北朝鮮の実情を知らなかったかを物語る調査がある。

『朝鮮日報』が1995年に行った世論調査で、「韓国と北朝鮮は軍事力でどちらが優勢か」という問いに「北朝鮮のほうが優勢だ」と答えた人が59.9％で、「韓国のほうが優勢だ」という人は21.4％しかいなかった。北朝鮮の核開発はまだ疑惑の初期段階であり、通常兵力だけを考えていた時代である。

　第1次核危機の最中だった1994年3月に南北会談で北朝鮮代表が「戦争になればソウルは火の海になる」と発言した際には、ソウルでは非常食にとインスタントラーメンの買い出しに走る人が出てくるほどのパニックが起きた。前述の世論調査の結果を考えれば、そのような反応は不思議なものではなかった。東西ドイツとは異なり、南北朝鮮は戦火を交えた経験があることから、韓国人が北朝鮮に対して持っている不信感

図8-3　金大中政権以降に急増した韓国人の北朝鮮訪問

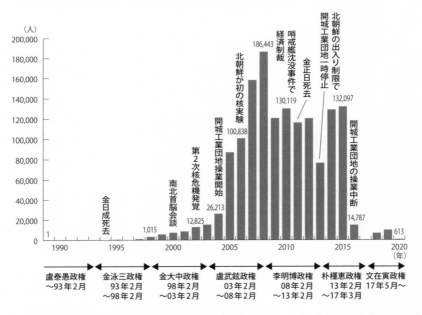

（注）韓国人の訪朝者数は、開城工業団地への出入りは含むが、1998～2008年に行われていた金剛山・開城観光の客は含まない。金剛山は193万人、開城は11万人が観光に参加した。2021年、2022年の訪朝者数はゼロ。
（出所）韓国統一部『南北交流協力動向』をもとに著者作成。

有事の被害シミュレーション

　米国の北朝鮮分析サイト「38ノース」が、米朝の軍事衝突が懸念されていた2017年10月に公表した朝鮮半島有事に関する予測は衝撃的であった。北朝鮮が核ミサイルで反撃したら「東京とソウルで計210万人が死亡する」というものである。これは、①北朝鮮の保有する核兵器は25kt級の25発、②米軍の攻撃を受けた北朝鮮が25発すべてを東京とソウルに向けて発射、③発射されたミサイルのうち80%がミサイル防衛（MD）による破壊（迎撃）を免れて標的の都市上空で爆発——という3段階の仮定を重ねたものであった。それぞれの条件を組み合わせた21パターンのうち、もっとも被害が少ない想定である「15kt、迎撃失敗の確率20%」という試算でも死者数はソウル22万人、東京20万人とされた。

　第1次核危機で北朝鮮の核施設への攻撃を米国が真剣に検討した1994年5月の試算では、朝鮮半島で戦争となれば最初の90日間で米軍兵士の死傷者が5万2000人、韓国軍の死傷者が49万人とされた。国防総省による6月の見積もりでは、韓国における民間人死者は米国人8万〜10万人を含む100万人であった。韓国大統領の金泳三はこの時、米大統領ビル・クリントンとの電話協議で「戦争になったら、南北で無数の軍人と民間人が死に、経済は完全に破綻して外資もみんな逃げてしまう。あなたたちにとっては飛行機で空爆すれば終わりかもしれないが、北朝鮮は即座に軍事境界線から韓国の主要都市を一斉に砲撃してくるだろう」と訴えたという。

　ロシアによるウクライナ侵略が世界的な食糧不足を招いたように、戦争の影響は局地的な人命被害にとどまらない。英国の王立防衛安全保障研究所は2017年9月、朝鮮半島で戦争が起きた場合には世界経済にも大きな影響を及ぼすと警告する報告書を発表した。

や警戒心は非常に強かった。

　ところが16年後の2010年6月に北朝鮮が「ソウル火の海」という言葉を使った時の光景は全く違った。韓国軍の将兵40人以上が犠牲になった哨戒艦沈没事件への対抗措置として軍事境界線沿いでの大型スピーカーによる宣伝放送再開を予告した韓国の李明博政権に対し、北朝鮮は本当に実施したら「全面的な軍事攻撃行動に入る」と警告しながら「ソウル

火の海」に言及した。緊迫した状況下での発言であったものの、韓国で大きな関心を見せる人はいなかった。

　韓国人が北朝鮮を大きな脅威だと思わなくなったことを如実に示すのが、北朝鮮問題が韓国の選挙に与える影響である。かつては南北の緊張が高まると不安になった有権者が強い安保体制を求め、「**北風**」と呼ばれる追い風が保守派に吹くと言われたが、2000年代に入ると、そのような現象は見られなくなった。

　進歩派の盧武鉉と保守派の李会昌（イ フェチャン）が争った2002年12月の大統領選が典型例である。北朝鮮の新たな核兵器開発疑惑が10月に発覚し、第2次核危機が起きていた。そして北朝鮮は投票日の1週間前に突然、米朝枠組み合意に基づいて凍結していた核施設を再稼働させると宣言した。核兵器製造に結びつく措置として緊張が高まって北風が吹くかと思われたが、盧武鉉は逆に「北朝鮮との対決を叫ぶ李会昌候補が大統領になったら戦争への不安から外資が逃げ出し、韓国経済は破綻する」と主張した。結果は盧武鉉の勝利であった。

　哨戒艦沈没事件直後に実施された2010年6月の統一地方選では、保守派の李明博政権与党が敗北し、親北朝鮮的と批判されることもある進歩派の野党が勝利を収めた。地方選なので必ずしも安全保障が主要争点になるわけではないが、北朝鮮との軍事的対立を嫌う人々の票が野党側に流れたことが原因の1つとして挙げられた。朴槿恵が当選した2012年12月の大統領選でも、北朝鮮は直前に地球観測衛星「光明星3」2号機を打ち上げたが、韓国では大きな関心が払われなかった。選挙の争点は経済や福祉政策という身近なものであり続けたのである。

　「北風」は、1990年代までの選挙には実際に影響を与えたといわれている。たとえば1996年4月の総選挙では、北朝鮮が投票日直前に板門店の共同警備区域（JSA）に重武装の兵力を展開するなどの挑発行為を繰り返した。休戦協定に反する行為で緊張が高まった結果、苦戦が予想されていた保守系与党が勝利した。1992年12月の大統領選でも、韓国に潜入した北朝鮮の大物工作員が作り上げたスパイ網が選挙前に摘発された。韓国の政界関係者の多くは、この事件で国民の安保意識が高まった

ことが保守系の与党候補だった金泳三の当選を助けたと語っている。

「緊張が高まったら外資が逃げる」〈韓国経済への影響〉

　進歩派野党が勝利した2010年6月の韓国統一地方選では、従来とは異なる北風が吹いたという見方もある。保守派である李明博政権が哨戒艦沈没事件を受けて対北強硬策を打ち出した5月下旬には、韓国国債の信用リスクを示す指標がソウルの金融市場で不安定な動きを見せた。この時に欧米の格付け会社からは、南北関係の不透明さや統一時の財政負担などが韓国に対するリスク算定を難しくしていると指摘された。大規模な軍事衝突が韓国にもたらす経済的損失は、北朝鮮のそれとは比較できないほど大きい。そのため軍事的な緊張状態を嫌う心理が働き、保守派に不利な結果をもたらしたと指摘されるのである。

　韓国政府の高官は2000年代前半、匿名を条件とした筆者のインタビューにこう語っていた。

　「極論するならば、韓国の取りうる対北政策は2つしかない。対話か、そうでなければ、戦争までいかなくても対決かだ。だが対決政策を取れば、緊張が高まって外国投資家の心理に悪影響を与える。それでは韓国経済にマイナスだ。冷戦時代は対決でも構わなかったが、冷戦が終わった時代に朝鮮半島にだけ対決構図を残すというのは無理だ。南北の体制間競争には、もう勝負がついている。これからは、将来の統一時の混乱を最小化するために北朝鮮経済の底上げを図らないといけない」

　米国と中露の対立激化によってポスト冷戦時代の国際秩序が再び大きく変容する中でも、韓国と北朝鮮の経済格差は広がる一方である。いまや北朝鮮との体制間競争などと考える韓国人はおらず、突然の崩壊や戦争といったリスク要因と考えるのが一般的になった。北朝鮮に対して極めて厳しい朴槿恵や尹錫悦にしても、大規模な軍事衝突を避けることを最優先にする点では進歩派の政権と変わらない。北朝鮮の突然の崩壊や戦争に伴う混乱は受け入れがたいというのは、韓国社会におけるコンセンサスと言えるであろう。

第9章

なぜ北朝鮮をかばうのか
北朝鮮と中国・ロシアの関係

血で固めた友誼〈朝鮮戦争と中朝関係〉

　北朝鮮と中国の関係をどのように評価するかは難しい。「朝鮮戦争以来の歴史を背景とした特殊な関係という基本には全く変化がない」という説がある一方、冷戦終結後には「歴史的友好関係はすでに崩れており、いまや普通の隣国である」とも語られた。中国の外交当局者や研究者は1994年7月の金日成死去後、北朝鮮のことを突き放して見るようになった。北朝鮮における金正恩政権発足と中国における習近平政権発足が重なった2010年代初めには、従来になく冷ややかな視線が顕在化した。2016、2017両年に北朝鮮が核実験を強行した際、中国は米国と歩調を合わせて北朝鮮に対する厳格な経済制裁の決議に踏み切っている。

　第2次世界大戦後の歴史の中で、北朝鮮と中国の関係は情勢変化に見舞われつつも特殊なものであり続けてきた。険悪な雰囲気となった時期もあるものの、互いの必要に応じて復元が図られてきた。そのことについては、「中国と朝鮮半島の悠久の歴史の中で評価しなければ理解できない部分がある。北朝鮮と中国の関係には、たんなる社会主義友好国間の関係とは一線を画す特殊性が存在する」などとも指摘される[1]。中国が

1）平岩俊司『朝鮮民主主義人民共和国と中華人民共和国』4頁。

簡単に北朝鮮を切り捨てられない構図が厳然と存在し、中国と北朝鮮の双方がそれをよく理解している。だから互いに相手の行動に不満を持つことがあっても、なかなか「普通の隣国」とはならないのである。

　近現代の歴史における特別な関係のルーツは朝鮮戦争以前にさかのぼる。日本の植民地支配に抵抗した朝鮮の独立運動家たちは1930年代に活動拠点を満州や中国に移し、中国共産党とともに抗日ゲリラ闘争を戦った。第2次世界大戦終結後に再開された中国国民党と中国共産党による国共内戦では、朝鮮人部隊が中国共産党側に協力してもいる。満州で抗日ゲリラ活動に身を投じた経験を持つ金日成は北朝鮮建国後、公表されているだけで39回も訪中を重ねた。

　そして朝鮮戦争（1950〜53年）によって、「血で結ばれた関係（**血盟関係**）」が作られた。この戦争は中国で「抗美援朝」と呼ばれる。「美国[2]（米国）に抗して朝鮮を助ける」という意味である。武力統一を図ろうとした金日成によって1950年6月25日に引き起こされた朝鮮戦争は北朝鮮軍による破竹の勢いの進撃で始まったが、米軍を中心とした国連軍の参戦で様相が一変した。9月の仁川上陸作戦で本格的な反撃が始まり、10月には国連軍が北緯38度線を越えて北上した。この時、北朝鮮側に立って参戦したのが中国であり、**中国人民志願軍**は約17万人の死者を出した。

　中国の参戦は、米国をにらんで決められたものであった。参戦直後の11月4日に中国共産党などが出した合同宣言は、そのことを如実に物語る。宣言の内容は次のようなものであった。

　「歴史の事実は朝鮮の存亡が中国の安否に密接な関係を持つことを、我々に早くから教えている。唇亡べば歯寒く、戸破れれば堂危うし。中国人民が朝鮮人民の抗米戦争を支持するのは、単に道義上の責任であるのみならず、我が国（中国）人民の切実な利害と密接に関係しており、自衛の必要によって決定されたものである。隣りを救うことは

2）中国では米国を「美国」と表記する。

自らを救うことにほかならず、祖国を守るには朝鮮人民を救援しなければならないのである」[3]

　歯である中国を冬の寒さから守る唇が北朝鮮という認識である（「**唇歯の関係**」）。同時期の中国首脳は、朝鮮半島が米国による中国侵略の足場として使われかねないという危機感を語ってもいた。

社会主義圏の中での駆け引き〈金日成と中ソの関係〉

　冷戦時代に北朝鮮と中国を結びつける大きな要因となったのは、社会主義イデオロギーの共有であった。これが特に重要だったのは、1956年2月のスターリン批判を契機に始まった中ソ論争の時期である。ソ連を修正主義だと批判して社会主義の盟主の座を争った中国は北朝鮮との良好な関係を欲し、金日成は中ソの対立に乗じて自国の利益を追求した。スターリンへの個人崇拝を排撃したソ連の動きは、自らへの権力集中を進める金日成にとって都合の悪いものでもあった。

　中ソを天秤にかけた好例と言えるのが、両国とそれぞれ安全保障に関する条約を同時期に結んだ金日成の動きである。背景にあったのは、朝鮮戦争後も軍事的な対峙を続けてきた韓国で1961年5月に起きた軍事クーデターであった。クーデターを主導した朴正熙（パクチョンヒ）は、①反共を国是とする、②自由主義諸国との連帯をより強固なものとする、③共産主義と対決できる実力を培養する――などと主張した。米国の支持を得て、反共を旗印とした権威主義的な軍事政権が韓国に生まれた。

　危機感を抱いた金日成は6月29日から7月10日までソ連を訪問して**ソ朝友好協力相互援助条約**（ソ朝条約）を締結した。そして、その足で今度は中国を10日から15日に訪問して**中朝友好協力相互援助条約**（中朝条約）を結んだのである。ソ連とてんびんにかける姿勢を見せることで、中国との条約交渉で有利なポジションを取ろうとしたと考えられてい

3）平岩俊司、前掲書、15頁。

る。

　実際に条約の内容は、中朝条約の方が北朝鮮に有利なものとなった。北朝鮮が第三国から攻撃された場合に軍事支援するという**自動介入条項**は両方に入ったが、中朝条約の方が積極的な軍事介入を約束していた。条約の期限もソ朝条約が当初10年で、5年ごとに延長と定めたのに対し、中朝条約は「両締約国が改正又は終了について合意しない限り、引き続き効力を有する」とされた。

　ソ朝条約の期限に関する条項の影響は冷戦終結後に表面化した。ソ連崩壊後に条約を引き継いだロシアは条約の延長に同意せず、1996年に失効させた。2000年に露朝友好善隣協力条約という新しい条約を北朝鮮と結んだものの、自動介入条項は入らず軍事同盟関係にはならなかった。

　中朝関係は中国での文化大革命を受けて1960年代後半に悪化したものの、1970年ごろには修復へ向かった。早期の関係修復の背景にあったのは、ソ連に対する警戒感を北朝鮮と中国が共有したことである。

　中ソ論争は深刻なものとなり、1969年には、中ソ国境を流れるウスリー川の中洲である珍宝島（ダマンスキー島）での大規模な武力衝突まで起きた。こうした状況の中で北朝鮮との関係悪化を続け、北朝鮮をソ連に接近させることは中国にとって得策ではなかった。ソ連との関係が最悪になる中、北朝鮮との関係悪化を放置することは対米安全保障の観点からも望ましいものではなかった。

　北朝鮮も、ソ連の大国主義的な姿勢への警戒感を強めていた。スターリン批判直後の1956年10月にハンガリーで起きた反ソ蜂起はソ連の軍事介入でつぶされ（ハンガリー動乱）、プラハの春と呼ばれた1968年のチェコスロバキアでの改革運動もやはりソ連主導の軍事介入で弾圧されていた（チェコ事件）。中朝両国とも、ソ連との距離感を見ながら関係を改善させた方が得策だと考えたのである。

冷戦期から続く「共通の敵」〈中朝関係と米国〉

　中国（中華人民共和国）は、国民党との内戦に勝利した共産党が1949

年10月に樹立した国家である。国民党（中華民国政府）は台湾に逃れたが、中国は現在も台湾を「中国の一部」と見なしている。特に建国当初の中国にとって台湾の解放と統一は重要な問題であり、台湾を支援した米国は統一の妨害者であった。21世紀の中国においても台湾は「核心的利益」と位置づけられ、米中対立の主要な要因の一つとなっている。

　北朝鮮も建国当初から武力統一を志向しており、実際に朝鮮戦争を引き起こした。1953年7月の休戦後に米韓相互防衛条約が調印され、米国は大規模な地上軍部隊を同盟国となった韓国に駐留させた。北朝鮮側から見れば、統一を妨害した「革命の敵」であるとともに、最大の脅威として存在し続けてきたのが米国である。

　だが、中朝の対米認識が常に一致してきたわけではない。米大統領リチャード・ニクソンによる1972年2月の電撃訪中に始まる米中接近が、中朝の対米認識を乖離させた。北朝鮮が米国の侵略性に警鐘を鳴らしていた時期に、中国は米国との秘密交渉を始めたのである。米国はニクソン訪中の際、台湾が中国の一部であるという中国の主張「一つの中国」に異論を唱えない姿勢を表明した。そのうえで、1979年1月1日に台湾と断交し、中国との国交を樹立した。

　この間、1975年4月30日に南ベトナム（ベトナム共和国）のサイゴンが陥落した。社会主義を掲げる北ベトナム（ベトナム民主共和国）の勝利であり、翌年にはベトナム社会主義共和国として統一が実現した。陥落の2週間ほど前となる17日に訪中した金日成は、中国共産党中央委員会副主席だった鄧小平が出席した歓迎宴で「南朝鮮での米帝国主義の植民地支配も決して平安無事ではいられない。（中略）もし敵が公然と戦争を起こすなら、我々は戦争をもって断固やり返し、侵略者を徹底的に消滅する。この戦争で我々が失うのは軍事境界線であって、勝ち取るのは祖国の統一であろう」と演説した。ベトナム戦争と朝鮮半島情勢を結びつけて語ったのは明らかであったが、鄧小平の歓迎演説は当たり障りのない内容に終始した。

　金日成は、北京で党中央委員会主席の毛沢東とも会談した。金日成はベトナム戦争について「彼ら（カンボジアとベトナム）は偉大な勝利を

収めました。彼らの勝利は我々の勝利と同じようなものです」と持ちかけたが、毛沢東は巧妙に話題をそらした。金日成は何回も朝鮮半島情勢を持ち出そうとするが、毛沢東は最後には高齢を理由に「私は政治の話はもうしない」と30分間の会談を切り上げたという[4]。

　ポスト冷戦期にも認識の違いが生じたものの、結局のところ米国を自国の安全保障にとって最大の脅威だと考える点は共通している。そうした認識が中朝連携の正当化にもつながる。2018年以降に米中対立が激化する中、中国が北朝鮮への態度を和らげたのは米国への対抗カードとして自然な選択であった。

　2022年2月に始まったロシアによるウクライナ侵略は、中国による台湾侵攻の可能性を想起させた。「中華民族の偉大な復興」や「特色ある大国外交」を前面に打ち出してきた中国の習近平政権と米国との対立が深まる中、日本や米国では台湾有事と朝鮮半島有事が連動して引き起こされる懸念が語られるようになった。中国が台湾侵攻を図る場合には、米軍や自衛隊の対応力を殺ぐような挑発行動を北朝鮮が取るのではないかという見方である。

紅衛兵の金日成批判〈冷戦期の中朝関係険悪化〉

　中朝関係は冷戦期にも冷え込んだことがあった。代表的なのが文化大革命初期の1960年代後半である。北朝鮮と中国は1956年2月のスターリン批判を契機に接近していたが、中国で1966年に文化大革命が始まると様相が一変した。毛沢東を熱狂的に支持する紅衛兵たちが1967年に入ってから、金日成批判の壁新聞を貼り出すようになったのである。北朝鮮を訪問して帰ってきた北京の高校生たちは、金日成を物質的快楽にふけり、時代の革命的息吹を全く無視する修正主義者だと決めつけた。

　最も激しかっただろうといわれる批判は『文革通旬』（文化革命ニュース）に掲載され、1968年2月に広州の紅衛兵たちの間に出回った論文で

4）沈志華『最後の「天朝」』下巻、242〜248頁。

ある。「今日朝修集団」（今日の朝鮮修正主義者の一味）というタイトルの論文で、金日成を次のようにこきおろした。

> 「金日成は反革命修正主義者であり、大富豪であり、貴族であり資本家である。平壌の牡丹峰の邸宅は、大同江と普通河をともに見下す風光明媚の地にあって、平壌の一等地およそ1万2000坪を占め、ぐるりと高い壁で囲まれ歩哨が警備に当っている。中央の庭に通じる門が5、6カ所もあって昔の皇帝たちの宮殿を彷彿とさせるほどである。そればかりか金日成は全国各地の景勝の地に離宮を建てている。1つは平壌郊外の松林にあり、2番目は美しい金剛山の近く、3番目は朱乙温泉、4番目は新義州の鴨緑江の河口の黄海の浜、そして5番目は東海沿岸の東北の町清津である。これらの別荘は広大かつ贅を尽したもので、金日成の短期間の滞在にも膨大な数の役人、軍隊、そして警備陣を必要としている」[5]

　中朝両国はそれぞれ相手国の首都から大使を召喚し、板門店の軍事休戦委員会に派遣されている中国側代表団も引き揚げるという事態にまで発展した。北朝鮮は、毛沢東の息子である毛岸英ら朝鮮戦争で戦死した中国兵が眠る「中国人民志願軍烈士陵園」を取り壊すという激しい反応を見せた。

　しかし、1969年になって中国で文化大革命の動きが緩み始めると、それに合わせて中朝関係は修復へと向かい始めた。1970年には両国の大使と板門店の中国側代表団も任務に復帰した。両国関係は、同年4月の周恩来訪朝と10月の金日成訪中という両国首脳による相互訪問で修復されるに至った。前述のように中ソ対立の激化も関係改善を後押しした。

---

5) 徐大粛『金日成』217〜221頁。

ポスト冷戦期のドライな実利志向〈金正日時代の対中関係〉

　中朝関係が次に大きく悪化した契機は、1992年8月の**中韓国交樹立**である。北朝鮮にとっては、1990年9月に韓国との国交樹立に踏み切ったソ連に続く盟友による裏切り行為であった（年表9-1）。

　中国にとっては、1989年6月の天安門事件で西側諸国から経済制裁されたことによる国際的孤立から脱する外交戦略の一環であった。冷戦終結によって北朝鮮の戦略的価値が低下したことを反映した側面も否定できない。一方で北朝鮮による激しい反発も当然であろう。北朝鮮は中国の改革開放政策を批判するようになり、1999年まで中朝間の首脳級交流は途絶えた。

　1994年7月の金日成死去を受けて金正日が権力を継承したが、対中関係は依然として厳しかった。1997年2月には北朝鮮の権力序列26位

年表9-1　ポスト冷戦期の中朝関係

	出来事
1988年9月	ソウル五輪（～10月）
1989年6月	中国で天安門事件
12月	米ソが冷戦終結を宣言
1990年9月	韓国がソ連と国交樹立
1991年10月	金日成が訪中
1992年4月	中国国家主席、楊尚昆が訪朝
8月	韓国が中国と国交樹立
1994年7月	金日成死去
1997年2月	朝鮮労働党書記の黄長燁が北京の韓国大使館に亡命申請
1999年6月	最高人民会議常任委員長、金永南が訪中 （首脳級訪中は1991年10月の金日成以来）
10月	中国外交部長、唐家璇が訪朝
2000年5月	金正日訪中
6月	南北首脳会談（金大中・金正日）
2001年1月	金正日訪中（上海を視察）
9月	中国国家主席、江沢民が訪朝（中朝関係が完全に修復）
2002年10月	第2次核危機が始まる
2003年8月	北京で第1回6カ国協議

だった黄 長燁が北京の韓国大使館に亡命申請する事件が起きた。北朝鮮は中国に身柄引き渡しを強く要求したが、中国はフィリピン経由での韓国行きを容認した。

　両国関係は、1999年6月に北朝鮮序列2位の金永南による中国訪問でようやく正常化へ向かった。金永南は対外的に国家元首の役割を果たす最高人民会議常任委員長の職にあり、北朝鮮首脳クラスの訪中は1991年10月の金日成以来であった。そして、1999年10月には中国の外交部長（外相）である唐家璇が訪朝し、2000年になると3月に北朝鮮から外相の白南淳、5月に金正日が相次いで訪中した。そして、2001年には1月に再び金正日が訪中し、9月には中国共産党中央委員会総書記で国家主席の江沢民が訪朝した。

　ただ、中国の北朝鮮観は以前より冷めたものとなっていた。表面上は「伝統的友好」「唇歯の関係」を唱えながらも、往年の蜜月時代に戻ったとは言えなかった。2001年9月の江沢民訪朝以降、江沢民政権と胡錦濤政権は対北朝鮮政策の原則を「継承伝統、面向未来、睦隣友好、加強合作」（伝統継承、未来志向、善隣友好、協力強化）と表現してきた。血盟関係を否定するものではないが、過去の伝統的友好にしばられず、より現実的な関係を構築したいという中国の姿勢を表していた。

　研究者レベルでは、中朝条約に定められた自動介入条項の効力に対する異論も公然と語られるようになった。北朝鮮が第三国から攻撃を受けたとしても、その原因が北朝鮮側にある場合にまで中国に介入義務があるとは言えないという主張である。

　朝鮮戦争開戦60年にあたる2010年6月25日発行の時事週刊紙『国際先駆導報』は、開戦の経緯について「北朝鮮の軍隊が38度線を越え侵攻、3日後にソウルが陥落した」と書いた。旧ソ連の外交文書などで確認された歴史的事実とはいえ、国営の新華社系である『国際先駆導報』が書いたことには意味があった。中国はそれまで、韓国による「北侵」だと主張する北朝鮮に配慮して開戦の経緯や評価を明確にすることを避けてきたからである。国際政治の場で北朝鮮をかばいつつも、北朝鮮に無条件の連帯感を持っているわけではないという冷めた見方が当時の中国で

は強かった。それを象徴するような出来事だったといえる。

　北朝鮮側にも、中国への配慮を欠く行動が見られた。北朝鮮は2005年
2月、**6カ国協議**[6]の無期限中断を表明するとともに、初めて公式に核兵
器保有を宣言した。中国はちょうど春節（旧正月）休みの最中で、休み
が明けたら6カ国協議再開へ向けた調整を本格化させようとしていた。
さらに2006年10月に実施した初の核実験は、中国国家主席の胡錦濤が
「（核実験を）抑制するよう働きかける」と表明した翌日で、中国に事前
通告したのは20分前であった。中国は、北朝鮮を「横暴」と非難する外
交部声明をすぐに発表し、6日後に国連安全保障理事会で採択された北
朝鮮制裁決議に賛成した。それでも北朝鮮は姿勢を改めようとせず、
2009年5月に行った2回目の核実験でも中国への通告はわずか30分前で
あった。

　とはいえ、中国に一定程度依存せざるをえないという現実は認識され
ていた。1994年の金日成死去後、金正日の外国訪問は中国8回、ロシア
3回だけである。時期的には2000年から2006年までに中国4回とロシア
2回で、平均すると年1回のペースだった。その後、外遊は一時なくなっ
たが、2010年に再開され、この年は5月と8月に訪中した。翌2011年も
5月に訪中し、8月にはロシアを訪問、その帰路に立ち寄る形で中国を再
度訪問した。金正日は同年12月に死去している。死去前の2年間に中国
4回、ロシア1回ということになる（表9-1）。

　健康不安を抱えつつ死去前の2年間に4回も訪中し、ロシアにも足を
運んだ背景には後継問題があったと考えられる。2008年8月に脳卒中で
倒れた金正日は、金正恩への円滑な権力移行を進めるために中国やロシ
アから支持を取り付ける必要があると考えたのであろう。

　特に、胡錦濤がわざわざ地方都市の長春まで出向いた2010年8月の首
脳会談は注目された。北朝鮮国営メディアは「代を継ぐ中朝友好」を中
国側が確認したとアピールしたのである。「代を継ぐ」という言葉は、

6）北朝鮮の核問題についての南北朝鮮と日米中露の6カ国による協議。中国が議長国となり、北
　京で回を重ねた。詳しくは第3章、第7章を参照。

表9-1　金正日の外遊

日　程	訪問国と形態	訪問地	特記事項
1965年 4月9〜21日	インドネシア	9日平壌発 10日ジャカルタ着	金日成に同行、当時23歳
1983年 6月1〜12日	中国・非公式	北京、南京、上海	党書記就任後初の外遊、当初は秘密にされた
2000年 5月29〜31日	中国・非公式	北京	金大中との南北首脳会談の2週間前。IT関連企業が多い北京・中関村を視察
2001年 1月15〜20日	中国・非公式	北京、上海	上海・浦東地区を視察。18年前の訪問時からの発展ぶりを「天地開闢（てんちかいびゃく、天と地が開けた世界の始まりの意）」と表現
2001年 7月26日〜8月18日	ロシア・公式	モスクワ、オムスク、ノボシビルスク、サンクトペテルブルク	サンクトペテルブルクは非公式訪問。両国首脳がモスクワ宣言に署名
2002年 8月20〜24日	ロシア極東	ウラジオストク、コムソモリスク・ナ・アムーレ、ハバロフスク	ウラジオストクで朝露首脳会談。出発時から報道され、実質的な公式訪問
2004年 4月19〜21日	中国・非公式	北京、天津	帰途、北朝鮮北西部・龍川駅を通過直後に大きな爆発が起き、100人以上が死亡
2006年 1月10〜18日	中国・非公式	北京、武漢、宜昌、広州、珠海、深圳	沿海部の経済都市を視察
2010年 5月3〜7日	中国・非公式	北京、大連、天津、瀋陽	健康不安説のなか大連、天津で港湾地区などを視察。両市の発展についても「天地開闢を遂げた」と称賛
2010年 8月26〜30日	中国・非公式	吉林、長春、ハルビン	胡錦濤が長春まで出向いて首脳会談。吉林では金日成ゆかりの地などを訪問
2011年 5月20〜26日	中国・非公式	北京、牡丹江、長春、揚州、南京	帰国時に金正恩が国境で出迎え
2011年 8月20〜25日	ロシア・非公式	アムール州、バイカル湖、ウランウデ	ウランウデで朝露首脳会談
2011年 8月25〜27日	中国・非公式	黒竜江省チチハル、大慶	帰国後、胡錦濤に「友好関係が今後も代を継いで発展すると確信する」という電報を送った

金正日から息子への権力継承を示唆していた。胡錦濤はこの時、翌月に予定されていた「（第3回）朝鮮労働党代表者会の成功を祈る」と発言した。中国側発表によると、首脳会談では「国内情勢を相互に通報」した

文化では共感得られた中朝交流

　北朝鮮と中国の間では文化面の交流も多くみられた。北朝鮮では、さまざまな中国の歌劇や映画が紹介されてきた。特に『三国志演義』『水滸伝』『西遊記』と並ぶ中国四大古典の1つである、清代の長編小説『紅楼夢』は独自のリメイク版も作られた。金正日が直接演出を手がけたといわれ、2010年5月からは大好評のうちに中国巡回公演も行われた。

　2009年8月には、金正日が1960年代の中国演劇『ネオン灯の下の哨兵』を観覧し、「文化芸術交流は両国人民の親善を増進させるのに重要」だと述べている。逆に、北朝鮮を代表する歌劇『花売る乙女』が2008年から中国各地で上演され、好評を博してもいる。

　娯楽の少なかった文化大革命期には、北朝鮮の映画や歌劇は中国で大変な人気があったという。ただ、北朝鮮のような体制では芸術も政治の影響を強く受ける。2015年12月には女性音楽グループ「牡丹峰楽団」が北京を訪問したものの、公演当日にキャンセルして急きょ帰国した。詳細は明らかにされていないが、金正恩が公演2日前に水爆保有国になったと発言したことを中国側が問題視し、両国間のあつれきに発展したとみられている。

という。

　党代表者会では金正恩が後継者として登場し、引き続き開かれた党中央委員会全員会議が金正恩を党中央軍事委員会副委員長に選出した。金正日はこうした動きを胡錦濤にあらかじめ伝えたものと考えられる。胡錦濤は、金正恩が要職に就いたことを受けて「最高指導機関が選挙で誕生したことに熱烈な祝賀を表す」という祝電を送った。

　中国は、1980年10月に金正日への権力世襲が公式化された時には不快感を隠さず、前月には中国共産党機関紙『人民日報』の論説で社会主義体制下における世襲を痛烈に批判していた。にもかかわらず金正日から金正恩への世襲を問題視しない背景には、封建制を否定する社会主義の考え方より北朝鮮の政治体制を安定させた方が中国の利益になるというドライな判断があったと考えられる。

薄れる「血盟」の連帯意識〈金正恩・習近平時代1〉

　2011年12月の金正日死去に対し、中国の最高指導部である9人の共産党常務委員全員が北京の北朝鮮大使館を弔問のために訪れた。中央委員会総書記である胡錦濤を含めた常務委員全員の弔問というのは異例の対応であった。朝鮮中央通信によると、胡錦濤は「朝鮮人民が金正日同志の遺訓に従って朝鮮労働党を中心に固く団結し、金正恩同志の領導に従って悲しみを力に替え、社会主義強盛大国の建設と朝鮮半島の恒久的な平和と安定を実現するために引き続き努力すると確信する」と述べている。金正恩による権力継承を支持する姿勢の表明である。

　ただ、2012年11月の中国共産党大会で習近平が総書記に選出されてから数年間の中朝関係は良好とは言えなかった。習近平は2013年3月に国家主席にも就任したが、北朝鮮はその間に人工衛星打ち上げ（2012年12月）と3回目の核実験（2013年2月）を強行した。習近平にはメンツをつぶされた感が強かった。

　国連安全保障理事会は、核実験の翌3月に北朝鮮への制裁強化決議を採択した。中国は賛成に回っただけでなく、「安保理が必要かつ適度な反応を示すことを支持する」という外交部声明を発表した。緊張をエスカレートさせることなく対話解決の道を探らねばならないという留保は付けたものの、従来に比べると格段に厳しい態度であった。5月には、中国銀行をはじめとする中国の国営銀行4行が北朝鮮への送金業務を停止したことが明らかになった。

　北朝鮮は2016、2017年に核・ミサイル開発を集中的に進めたが、中国はこの時にも厳しい姿勢を見せた。国連安保理による制裁決議はこの時期に、北朝鮮の外貨収入を制限するものへと強化された。核・ミサイル開発に関連する個人や組織に対象を特定していたそれまでの制裁とは違い、北朝鮮経済そのものを締め上げようというものである。北朝鮮が核実験や長距離ミサイル発射実験を繰り返したことで、安保理では2年間に6本の制裁決議が採択された。それが可能だったのは、中国が拒否権を行使せず、賛成に回ったからである。中国による制裁の履行には当初

年表9-2　金正恩・習近平政権初期の中朝関係

	出来事
2011年12月	金正日死去、金正恩が権力継承
2012年11月	習近平が中国共産党総書記に
12月	人工衛星打ち上げ
2013年2月	3回目の核実験 朴槿恵が韓国大統領に就任
3月	中国、国連安保理の経済制裁に賛成 習近平が中国国家主席に
6月	朴槿恵が訪中
7月	中国国家副主席、李源潮が訪朝
2014年7月	習近平が訪韓
2015年9月	朴槿恵が訪中、抗日戦争勝利70周年式典に出席
10月	中国政治局常務委員、劉雲山が訪朝
2016年1月	4回目の核実験（「水爆実験」）
3月	中国、安保理制裁に賛成
5月	朝鮮労働党中央委員会委員長、李洙墉が訪中（習近平との会談は6月1日）
7月	在韓米軍基地へのTHAAD配備を発表（中国は韓国に事実上の経済制裁）
9月	5回目の核実験
11月	中国、安保理制裁に賛成
2017年1月	トランプが米大統領に就任
5月	文在寅が韓国大統領に就任
7月	初のICBMである「火星14型」発射
8月	中国、安保理制裁に賛成
9月	6回目の核実験 中国、安保理制裁に賛成
11月	新型ICBM「火星15型」発射、政府声明「国家核武力完成」を発表
12月	中国、安保理制裁に賛成

（注）核実験とミサイル発射はすべて北朝鮮の行為。

　から疑問が出されていたが、それでも北朝鮮の核・ミサイル開発に中国が強い不快感を抱いていることは読み取れた。

　習近平による2014年7月の訪韓も、朝鮮半島に向きあう中国の姿勢変化をうかがわせた。同盟国である北朝鮮よりも先に韓国を訪問したのである。習近平の国家主席就任直前の2013年2月に大統領となった韓国の朴槿恵は、米国の次に日本を訪問するという前任者たちの慣例を破って

中国を2番目の訪問国に選んでいた。それに応えて朴槿恵を取り込もうとする思惑が強く感じられたものの、中国の最高指導者が北朝鮮より先に韓国へ行くというのは従来なら考えられないことであり、中朝関係の冷却化を象徴する出来事としてとらえられた。朴槿恵は2015年9月に北京で行われた抗日戦争勝利70周年式典にも主要な民主主義国家の首脳として唯一出席し、天安門広場の楼閣に習近平やロシア大統領ウラジーミル・プーチンと並んで立ち、閲兵式（軍事パレード）を参観した。日米などからは朴槿恵の行動に批判的な視線が向けられたものの、中国との首脳外交をせずにいる金正恩との違いが際立った。

　この時期の中国外交を見る際に無視できないのは世代交代であろう。習近平が生まれたのは朝鮮戦争休戦間近の1953年6月で、朝鮮戦争を北朝鮮とともに戦ったという意識の希薄な世代に属する。中国社会全体としても北朝鮮との連帯意識は薄れている。一方で金正恩も過度の中国依存には警戒感を隠さない。2016年5月の朝鮮労働党第7回党大会における演説では、対外貿易において「一辺倒をなくす」ことが必要だと述べた。対中依存からの脱却を訴えたことになる。互いに相手国の戦略的重要性を認め、自らの利益になるのであれば接近を図るものの、蜜月というにはほど遠い関係であった。

「米国との対立」共鳴ふたたび〈金正恩・習近平時代2〉

　金正恩と習近平の時代に入って関係が冷え込んだとはいえ、1990年代のポスト冷戦期のような断絶状態に陥ったわけではなかった。しばらく首脳往来はなかったものの、高官の往来は続いていた。そして2018年に入ると金正恩がたびたび訪中し、習近平との会談を重ねて関係改善を図るようになった。

　まずは冷却期と言える時期の往来を確認しておこう。中国は2013年2月の核実験を受けた安保理制裁に賛成したものの、7月に平壌で行われた朝鮮戦争休戦60周年式典には国家副主席の李源潮を派遣した。金正恩は李源潮と共に平壌の金日成広場で挙行された閲兵式に参加した。朝

鮮人民軍総政治局長の崔 龍 海は演説で「中国人民志願軍の偉勲は中朝
友好の歴史と共に末永く伝えられる」と強調した。金正恩はその後、戦
死した中国人民志願軍兵士の墓を訪れて「中国が寄せた支援と兵士が流
した血を永遠に忘れてはならない」と中朝友好の重要性を説いた。

　2015年10月の朝鮮労働党創建70周年の際には、中国で序列5位とな
る党政治局常務委員、劉雲山が訪朝して金正恩と会談した。北朝鮮側か
らも 2016年5月から6月にかけて党中央委副委員長の李洙墉が訪中して
習近平と会談し、中国との関係改善を求める金正恩のメッセージを伝え
た。

　習近平政権になって韓国に軸足を移したかに見えた中国の対朝鮮半島
政策にも揺り戻しが起きた。契機となったのは、在韓米軍基地への地上
配備型ミサイル迎撃システム「**終末高高度防衛ミサイル（THAAD＝サー
ド）**」の配備問題である。米国が2014年から在韓米軍へのTHAAD配備
を示唆し始めると、中国は反対姿勢を公然と示した。システムに含まれ
るXバンドレーダーの探知可能距離が最大で2000km近いため、中国の
内陸部まで監視されかねないと問題視したのである。中国の反発を受け
て韓国は煮え切らない態度を取っていたが、2016年1月の北朝鮮の核実
験への対抗措置として受け入れに転じた。

　配備計画が7月に発表されると、中国は強く反発し、事実上の経済制
裁を韓国に加えた。特に被害が大きかったのはTHAAD配備の用地提供
に応じた韓国の財閥・ロッテグループで、中国で展開していた百貨店や
スーパーなどの事業からの撤退に追い込まれた。中国は韓国への団体旅
行も事実上禁じ、中国人観光客を主要顧客としていた韓国の観光業に大
きな打撃を与えた。さらに韓国製品やドラマまでが制裁対象とされたこ
とで中韓関係は悪化し、韓国における対中感情の悪化という副作用を生
んだ。

　2018年に入って米韓両国に対話攻勢をかけた金正恩は、中国を後ろ盾
にしようとする姿勢を見せる。文在寅、トランプそれぞれとの首脳会談
開催が3月上旬に決まると、下旬には「電撃的に」訪中して習近平と会
談した[7]。最高指導者となってから初めての外国訪問であった。金正恩

年表9-3　金正恩・習近平政権期における中朝の再接近

	出来事
2018年2月9日	韓国で平昌冬季五輪開幕
3月6日	韓国、南北首脳会談の4月末開催を発表
3月8日	トランプが金正恩との会談に応じる意向を表明 米国が対中制裁関税を発表（米中対立の始まり）
3月25日	金正恩、初の外遊として訪中（〜28日）。習近平と北京で会談
4月1日	中国、報復措置として対米制裁関税を発表
4月27日	金正恩、文在寅と板門店で会談
5月7日	金正恩訪中（〜8日）。習近平と大連で2回目の会談
6月12日	金正恩、トランプとシンガポールで会談
6月19日	金正恩訪中（〜20日）。習近平と北京で3回目の会談
8月13日	米国、ZTEとファーウェイ製品の政府機関での使用を禁止する法案が成立
2019年1月7日	金正恩訪中（〜10日）。習近平と北京で4回目の会談
2月27日	金正恩、トランプとハノイで2回目の会談（〜28日）
4月25日	金正恩、初の訪露でウラジオストクを訪問。露大統領プーチンと会談
6月20日	習近平、初の訪朝（〜21日）。金正恩と平壌で5回目の会談
6月30日	金正恩、トランプと板門店で電撃的会談
12月28日	朝鮮労働党第7期第5回全員会議（〜31日） 金正恩、「自力更生」による「正面突破戦」を表明
2020年1月末	北朝鮮、新型コロナウイルス対策で国境封鎖
2021年1月5日	第8回朝鮮労働党大会（〜12日） 金正恩、演説で米国を「最大の主敵」と言明
1月20日	バイデンが米大統領に就任

は4月に南北首脳会談を終えた後、5月に再び訪中して習近平と会談した。さらに6月の米朝首脳会談を終えた直後にも訪中し、習近平にトランプとの会談内容を直接説明した。シンガポールでの米朝首脳会談に向かう際、金正恩は北朝鮮の専用機を使わず、中国が提供した航空機に搭乗した。旧式の自国専用機での長距離飛行を避けた可能性が指摘されたものの、中国との協力関係を誇示する効果もあった。

　金正恩はさらに2019年2月のハノイでの米朝首脳会談を前に、1月に

7）習近平が開いた歓迎宴で演説した金正恩は「われわれの電撃的な訪問提案をこころよく受諾」した中国側への謝意を述べた。

2019年1月8日、会談に先立ち、中国の北京で撮影された金正恩夫妻と習近平夫妻。両夫人はいずれも歌手出身。写真提供：Avalon/時事通信フォト

またも訪中して習近平と会談した。1年足らずの間に4回も訪中を重ねたことになる。これに対し、習近平は6月に初めて訪朝することで応じた。

　この時期にはちょうど米中の対立が始まっていた。トランプ政権は2018年3月、知的財産権侵害を理由に中国製品に一律25％の追加関税を課す制裁措置を発表した。最大で年間500億ドル相当の中国からの輸入が対象とされた。加えて鉄鋼に25％、アルミに10％の関税を課すことも決めた。鉄鋼とアルミでは日本なども適用対象に入ったが、主たるターゲットは中国であった。中国は4月、米国から輸入する120品目に15％、8品目に25％の追加関税を課す報復措置を取った。

　当初は貿易摩擦という形で表面化した米中対立はその後、安全保障面での対立に発展する。通信機器を通じた情報流出を懸念した米国は中国の通信機器大手・中興通訊（ZTE）と華為技術（ファーウェイ）からの政府調達を禁止し、日本を含む同盟国にも同調するよう求めた。中国が香港での民主化デモを強圧的に抑えこんだことで、米中対立はさらに深刻化した。結果として、北朝鮮と中国は再び「米国との対立」という共

通項を持つに至ったのである。

北朝鮮擁護は自国の利益に〈中国の国内事情〉

中国が北朝鮮を擁護する背景には複合的な要因がある。米国との対立や外交カードとしての有用性に加え、在韓米軍の存在も大きなポイントとなる。米国の同盟国である韓国主導の統一が実現した場合、朝鮮半島北部に米軍基地が置かれる可能性を排除できない。中国にとっては悪夢のようなシナリオである。北朝鮮は米国との緩衝地帯として有用であり、「歯である中国を守る唇が北朝鮮」という朝鮮戦争当時の認識は現在も変わっていない。

1400kmにも及ぶ国境で接する隣国の混乱を望まないという現実的な事情もある。北朝鮮が突然崩壊して大量の脱北者が中国に流入すれば、中国社会にも大きな負担となる。政権崩壊の過程で韓国との武力衝突が起きれば、韓国経済が大きな打撃を被る。世界有数の経済大国となった韓国の混乱は世界経済に波及し、中国経済にもマイナスが及ぶことは必至である。少子高齢化の進展や経済成長の減速という難しい内政課題に直面する中国としては、北朝鮮に安定を維持してほしいというのが本音であろう。金正日への世襲は批判したのに、金正恩への世襲は問題視しなかった背景にも通じる。

社会の安定という観点からは**朝鮮族**の問題も指摘される。中朝国境地帯の中国側には、少数民族として100万人の朝鮮族が居住する。統一朝鮮の出現が朝鮮族の民族意識を刺激することを、中国は強く警戒しているのである。中国の朝鮮半島政策に関与する専門家は「少数民族問題として現在最も対処が大変なのはウイグル族の問題だが、朝鮮族問題は潜在的にきわめて重要だと考えられている」と指摘する。

少数民族としての朝鮮族問題への対処を強めるきっかけになったのは、2001年に韓国国会に議員立法で提出された「在外同胞法改正案」だという。米国に移民して市民権を取得した人や日本国籍を取得した元在日韓国人たちに内国民と同等の法的地位を与えていた法律を改正し、中

国籍を持つ朝鮮族を念頭に「民族の血を引く者すべて」に対象を拡大しようとする内容であった[8]。

　韓国での民族主義的な動きに衝撃を受けた中国当局は2002年4月、朝鮮問題専門家を集めた会議を開いて対応を検討した。そして8月に始まったのが、吉林省にある朝鮮族自治州の幹部を対象にした三観教育であった。そこでは、①朝鮮族の歴史は、中国に生きる少数民族としての歴史である（歴史観）、②朝鮮族は、中国の多様な民族の中で生きる民族である（民族観）、③朝鮮族の祖国は中国である（祖国観）――の徹底が図られた。将来の南北統一後に自治州の帰属をめぐる紛争が起きないよう予防線を張ったと考えられる。

　中国はさらに、政府傘下の社会科学院にある研究機関で2000年頃に「東北工程」というプロジェクトを始めた。紀元前後に中国東北部と朝鮮半島北部を支配した高句麗の歴史研究である。中国はこれ以降、「高句麗は中国辺境の民族政権だった。韓国や北朝鮮が主張するような古代朝鮮の国家ではない」と主張するようになった。これも、将来の統一朝鮮との間で領土論争が起きて朝鮮族の民族意識を刺激したりすることを防ぐための理論武装の一環であろう[9]。

　中国のにらみが利かない統一朝鮮が出現すれば、朝鮮族の民族意識を刺激するのではないか。そうなると、チベットや新疆ウイグルなどでの分離独立運動にも影響が出かねないという懸念は、中国共産党にしてみれば自然なものなのであろう。

　「中華民族」を強調する習近平政権は、少数民族の子どもたちに対する民族語による教育を締めつけつつある。2020年9月には、吉林省や内モンゴルなど6地域にある少数民族の通う小中学校で使う「国語」「道徳」「歴史」の教科書を民族語から中国語に切り替え始めた。新疆ウイグル自治区では2017年、チベットでは2018年から同様の措置が取られてい

8）中国は法案提出直後から強い不快感を表明し、外交問題に発展した。法案は問題となった部分を「（1948年の）大韓民国政府樹立以前に国外移住した同胞」を対象に含めると修正した上で、2004年に国会で可決された。
9）澤田克己『「脱日」する韓国』186～189頁。

たのだが、朝鮮族やモンゴル族の学校にも対象を広げたのである。『人民日報』は2023年6月、内モンゴル自治区を視察した習近平が自治区内の少数民族の通う学校で「普通話」（標準語）の使用を徹底するよう指示したと伝えた。習近平は「各民族の青少年が国家共通の言語と文字を習得・使用するようにしなければならない」と語ったという。

貿易の9割超が中国相手〈対外経済の中国依存〉

　北朝鮮の対外経済にとって中国は絶対的に大きな存在である。1991年のソ連崩壊後、北朝鮮の貿易相手国第1位は常に中国となった。北朝鮮の貿易総額は、2017年から2018年にかけて国連安保理の制裁が強化された影響で大きく落ち込み、2020年から2022年にかけては新型コロナウイルスの流入防止を目的にした国境封鎖を受けて激減した。中国との貿易額もそれに応じて減少したものの、貿易のほとんどが中国との輸出入であることに変わりはない（図9-1）。

　新型コロナウイルスのパンデミック直前となる2019年の貿易額は32億5180万ドルであった[10]。相手国は中国が30億9440万ドルで全体の95.2%を占め、続くロシアが4790万ドルで1.5%となった。中国の通関統計では2014年から北朝鮮への原油輸出がゼロになっているが、韓国の大韓貿易投資振興公社（KOTRA）は年間50万トンの輸出が続いていると推定して統計に含めている。韓国政府は経済支援を含む南北間の貿易を「南北交易」と呼んで他国との貿易とは区別するが、ここでは両者を合計した数字で考えたい[11]。

　1990年代以降の貿易相手国として中国が不動の1位であったとはいえ、2000年には中国のシェアは20.4%に過ぎなかった。この年は日本

10）北朝鮮の貿易額は、韓国の大韓貿易投資振興公社（KOTRA）が各国の貿易統計などから「北朝鮮向け」となっている数字を集計して割り出している。

11）南北交易を他と区別するのは、朝鮮半島全土を自国領だとする韓国政府の立場を反映したものである。韓国では北朝鮮への輸出を「搬出」、北朝鮮からの輸入を「搬入」と呼ぶ。統計も、南北交易は関税庁（税関）ではなく統一部が所管している。

図9-1　中国、韓国、日本と北朝鮮との貿易額推移

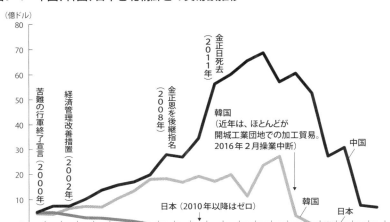

（出所）大韓貿易投資振興公社（KOTRA）『北韓の対外貿易動向』、韓国統一部『南北交流協力動向』をもとに
　　　　著者作成。

19.4％、韓国17.8％、タイ8.7％などとなっており、それなりの多様性が
見られた。2000年代に中国経済が大きく成長したことで貿易相手として
の中国の存在感が急速に高まったのは、世界に共通する現象である。た
だ北朝鮮の場合、他の主要貿易相手国であった日韓との関係悪化の影響
を無視できない。拉致問題をめぐる日朝関係の悪化を背景にした日本の
制裁強化で対日貿易は激減し、2010年以降は輸出入ともにゼロとなっ
た。北朝鮮国内で韓国企業が操業する開城工業団地の開業によって韓国
との貿易額は2000年代後半に増加したものの、2016年1月の核実験など
を受けて閉鎖されたため激減した。結果として中国だけが残ったのであ
る。

　安保理制裁への中国の対応も不透明さが目立った。中国が拒否権を行
使しなかったことで制裁決議は採択されたものの、肝心の履行となると
中国の姿勢は心許なかった。2016年から翌年にかけて徐々に強化された
制裁では、北朝鮮の主要な輸出品目である石炭などの輸出が禁じられる
と同時に、原油や石油精製品を輸入できる量に厳しい制限をかけた。だ
が、北朝鮮は洋上で横付けしたタンカーや貨物船の間で積み荷を移し替

える「瀬取り」と呼ばれる密輸手法などを駆使して制裁逃れを図った。米韓やオーストラリア、英国などの海軍と海上自衛隊が日本海や東シナ海で監視活動に当たっているものの、中国はこうした密輸を黙認していると見られている。

　北朝鮮にとって貴重な外貨収入源となってきた**出稼ぎ労働者**への対応も同様である。2017年12月に採択された安保理決議では、北朝鮮から労働者を受け入れている国々に対して「2年以内に帰国させる」ことが求められた。しかし米国は、中国がこの義務を履行しなかったと批判している。

　そもそも中朝間の物資の移動には不透明さがつきまとう。中国から北朝鮮への原油輸出も2014年1月から通関統計上はゼロなのだが、安保理制裁の強化後にも北朝鮮でガソリン不足が起きたり、燃料価格が高騰したりということは起きていない。「瀬取り」などによる密輸で調達できている可能性もあるが、中国が統計に載せていないだけなのではないかとも考えられている。

　北朝鮮はもともと「開かれた国」とは言いがたく、パンデミック以前でも定期航空路は中露両国と平壌を結ぶ路線しかなかった。それも北京には直行便がほぼ毎日、瀋陽にも週2本運行されていた一方で、ロシアとの間ではウラジオストクとの便が週2本にとどまっていた。かつては平壌とモスクワやクアラルンプールを結ぶ路線も運行されていたが、廃止されて久しい。北朝鮮を訪問する外国人も圧倒的多数が中国人であり、商用や観光、親戚訪問など目的は多岐にわたった。中朝間の陸路往来は空路以上に活発で、とりわけ鴨緑江側では、北朝鮮の新義州（シニジュ）と中国遼寧省の丹東を結ぶ鉄道が大量輸送を可能にしていた。

　北朝鮮では、中国の通貨である人民元の存在感も高まっている。米ドルと日本円も使われ続けているが、2000年代以降、市場などでは人民元が主たる通貨といってもよいほど通用するようになった。2009年11月の貨幣交換措置（デノミ）とその後の外貨禁止令には、人民元をはじめとする外貨を市中から吸い上げて華僑の影響力を一掃する狙いもあったとされる。しかし実際には、北朝鮮通貨ウォンの信頼を失わせて人民元取

引を増やすという皮肉な結果をもたらしたとみられる。特に、北朝鮮北東部・羅先においては人民元の使用が一般的である。

　中国は、その羅先の港にも強い関心を見せてきた。隣接する吉林省は20km弱の幅の北朝鮮領に阻まれて日本海に接していないため、北朝鮮の港を使いたいというニーズが強かったのである。

■ 再現される冷戦時代の対立構図〈ウクライナ侵略後の変化〉

　2022年2月24日に始まったロシアによるウクライナ侵略は、北朝鮮情勢にも大きな影響を与えた。露大統領のウラジーミル・プーチンは侵攻初日の演説で「ロシアは世界最強の核保有国の一つ」だと語るなど、核兵器をちらつかせて米国や欧州諸国を牽制した。米欧はウクライナを軍事的に支援しつつ、ロシアの核兵器を常に意識せざるをえない状況に置かれた。北朝鮮にとっては大国の無慈悲さを目の当たりにすると同時に、核兵器の有用性を実感させられる場面であった。

　国際政治への影響は、それにも増して大きかった。ウクライナ侵略に触発された中国が台湾の武力統一を図るのではないかという懸念が強まり、米中の対立はさらに深まった。米国を中心とした旧西側陣営の国々はロシアに厳しい制裁を課し、米露の対立も決定的なものとなった。こうした状況の下で北朝鮮は露骨なロシア寄りの姿勢を選択した。

　北朝鮮外務省報道官は侵攻開始の4日後、「米国と西側の覇権主義政策」が問題を引き起こしたと主張した。北朝鮮は国連総会でも明確にロシア支持の姿勢を取った。3月に国連総会で採択された侵略を非難する決議と、ウクライナにおける人道状況改善を訴える決議の2本で、北朝鮮はいずれも反対に回った。どちらの決議でも、反対はロシア、北朝鮮、ベラルーシ、シリア、エリトリアの5カ国だけであった。北朝鮮はその後の国連総会決議でも、ロシア側に立つ投票行動を続けた。

　北朝鮮は7月には、ウクライナ東部の親露派支配地域である「ドネツク人民共和国」「ルハンシク人民共和国」を国家として承認した。占領したウクライナ東・南部4州の併合をプーチンが9月に宣言すると、北

年表9-4　ウクライナ侵略と北朝鮮

	出来事
2022年2月24日	ロシアがウクライナに侵攻
2月28日	北朝鮮外務省報道官が、侵攻の責任は米国にあると主張
3月2日	北朝鮮、国連総会でロシア非難決議案に反対
3月24日	北朝鮮、新型ICBM「火星17型」を発射 北朝鮮、国連総会でウクライナの人道状況改善を訴える決議案に反対
4月7日	北朝鮮、国連総会で人権理事会からのロシア追放決議案に反対
5月10日	尹錫悦が韓国大統領に就任
5月26日	中国とロシア、安保理で対北朝鮮追加制裁決議案に拒否権行使
7月13日	北朝鮮、ウクライナ東部の親露派2地域を国家承認 ウクライナ、北朝鮮との断交を発表
9月30日	プーチン、ウクライナ東・南部4州の併合を宣言
10月4日	北朝鮮、ロシアによるウクライナ東・南部4州の併合を支持
10月12日	北朝鮮、国連総会で併合非難決議案に反対
10月27日	プーチン、北朝鮮核問題で交渉が進展しないのは「米国が対話を望んでいないからだ」と批判
2023年2月23日	北朝鮮、国連総会でロシアの撤退要求決議案に反対
3月21日	中露首脳がモスクワで会談。共同声明で「北朝鮮の正当かつ合理的な懸念に行動で対応」するよう米国に要求
7月27日	朝鮮戦争休戦70年で閲兵式。金正恩とロシア国防相セルゲイ・ショイグ、中国全人代副委員長・李鴻忠が壇上に並ぶ
9月13日	露極東アムール州のボストーチヌイ宇宙基地で露朝首脳会談（プーチン・金正恩）

朝鮮はすぐに併合支持を表明した。さらに2023年1月に米国がウクライナへの主力戦車供与を決めると、金与正（キム ヨ ジョン）が「戦況をエスカレートさせている」と非難する談話を出した。米国は3月、北朝鮮からロシアへの武器供与を仲介しようとしたとしてスロバキア国籍の武器商人に制裁を課した。

　北朝鮮は見返りに、国連安保理で拒否権を持つロシアを味方に付けることとなった。そもそも常任理事国であるロシアが侵略行為に及んだため、ウクライナ情勢をめぐって安保理は機能不全に陥っていたが、北朝鮮に関する実効性ある議論も難しくなったのである。北朝鮮は2022年3月に新型の大陸間弾道ミサイル（ICBM）「火星17型」を発射したものの、米国が安保理に提案した制裁強化決議案は5月に中国とロシアによる拒

2023年7月26日、兵器展覧会でセルゲイ・ショイグを案内する金正恩。写真提供：朝鮮通信＝時事

否権行使で否決された。北朝鮮に関する決議案採択での拒否権行使は初めてのことであった。習近平とプーチンは2023年3月にモスクワで会談した際にも、共同声明で「北朝鮮の正当かつ合理的な懸念に行動で対応する」ことを米国に要求した。

　北朝鮮は朝鮮戦争休戦70年となった2023年7月、ロシアから国防相セルゲイ・ショイグ、中国から全国人民代表大会（全人代）常任委員会副委員長で共産党政治局員の李鴻忠を招待した。休戦協定の締結日で、北朝鮮が「戦争勝利記念日」と位置づける7月27日に金日成広場で挙行された閲兵式では、金正恩とショイグ、李鴻忠の3人が壇上に並んだ[12]。新型コロナウイルス対策として国境をほぼ完全に閉じて以降、北朝鮮が初めて受け入れた外国からの賓客であった。

　9月になると金正恩はコロナ後初の外遊としてロシアを訪問し、極東アムール州にあるボストーチヌイ宇宙基地でプーチンと会談した。会談では、米国を意味する「帝国主義者の軍事的威嚇と挑発、強権と専横を

12）ショイグが代読したプーチンの「祝賀演説」は、ソ連の軍人が朝鮮戦争で「数万回の戦闘飛行を遂行した」と指摘した。ソ連空軍が秘密裏に参戦していたことは明らかになっていたが、当局が公式に認めたのは初めてであった。

2023年9月13日、ロシアで会談する金正恩とプーチン。写真提供：AFP＝時事

粉砕するための共同戦線」での協力で一致した。会談場所はロシアの主要な宇宙開発拠点であり、北朝鮮の求める宇宙関連技術での支援に応じるというプーチンの考えを示していた。

　首脳会談に遅刻することも多いプーチンであるが、この日は道路際に立って金正恩の到着を待ち、ロケットの発射台や組み立て施設を自ら案内する歓待ぶりを見せた。金正恩は映像が公開された会談冒頭の発言で、ウクライナ侵略について「覇権主義勢力に対抗し、自らの主権的権利と安全利益を守るために正義の偉業をしている」とあからさまに称えた。背景には、ウクライナでの軍事作戦が長引いたことで深刻な砲弾不足に陥ったことがあると考えられている。

　米国は2023年9月の会談後、偵察衛星による監視などから得た情報として北朝鮮からロシアへの兵器移転を確認したと発表した。北朝鮮の弾道ミサイルがウクライナで実戦使用されたとされる。ウクライナにおける人道被害を拡大させるだけでなく、北朝鮮のミサイル技術向上につながるという点で北東アジアの安全保障にも影響をもたらしうる動きである。

おわりに

　第2次世界大戦後に発展し、冷戦終結後に普遍的なものになると期待された「リベラルな国際秩序」が大きく揺らいでいる。世界第2位の経済力を持つ中国の影響力がますます増大するなか、2022年2月に始まったロシアによるウクライナ侵略に加え、2023年10月にはイスラム組織ハマスによるイスラエル攻撃に端を発した軍事衝突が起きた。

　北朝鮮情勢では、ウクライナ侵略を契機としたロシアとの急接近が際立つ。温度差はあるものの、対米牽制という目標を共有する中国を加えた3カ国が、日米韓とにらみ合う冷戦時代のような構図が再現されつつある。

　北朝鮮は王朝的色彩を強めている独裁国家である。金正恩ひとりの考えによって政策の大転換もありうるということが、この国について考える大前提となる。必ずしも合理的な判断が下される保証はないが、一方で金正恩にはメンツよりも実利を取る現実主義者としての側面が垣間見られる。シンガポールの米朝首脳会談に赴くため中国から航空機を借りたり、かつてであれば隠したはずの失敗や事故を公にして改善策を指示したりする。至上課題とされてきた統一問題でも金日成の「連邦制統一方案」をあっさり捨てて「二つのコリア」路線に転換し、農業政策でも先代の指導に縛られない新指針を打ち出すといった具合である。

　本書は2017年以来、7年ぶりの改訂版となった。北朝鮮の対外政策はこの間、米韓両国と対話を進めたり、交渉が頓挫すると一転して中露との連携を図ったりするなど目まぐるしく動いた。朝鮮労働党規約や憲法も改正され、政治体制のほか、軍事、経済、社会でも多くの変化が起きた。そのため多くの章で全面的な書き換えが必要となった。

　残念なことに、唯一の例外は日朝関係を扱った第6章であった。加筆

すべき内容が極端に少なかったのである。小泉純一郎が2回にわたる訪朝で拉致被害者5人と家族の帰国を実現させたものの、その後の成果は乏しい。「対話と圧力」の適正な組み合わせを見極め、日本政府が歴史の評価に堪える外交を展開してくれることを願うばかりである。ミサイル発射などの際に、北京の日本大使館は北朝鮮大使館にファクスで抗議を送ってきた。これをもって日本の首相が「北京の大使館ルートを通じ、厳重に抗議した」と語るのを見るたびに、これでいいのだろうかという疑問を禁じえないのである。

　金正恩が強調する「自力更生」や「自給自足」は、国際社会と隔絶された世界に生きる「国際的孤児」というイメージにつながりがちである。だが国連加盟国の8割以上は北朝鮮と国交を持っており、グローバルサウスには北朝鮮と良好な関係を維持している国が少なくない。そうした国々が抱く北朝鮮への認識は、日本のそれとは異なる。本書で取り上げたように、安保政策で連携する日米韓でも脅威認識に温度差があることを考えれば、その他の国々とのギャップは驚くに値しない。先進7カ国（G7）でも英国やドイツは北朝鮮と相互に大使館を設置して久しい。

　北朝鮮の核・ミサイル開発が北東アジアの不安定要素となっていることは論をまたない。それはけっして放置できない問題であるものの、即効性のある対応策を見出すのが困難なことも認めざるをえない。だからこそ、国際社会を俯瞰する広い視野を持ち、単に脅威を煽るのではなく北朝鮮の実像を冷静に見つめて現実的な対応策を議論することが求められている。

　本書の執筆にあたっては、北朝鮮の構造的理解を目指して多くのデータを収録するとともに、客観的な記述を心掛けた。読者のみなさんが新たな視点を獲得する一助となれば幸いである。

礒﨑敦仁

澤田克己

巻末資料

北朝鮮による核実験

	日　時	地震波規模 （マグニチュード）	推定される 爆発規模	事前の予告	北朝鮮による 実施後の発表
1回目	2006年 10月9日	4.1	0.5〜1kt	北朝鮮外務省が10月3日に声明「安全性が保証された核実験を行う」。実施20分前に中国に通報。	「地下核実験を安全かつ成功裏に行った」
2回目	2009年 5月25日	4.52	2〜3kt	北朝鮮外務省が4月29日に声明「核再実験や大陸間弾道ミサイルの発射実験を含めた自衛的措置を講じる」。実施30分前に中国に通報。米国にも事前通報した。	「核兵器の威力をさらに高め、核技術を絶え間なく発展させる上での科学的問題を円満に解決した」
3回目	2013年 2月12日	4.9	6〜7kt	北朝鮮外務省が1月23日に声明「核抑止力を含む自衛的な軍事力を拡大、強化する物理的対応を取る」。前夜に中国に通報。米国とロシアにも事前通報した。	「以前と違い爆発力が大きいながらも小型化、軽量化された原子爆弾を使用し、高い水準で安全かつ完璧に実施された」
4回目	2016年 1月6日	4.85	6〜7kt	予告声明はなし。朝鮮中央通信が2015年12月10日に金正恩が平川革命事績地を現地指導した際、「水爆」保有について言及したと報道。	「初の水爆実験が成功裏に実施された」（政府声明）
5回目	2016年 9月9日	5.1	11〜12kt	予告声明はなし。金正恩が弾頭部分の大気圏再突入の模擬実験を視察し、「核弾頭爆発実験」を断行すると言及（3月15日公表）。	「核弾頭の威力判定のための核実験を実施した」
6回目	2017年 9月3日	6.1	160kt	予告声明はなし。朝鮮中央通信が当日朝、新たに製造されたICBMに搭載する水爆を金正恩が視察したという記事を写真とともに配信。	「ICBM搭載用水爆実験を成功裏に断行した」

（注）実施場所は全て、咸鏡北道（ハムギョンプクト）吉州郡（キルジュグン）豊渓里（プンゲリ）。地震波の規模は、包括的核実験禁止条約機関準備委員会（CTBTO）発表値。
（出所）防衛省資料などをもとに著者作成。

北朝鮮が開発・保有する主なミサイル

名　称	米韓の呼称	推定射程と射程内地域	発射台と燃料／段数	備　考
〈短距離弾道ミサイル（射程約1000km未満）〉					
火星5型*	スカッドB	300km 韓国中部以北	移動式 液体／1段	1981年にソ連製をエジプトから輸入し、複製に成功。1980年代半ばから量産し、中東諸国に完成品・技術を輸出していた。
戦術誘導兵器	北朝鮮版ATACMS型	400km 韓国の広範な地域	移動式 固体／1段	外形に米国の短距離弾道ミサイル「ATACMS」との類似点あり。スカッドより低空を変則的な軌道で飛翔できるとみられる。2019年8月に初めて発射された。
超大型放射砲		400km 韓国の広範な地域	移動式 固体／1段	金正恩は核搭載可能だと言及。連続射撃能力の向上を企図しているとみられる。2019年8月に初めて発射された。
火星6型*	スカッドC	500km 韓国全域	移動式 液体／1段	スカッドBと同じサイズで、内部タンクを大型化。1980年代から量産か。中東諸国に完成品・技術を輸出していた。
新型戦術誘導弾		750km 韓国全域	移動式 固体／1段	スカッドより低空を変則的な軌道で飛翔できるとみられる。2021年3月に初めて発射された。
新型戦術誘導兵器	北朝鮮版イスカンデル型	800km 韓国全域	移動式 固体／1段	外形にロシアの短距離弾道ミサイル「イスカンデル」との類似点あり。スカッドより低空を変則的な軌道で飛翔できるとみられる。2019年5月に初めて発射された。
鉄道機動ミサイル		750km 韓国全域	鉄道車両から発射	外形がイスカンデル型に類似。スカッドより低空を変則的な軌道で飛翔可能。
〈準中距離弾道ミサイル（射程約1000～3000km）〉					
不明	スカッドER	1000km 韓国全域、日本の広い範囲	移動式 液体／1段	胴体部分の延長や弾頭重量の軽量化で射程を延長。
北極星2		1000km以上 韓国全域、日本の広い範囲	移動式 固体／2段	2017年2月に初めて発射された。朝鮮中央通信が、前年8月に発射したSLBMの射程を伸ばし、地対地弾道ミサイルとして開発したと報じた。「コールド・ローンチシステム」や固体燃料の使用は、北極星と共通している。
火星7型*	ノドン	1300km （改良型は1500km） 日本のほぼ全域	移動式 液体／1段	スカッドの技術を基にしているとみられる。1993年5月に日本海に向けて発射された。
白頭山1	テポドン1	1500km以上 日本のほぼ全域	固定式。液体／2段（ノドンを1段目、スカッドを2段目に利用）	北朝鮮は人工衛星打ち上げ用ロケットと主張。1998年8月に日本列島を飛び越す軌道で発射された。

＊聯合ニュースが2016年6月に軍事専門家の話として報じた。北朝鮮メディアは2016年7月に戦略軍火星砲兵部隊という名称の部隊について初めて報じた。

名　称	米韓の呼称	推定射程と 射程内地域	発射台と 燃料／段数	備　考
〈中距離弾道ミサイル（射程約3000〜5500km）〉				
火星10型	ムスダン	2500〜4000km 日本、グアム	移動式 液体／1段	ロシア製SLBMの「R27（米軍による通称はSSN6）」を地上発射型に改造し、試験発射なしで2007年に実戦配備か。2016年4月に初めて発射したが、直後に爆発。6月に発射した6発目が高度1000km以上に達し、400km飛翔。金正恩は「太平洋地域の米軍への攻撃能力獲得」と評価した。
火星12型		約5000km グアム	移動式 液体／1段	2017年5月にロフテッド軌道で発射。8月、9月には日本の上空を通過する軌道で発射された。
〈大陸間弾道ミサイル（ICBM）（射程約5500km以上）〉				
銀河1〜3、光明星	テポドン2	6000km グアム 改良型は 1万km以上 ロサンゼルス	固定式 液体／2段（ノドン技術利用のエンジンを1段目に4基、2段目は1基）。改良型は3段	北朝鮮は人工衛星打ち上げ用ロケットと主張。衛星打ち上げを予告した2009年4月、2012年4月（失敗）、12月、2016年2月に使用。2012年12月と2016年2月には衛星軌道に何らかの物体を投入したことを米国が確認した。
火星14型		5500km以上 グアム、 ハワイ？	移動式 液体／2段	2017年7月に初めて発射。北朝鮮は、新型ICBMの試験発射に成功したと発表した。同月に2回目の発射を実施し、大気圏再突入環境での弾道の誘導・制御が正確に行われ、核弾頭起爆装置が正常に作動した「火星12型」と共通か。
火星15型		1万4000km以上 ワシントン、 ニューヨーク	移動式 液体／2段	2017年11月に発射し、政府声明で「国家核武力完成」を宣言した。2023年2月にも発射し、ICBMの「発射訓練」だったと発表された。
火星17型		1万5000km以上 ワシントン、 ニューヨーク	移動式 液体／2段	2022年2月に初めて発射された。北朝鮮は同年11月の発射について、「最終試験発射」が成功裏に行われたと発表した。北朝鮮が保有する最大のミサイルだと見られ、弾頭重量の増加や多弾頭化などを追求している可能性が指摘される。
火星18型		火星17型以上か ワシントン、 ニューヨーク	移動式 固体／3段	初の固体燃料型ICBM。2023年4月に初めて試験発射した。北朝鮮はこの際、1段目は標準軌道を取り、2段目と3段目は高角度の軌道を飛行させたと表明した。7月と12月にはロフテッド軌道で発射し、北海道・奥尻島沖約250kmの海域に落下させた。
〈潜水艦発射型弾道ミサイル（SLBM）〉				
北極星	KN11	1000km以上 韓国全域、 日本の広い範囲	潜水艦発射 固体／2段	ロシア製SLBMの「R27（SSN6）」を複製か。2015年5月に朝鮮中央通信が初めて「SLBMの水中発射実験に成功」と報道し、2016年8月の発射で「発射技術完成」と報じた。空中に射出した後に点火する「コールド・ローンチシステム」の運用に成功しているとみられる。

名　称	米韓の呼称	推定射程と射程内地域	発射台と燃料／段数	備　考
北極星 3		2000km日本全域	潜水艦発射固体／2段	2019年10月に初めて発射。最高高度約900km、飛距離約450kmのロフテッド軌道だった。
北極星 4ㅅ				2020年10月の閲兵式に登場した。
北極星 5ㅅ				2021年10月の閲兵式に登場した。
新型潜水艦発射弾道弾		650km韓国全域	潜水艦発射固体／1段	2021年10月に初めて発射。変則的な軌道で約650km飛翔した。いったん下降してから再度機動して上昇するプルアップ軌道であったとみられる。2022年9月には内陸部の貯水池から発射された。
〈極超音速ミサイル〉				
火星 8 型	滑空体型		液体／1段	2021年9月に発射された。韓国軍は、音速の3倍程度で飛行したと推定。
極超音速ミサイル	円錐型	700km?韓国全域	移動式液体／1段	2022年1月に発射された。北朝鮮は、発射後に「分離した極超音速滑空飛行弾頭部が600km先で再び跳躍した」上で、水平方向にも「旋回軌道」を取ったと発表した。最高速度は音速の10倍に達した。
		650km韓国全域	潜水艦発射固体／1段	
〈巡航ミサイル〉				
戦略巡航ミサイル		1500km日本のほぼ全域	潜水艦発射	2023年3月に発射したと発表。
ファサル（矢）1 型		2000km日本全域	移動式	2000年代初めから地対艦ミサイルの開発を始め、その技術を基に長距離地対地巡航ミサイルを開発。2021年9月に新型の地対地巡航ミサイルを1500km飛翔させ、目標に命中させる試験に成功したと発表した。ファサル1、2型とも、核弾頭を搭載可能だとされる。
ファサル（矢）2 型		2000km日本全域	移動式	2022年1月に試験発射。2023年2月に「ファサル2」型の発射訓練を実施したと発表。

（出所）『防衛白書』令和5（2023）年版、韓国『国防白書』2022年版などをもとに著者作成。

朝鮮民主主義人民共和国社会主義憲法

2023年9月27日改正

序 文

朝鮮民主主義人民共和国は、偉大な首領金日成同志と偉大な領導者金正日同志の国家建設の思想と業績が具現された主体の社会主義国家である。

偉大な首領金日成同志は、朝鮮民主主義人民共和国の創建者であられ、社会主義朝鮮の始祖であられる。

偉大な首領金日成同志は、不滅の主体思想を創始され、その旗印のもとに抗日革命闘争を組織領導されて栄えある革命の伝統を築かれ、祖国解放の歴史的偉業を成し遂げられ、政治、経済、文化、軍事の各分野において自主独立国家建設の強固な基礎を築かれ、それに基づいて朝鮮民主主義人民共和国を創建された。

偉大な首領金日成同志は、主体的な革命路線を提示され、各段階における社会革命と建設事業を賢明に導かれ、共和国を人民大衆中心の社会主義国、自主、自立、自衛の社会主義国家に強化発展させられた。

偉大な首領金日成同志は、国家建設と国家活動の根本原則を示され、もっとも優れた国家社会制度と政治方式、社会の管理体系と管理方法を確立され、社会主義祖国の富強、繁栄と主体の革命偉業の継承達成のための確固たる土台を築き上げられた。

偉大な領導者金正日同志は、偉大な首領金日成同志の思想と偉業を奉じられて、わが共和国を金日成同志の国家として強化発展させられ、民族の尊厳と国力を最高の境地に引き上げた不世出の愛国者、社会主義朝鮮の守護者であられる。

偉大な領導者金正日同志は、偉大な首領金日成同志が創始された不滅の主体思想を全面的に深化発展させられ、全社会の金日成主義化の旗印を高く掲げて社会主義建設のあらゆる分野において奇跡と変革の新しい歴史を創造され、史上初めて首領永生の大業を切り開かれ、主体の革命伝統を純粋に継承発展させられて朝鮮革命の命脈を確実につながれた。

偉大な領導者金正日同志は、社会主義世界体制の崩壊と帝国主義連合勢力の悪辣な反共和国圧殺攻勢のもとで、先軍政治によって偉大な首領金日成

同志の貴い遺産である社会主義の獲得物を誇り高く守りぬかれ、わが祖国を不敗の政治思想強国、核保有国、無敵の軍事強国にされ、社会主義強国建設の輝かしい大路を切り開かれた。

偉大な首領金日成同志と偉大な領導者金正日同志は、「以民為天」を座右の銘とされ、つねに人民のなかにあって人民のために生涯を捧げられ、気高い仁徳政治をもって人民を見守り、導き、全社会を一心団結の大家庭に変えられた。

偉大な首領金日成同志と偉大な領導者金正日同志を戴くことによって、わが共和国は富強で自主的な国家建設の根本的かつ中核的な課題を立派に解決した、世界にまたとない国家実体として光を放つようになった。

偉大な首領金日成同志と偉大な領導者金正日同志は、祖国統一偉業の実現に不滅の業績を積みあげられた民族万代の恩人であられる。偉大な首領金日成同志と偉大な領導者金正日同志は、国の統一を民族至上の課題とし、その実現のために労苦を尽くされ、心血を注がれた。偉大な首領金日成同志と偉大な領導者金正日同志は、共和国を祖国統一の強力な砦として打ち固められる一方、祖国統一の根本原則と方途を示され、祖国統一運動を全民族の運動に発展させられて、全民族の団結した力で祖国統一の偉業を成就する道を開かれた。

偉大な首領金日成同志と偉大な領導者金正日同志は、朝鮮民主主義人民共和国の対外政策の基本理念を示され、それに基づいて国の対外関係を拡大発展させられ、共和国の国際的権威を顕揚された。偉大な首領金日成同志と偉大な領導者金正日同志は、世界政治の元老として自主の新時代を切り開かれ、社会主義運動と非同盟運動の強化発展のために、世界の平和と人民間の友好のために精力的に活動され、人類の自主偉業に不滅の貢献をされた。

偉大な首領金日成同志と偉大な領導者金正日同志は、思想理論と領導芸術の天才であられ、百戦百勝の鋼鉄の総帥であられ、偉大な革命家、政治家であられ、偉大な人間であられた。

偉大な首領金日成同志と偉大な領導者金正日同志の偉大な思想と領導業績は朝鮮革命の万年の財宝であり、朝鮮民主主義人民共和国の隆盛繁栄の

基本的保証であり、偉大な首領金日成同志と偉大な領導者金正日同志が生前の姿のまま安置された錦繍山太陽宮殿は、首領永生の大記念碑であり、全朝鮮民族の尊厳の象徴、永遠の聖地である。

朝鮮民主主義人民共和国と朝鮮人民は、偉大な首領金日成同志と偉大な領導者金正日同志を主体朝鮮の永遠の首領として仰ぎ、朝鮮労働党の領導のもとに偉大な首領金日成同志と偉大な領導者金正日同志の思想と業績を擁護固守し、継承発展させて、主体の革命偉業を最後まで完成していくであろう。

朝鮮民主主義人民共和国社会主義憲法は、偉大な首領金日成同志と偉大な領導者金正日同志の主体的な国家建設の思想と業績を法文化した金日成・金正日憲法である。

第1章　政治

第1条　朝鮮民主主義人民共和国は、全朝鮮人民の利益を代表する自主的な社会主義国家である。

第2条　朝鮮民主主義人民共和国は、帝国主義侵略者に抗し、祖国の解放と人民の自由と幸福をめざす栄えある革命闘争の過程で築かれた輝かしい伝統を継承した、革命的な国家である。

第3条　朝鮮民主主義人民共和国は、偉大な金日成・金正日主義を国家の建設と活動の唯一の指導的指針とする。

第4条　朝鮮民主主義人民共和国の主権は、労働者、農民、軍人、インテリをはじめとする勤労人民にある。

勤労人民は、その代表機関である最高人民会議と地方の各人民会議を通じて主権を行使する。

第5条　朝鮮民主主義人民共和国におけるすべての国家機関は、民主主義中央集権制の原則によって組織され、運営される。

第6条　郡人民会議から最高人民会議に至るまでの各主権機関は、一般、平等、直接の原則に基づき、秘密投票によって選挙する。

第7条　各主権機関の代議員は、選挙人と密接な連係を保ち、その活動について選挙人に対し責任を負う。

選挙人は、選出された代議員が信任を失った場合は、いつでも召還することができる。

第8条　朝鮮民主主義人民共和国の社会制度は、勤労人民大衆があらゆるものの主人であり、社会のあらゆるものが勤労人民大衆に奉仕する人間中心の社会制度である。

国家は、搾取と抑圧から解放されて国家と社会の主人となった労働者、農民、軍人、インテリをはじめとする勤労人民の利益を擁護し、人権を尊重し保護する。

第9条　朝鮮民主主義人民共和国は、北半部において人民政権を強化し、思想、技術、文化の3大革命を力強く展開して社会主義の完全なる勝利を収め、自主、平和統一、民族大団結の原則に基づいて祖国の統一を実現するために闘う。

第10条　朝鮮民主主義人民共和国は、労働者階級が領導する労農同盟に基づく全人民の政治思想的統一に依拠する。

国家は、思想革命を強化して社会の全構成員を革命化、労働者階級化し、全社会を同志として結ばれた一つの集団につくり上げる。

第11条　朝鮮民主主義人民共和国は、朝鮮労働党の領導の下に全ての活動を行う。

第12条　国家は、階級路線を堅持し、人民民主主義独裁を強化して、内外の敵対分子の破壊策動から人民主権と社会主義制度を強固に保衛する。

第13条　国家は、大衆路線を具現し、大衆の中に入って問題解決の方途を見いだし、政治活動、対人活動を優先させて大衆の精神力と創意性を高く発揮させる革命的活動方法を堅持する。

第14条　国家は、3大革命赤旗獲得運動をはじめとする大衆運動を力強く展開して、社会主義建設を最大限に促進する。

第15条　朝鮮民主主義人民共和国は、海外に在住する朝鮮同胞の民主主義的民族権利と、国際法によって公認された合法的権利と利益を擁護する。

第16条　朝鮮民主主義人民共和国は、その領域に在住する外国人の合法的権利と利益を保障する。

第17条　自主、平和、親善は朝鮮民主主義人民共和国の対外政策の基本理念であり、対外活動の原則である。

国家は、わが国に友好的なすべての国と完全なる平等と自主性、相互尊重と内政不干渉、互恵の原則に基づいて、国家的または政治、経済、文化的関係を結ぶ。

国家は、自主性を擁護する世界の人民と団結し、あらゆる形の侵略と内政干渉に反対し、国の自主権と民族的、階級的解放を実現するための諸国人民の闘争を積極的に支持声援する。

第18条　朝鮮民主主義人民共和国の法律は、勤労人民の意思と利益を反映しており、国家管理の基本的武器である。

法律に対する尊重と厳格な順守、執行は、すべての機関、企業所、団体と公民の義務である。

国家は、社会主義法律制度を完備し、社会主義順法生活を強化する。

第2章　経済

第19条　朝鮮民主主義人民共和国は、社会主義的生産関係と自立的民族経済の土台に依拠する。

第20条　朝鮮民主主義人民共和国において、生産手段は国家と社会協同団体が所有する。

第21条　国家所有は全人民の所有である。

国家所有権の対象には制限がない。

国のすべての天然資源、鉄道、航空運輸、通信機関と、重要な工場、企業所、港湾、銀行は国家のみが所有する。

国家は、国の経済発展において主導的な役割を果たす国家所有を優先的に保護し、拡大させる。

第22条　社会協同団体の所有は、その団体に加入して勤労者の集団所有である。

土地、農業機械、船舶、中小の工場、企業所などは、社会協同団体が所有できる。

国家は、社会協同団体の所有を保護する。

第23条　国家は、農民の思想意識と技術文化水準を高め、協同所有に対する全人民所有の指導的役割を高める方向で2つの所有を有機的に結合し、協同経営に対する指導と管理を改善して、社会主義的協同経営制度を強化発展させ、協同団体に加入して全構成員の自発的な意思に従って、協同団体の所有を全人民所有へと漸次転換させる。

第24条　個人所有は、公民の個人的かつ消費的な目的のための所有である。

個人所有は、労働による社会主義的分配と、国家および社会の追加的恩恵からなる。

自留地経営をはじめとする個人の副業経営による生産物と、その他の合法的な経営による収入も個人所有に属する。

国家は、個人所有を保護し、その相続権を法的に保障する。

第25条　朝鮮民主主義人民共和国は、人民の物質文化生活を絶えず向上させることをその活動の最高原則とする。

税金の廃止されたわが国において増大する社会の物質的富は、すべて勤労者の福祉増進に充てられる。

国家は、全勤労者に食べて着て使って暮らすことができるすべての条件を保障する。

第26条　朝鮮民主主義人民共和国に築かれた自立的民族経済は、人民の幸せな社会主義生活と祖国の隆盛、繁栄のための強固な資財である。

国家は、社会主義の自立的民族経済建設路線を堅持し、人民経済の主体化、現代化、情報化、科学化を促進して、人民経済を高度に発達した主体的な経済にし、完全なる社会主義社会にふさわしい物質技術的土台を築くために努力する。

第27条　技術革命は社会主義経済を発展させる鍵であり、科学技術力は国家のもっとも重要な戦略的資源である。

国家は、すべての経済活動において科学技術の主導的役割を強め、科学技術と生産を一体化し、大衆的技術革新運動を強力に展開して経済建設を推し進める。

第28条　国家は、都市と農村の格差、労働者階級と農民の階級的格差を解消するために農村技術革命を促進して農業を工業化、現代化し、郡の役割を高め、農村に対する指導と支援を強化する。

国家は、協同農場の生産施設と農村の文化住宅を国家負担で建設する。

第29条　社会主義は勤労大衆の創造的労働によって建設される。

朝鮮民主主義人民共和国において労働は、搾取と抑圧から解放された勤労者の自主的かつ創造的な労働である。

国家は、失業のないわが国の勤労者の労働をより楽しいものに、社会と集団と自分自身のために自発的熱意と創意を発揮して働く誇りあるものに。

第30条　勤労者の1日の労働時間は8時間である。

国家は、労働の度合と特殊な条件に応じて、1日の労働時間を短縮して設定する。

国家は、労働を正しく組織し、労働規律を強化して、定めた労働時間を完全に利用できるようにする。

第31条　朝鮮民主主義人民共和国において公民の労働年齢は、16歳からである。

国家は、労働年齢に達しない少年の労働を禁止する。

第32条　国家は、社会主義経済に対する指導と管理において、政治的指導と経済技術的指導、国家の統一的指導と各単位の創意性、唯一的指揮と民主主義、政治道徳的刺激と物質的刺激を正しく結合させ、実利を保障する原則を堅持する。

第33条　国家は、生産者大衆の集団的な知恵と力に依拠して経済を科学的、合理的に管理、運営し、内閣の役割を決定的に強める。

国家は、経済管理において社会主義企業所責任管理制を実施し、原価、価格、収益性などの経済的てこを効果的に利用するようにする。

第34条　朝鮮民主主義人民共和国の人民経済は計画経済である。

国家は、社会主義経済発展法則に従って蓄積と消費の均衡を正しく保持し、経済建設を促進し、人民生活を絶えず向上させ、国防力を強化できるよう、人民経済発展計画を立てて実行する。

国家は、計画を一元化、細部化することで、生産成長の速いテンポと人民経済の均衡の取れた発展を保障する。

第35条　朝鮮民主主義人民共和国は、人民経済発展計画に伴う国家予算を編成して執行する。

国家は、すべての部門で増産と節約運動を強化し、財政統制を厳格に実施して、国家の蓄積を系統的に増大させ、社会主義的所有を拡大発展させる。

第36条　朝鮮民主主義人民共和国において対外貿易は、国家機関、企業所、社会協同団体が行う。

国家は、対外貿易において信用を守り、貿易構造を改善するとともに、平等と互恵の原則に基づいて対外経済関係を拡大発展させる。

第37条　国家は、わが国の機関、企業所、団体と外国の法人または個人との合弁や合作、特別経済地区における各種企業所の創設、運営を奨励する。

第38条　国家は、自立的民族経済を保護するため、関税政策を実施する。

第3章　文化

第39条　朝鮮民主主義人民共和国で開花発展している社会主義的文化は、勤労者の創造力を高め、健全な文化情操の要望を満たすのに寄与する。

第40条　朝鮮民主主義人民共和国は、文化革命を徹底的に遂行して、すべての人を自然と社会に対して深い知識と高い文化技術水準を有する社会主義建設者とし、全人民科学技術人材化を推し進める。

第41条　朝鮮民主主義人民共和国は、社会主義勤労者に奉仕する、真に人民的かつ革命的な文化を建設する。

国家は、社会主義的民族文化の建設において、帝国主義の文化的浸透を排撃し、主体性の原則と歴史主義の原則、科学性の原則に基づいて民族の文化遺産を保護し、社会主義の現実に即して継承発展させる。

第42条　国家は、あらゆる分野において旧社会の生活様式を一掃し、新しい社会主義的生活様式を全面的に確立する。

第43条　国家は、社会主義教育学の原理を具現し、次世代を社会と集団、祖国と人民のために闘う真の愛国者に、知徳体を兼ね備えた社会主義建設の働き手に育成する。

第44条　国家は、人民教育事業と民族幹部養成事業を他のすべての事業に優先させ、一般教育と技術教育、教育と生産労働を緊密に結合させる。

第45条　国家は、1年間の就学前義務教育を含む全般的12年制義務教育を、現代科学技術の発展趨勢と社会主義建設の現実的要請に即して高い水準で発展させる。

第46条　国家は、学業を専門とする教育体系と働きながら学ぶ各種形態の教育体系を発展させ、教育の内容と方法、教育の条件と環境を絶えず改善して、有能な科学技術人材を育成する。

第47条　国家は、すべての学生を無料で学ばせ、大学生には奨学金を支給する。

第48条　国家は、社会教育を強化し、すべての勤労者が学習できるあらゆる条件を保障する。

第49条　国家は、学齢前児童を託児所と幼稚園で国家と社会の負担で保育する。

第50条　国家は、科学研究活動において主体性を確立し、先進科学技術を積極的に導入し、科学研究部門に対する国家の投資を増やし、新しい科学技術分野を開拓して、国の科学技術を世界的水準に引き上げる。

第51条　国家は、科学技術発展計画を綿密に作成して徹底的に遂行する規律を確立し、科学者、技術者と生産者の創造的な協力を強化するようにする。

第52条　国家は、民族的形式に社会主義的内容を盛り込んだ主体的で革命的な文学芸術を発展させる。

国家は、創作家、芸術家が思想芸術性の高い作品を大いに創作し、広範な大衆が文芸活動に広く参加できるようにする。

第53条　国家は、精神的に、肉体的に絶えず成長しようとする人々の要望に即して近代的な文化施設を十分に整え、すべての勤労者が社会主義的な文化情操生活を思う存分享受できるようにす

る。

第54条　国家は、朝鮮語をあらゆる形の民族語抹殺政策から守り、それを現代の要請に即して発展させる。

第55条　国家は、スポーツを大衆化、日常化して全人民を労働と国防に対応できるようにさせ、わが国の実情と現代スポーツ技術の発展趨勢に即してスポーツ技術を発展させる。

第56条　国家は、全般的無料治療制を強化発展させ、医師区域担当制と予防医療制を強化するとともに、保健部門に対する物質的保障活動を改善して、人々の生命を保護し、勤労者の健康を増進させる。

第57条　国家は、生産に先立って環境保護対策を立て、自然環境を保全、整備し、環境汚染を防止して、人民に文化的、衛生的な生活環境と労働条件を保障する。

第4章　国防

第58条　朝鮮民主主義人民共和国は、国家防衛において全人民的、全国家的防衛体制に依拠する。
朝鮮民主主義人民共和国は、責任ある核保有国として国の生存権と発展権を担保し、戦争を抑止して地域と世界の平和と安定を守護するために核兵器の発展を高度化する。

第59条　朝鮮民主主義人民共和国の武装力の使命は、国家主権と領土完整、人民の権益を擁護し、全ての脅威から社会主義制度と革命の獲得物を死守して、祖国の平和と繁栄を強力に軍力で担保することにある。

第60条　国家は、人民と人民軍将兵を政治的、思想的に武装させ、それに基づいて全軍の幹部化と現代化、全人民の武装化、全国土の要塞化を基本的内容とする自衛的軍事路線を貫徹する。

第61条　国家は、軍隊内に革命的な軍指揮系統と軍紀を確立し、軍事規律と対大衆規律を強化し、将兵一致、軍政結合、軍民一致の気高い伝統的美風を高く発揚させる。

第5章　公民の基本的権利と義務

第62条　朝鮮民主主義人民共和国の公民となる条件は、国籍法によって規定する。
公民は居住地にかかわりなく、朝鮮民主主義人民共和国の保護を受ける。

第63条　朝鮮民主主義人民共和国において公民の権利と義務は、「一人はみんなのために、みんなは一人のために」という集団主義の原則に基づく。

第64条　国家は、すべての公民に真の民主主義的権利と自由、幸福な物質文化生活を実質的に保障する。
朝鮮民主主義人民共和国において公民の権利と自由は、社会主義制度の強化発展とともにさらに拡大される。

第65条　公民は、国家社会生活のすべての分野において誰もが同等の権利を有する。

第66条　17歳以上のすべての公民は性別、民族、職業、居住期間、財産と知識水準、政党、政見、信教にかかわりなく、選挙権と被選挙権を有する。
軍隊に服務する公民も選挙権と被選挙権を有する。
裁判所の判決により選挙権を失った者、精神障害者は選挙権と被選挙権を有することはできない。

第67条　公民は、言論、出版、集会、示威と結社の自由を有する。
国家は、民主的政党、社会団体の自由な活動条件を保障する。

第68条　公民は、信教の自由を有する。この権利は、宗教施設の建設や宗教儀式などの許容によって保障される。
宗教を、外勢を引き入れたり、国家社会秩序を乱すために利用することはできない。

第69条　公民は、苦情申し立てと請願を行うことができる。
国家は、苦情申し立てと請願を法の定めるところに従って公正に審理し、処理するようにする。

第70条　公民は、労働の権利を有する。
労働能力を有するすべての公民は、希望と才能に応じて職業を選択し、安定した職場と労働条件を保障される。
公民は、能力に応じて働き、労働の量と質によって分配を受ける。

第71条　公民は、休息の権利を有する。この権利は労働時間制、公休日制、有給休暇制、国家費用による静養休養制、絶えず拡充される各種の文化施設などによって保障される。

第72条　公民は、無料で治療を受ける権利を有し、高齢や疾病、または身体障害により労働能力を失った者、身寄りのない高齢者や子どもは物質的援助を受ける権利を有する。この権利は無料

治療制、絶えず拡充される病院、療養所をはじめとする医療施設、国家の社会保険と社会保障制度によって保障される。

第73条　公民は、教育を受ける権利を有する。この権利は、先進的な教育制度と国家の人民的な教育施策によって保障される。

第74条　公民は、科学および文学芸術活動の自由を有する。

国家は、発明家と創意考案者に配慮する。

著作権と発明権、特許権は法的に保護する。

第75条　公民は、居住、旅行の自由を有する。

第76条　革命闘士、革命烈士遺族、愛国烈士遺族、人民軍留守家族、戦傷栄誉軍人は、国家と社会の特別な保護を受ける。

第77条　女子は、男子と同等の社会的地位と権利を有する。

国家は、産前産後休暇の保障、多くの子どもを持つ母親のための労働時間の短縮、産院、託児所および幼稚園網の拡充、その他の施策を通して母親と子どもを特別に保護する。

国家は、女性が社会に進出できるあらゆる条件を保障する。

第78条　結婚および家庭は、国家の保護を受ける。

国家は、社会の基層生活単位である家庭を強固にすることに深い関心を払う。

第79条　公民は、身体と住宅の不可侵、信書の秘密を保障される。

法的根拠なしに公民を拘束もしくは逮捕したり、家宅捜索したりすることはできない。

第80条　朝鮮民主主義人民共和国は、平和と民主主義、民族独立と社会主義のために、科学文化活動の自由のためにたたかって亡命してきた外国人を保護する。

第81条　公民は、人民の政治思想的統一と団結を断固として守らなければならない。

公民は、組織と集団を重んじ、社会と人民のために献身的に働く気風を高く発揮しなければならない。

第82条　公民は、国家の法律と社会主義的生活規範を守り、朝鮮民主主義人民共和国の公民としての栄誉と尊厳を固守しなければならない。

第83条　労働は、公民の神聖な義務であり、栄誉である。

公民は、労働に自発的かつ誠実に参加し、労働規律と労働時間を厳守しなければならない。

第84条　公民は、国家財産と社会協同団体の財産を大切にし、あらゆる横領浪費行為に反対し、

国の経済を主人として誠実に管理しなければならない。

国家と社会協同団体の財産は、神聖不可侵である。

第85条　公民は、つねに革命的警戒心を高め、国家の安全のために献身的にたたかわなければならない。

第86条　祖国防衛は、公民の最大の義務であり、栄誉である。

公民は、祖国を防衛しなければならず、法の定めるところに従って軍隊に服務しなければならない。

第6章　国家機構

第1節　最高人民会議

第87条　最高人民会議は、朝鮮民主主義人民共和国の最高主権機関である。

第88条　最高人民会議は立法権を行使する。

最高人民会議の休会中は、最高人民会議常任委員会も立法権を行使することができる。

第89条　最高人民会議は、一般、平等、直接の選挙原則により、秘密投票で選出された代議員で構成する。

第90条　最高人民会議の任期は5年とする。

最高人民会議の次期選挙は、最高人民会議の任期が終了する前に、最高人民会議常任委員会の決定に基づいて行う。

やむを得ない事情で選挙が実施できない場合は、選挙が実施されるまで任期を延長する。

第91条　最高人民会議は、次のような権限を有する。

1. 憲法を修正、補充する。

2. 部門法を制定、または修正、補充する。

3. 最高人民会議の休会中に最高人民会議常任委員会が採択した重要部門法を承認する。

4. 国家の対内外政策の基本原則を制定する。

5. 朝鮮民主主義人民共和国国務委員会委員長を選出、または召還する。

6. 最高人民会議常任委員会委員長を選出、または召還する。

7. 朝鮮民主主義人民共和国国務委員会委員長の提議により、国務委員会第1副委員長、副委員長、委員を選出、または召還する。

8. 最高人民会議常任委員会の副委員長、書記長、委員を選出、または召還する。

9. 内閣総理を選出、または召還する。
10. 内閣総理の提議により、内閣副総理、委員長、相、その他の内閣成員を任命する。
11. 中央検察所所長を任命、または解任する。
12. 中央裁判所所長を選出、または召還する。
13. 最高人民会議の各部門委員会の委員長、副委員長、委員を選出、または召還する。
14. 国家の人民経済発展計画とその実行状況に関する報告を審議し、承認する。
15. 国家予算とその執行状況に関する報告を審議し、承認する。
16. 必要に応じて、内閣と中央機関の活動状況の報告を受け、対策を立てる。
17. 最高人民会議に提出された条約の批准、廃棄を決定する。

第92条 最高人民会議は、定期会議と臨時会議がある。

定期会議は、1年に1〜2回、最高人民会議常任委員会が召集する。

臨時会議は、最高人民会議常任委員会が必要と認めた場合、または全代議員の3分の1以上の要請がある場合に召集する。

第93条 最高人民会議は、全代議員の3分の2以上の参加により成立する。

第94条 最高人民会議は、議長と副議長を選出する。

議長は会議を司会する。

第95条 最高人民会議で審議する議案は、朝鮮民主主義人民共和国国務委員会委員長、国務委員会、最高人民会議常任委員会、内閣と最高人民会議の各部門委員会が提出する。

代議員も議案を提出することができる。

第96条 最高人民会議毎期第1回会議は、代議員資格審査委員会を選挙し、同委員会が提出した報告に基づいて、代議員資格を確認する決定を採択する。

第97条 最高人民会議は、法令と決定を下す。

最高人民会議が下す法令、決定は、挙手採決の方法により、会議に参加した代議員の過半数の賛成を得て採択される。

憲法の修正、補充は、最高人民会議の全代議員の3分の2以上の賛成が必要である。

第98条 最高人民会議は、法制委員会、予算委員会、外交委員会などの部門委員会を設置する。

最高人民会議の各部門委員会は、委員長、副委員長、委員で構成する。

最高人民会議の各部門委員会は、最高人民会議

の活動を支援し、国家の政策案と法案を作成、または審議し、執行のための対策を立てる。

最高人民会議の各部門委員会は、最高人民会議の休会中に最高人民会議常任委員会の指導のもとで活動する。

第99条 最高人民会議代議員は、不可侵権を保障される。

最高人民会議代議員は、現行犯である場合を除き、最高人民会議、その休会中は最高人民会議常任委員会の承認なしに逮捕、もしくは刑事処罰することはできない。

第2節 朝鮮民主主義人民共和国国務委員会委員長

第100条 朝鮮民主主義人民共和国国務委員会委員長は、国家を代表する朝鮮民主主義人民共和国の最高領導者である。

第101条 朝鮮民主主義人民共和国国務委員会委員長は、全朝鮮人民の総意により最高人民会議で選出する。

朝鮮民主主義人民共和国国務委員会委員長は、最高人民会議代議員としては選出しない。

第102条 朝鮮民主主義人民共和国国務委員会委員長の任期は最高人民会議の任期と同一である。

第103条 朝鮮民主主義人民共和国国務委員会委員長は、朝鮮民主主義人民共和国武力総司令官となり、国家のいっさいの武力を指揮、統率する。

第104条 朝鮮民主主義人民共和国国務委員会委員長は、次のような任務と権限を有する。

1. 国家の事業全般を指導する。
2. 国務委員会の活動を直接指導する。
3. 最高人民会議の法令、国務委員会の重要政令と決定を公布する。
4. 国家の重要な幹部を任命、または解任する。
5. 外国に駐在する外交代表を任命、または召還する。
6. 外国と締結した重要な条約を批准、または廃棄する。
7. 特赦権を行使する。
8. 国の非常事態と戦時状態、動員令を公布する。
9. 戦時に国家防衛委員会を組織指導する。

第105条 朝鮮民主主義人民共和国国務委員会委員長は、命令を下す。

第106条 朝鮮民主主義人民共和国国務委員会委員長は、自らの活動について最高人民会議に対し責任を負う。

第3節　国務委員会

第107条　国務委員会は、国家主権の最高政策的指導機関である。

第108条　国務委員会は、委員長、第1副委員長、副委員長、委員で構成する。

第109条　国務委員会の任期は、最高人民会議の任期と同一である。

第110条　国務委員会は、次のような任務と権限を有する。

1. 国家の重要な政策を討議決定する。
2. 朝鮮民主主義人民共和国国務委員会委員長の命令、国務委員会の政令、決定、指示の実行状況を監督し、対策を立てる。
3. 朝鮮民主主義人民共和国国務委員会委員長の命令、国務委員会の政令、決定、指示に反する国家機関の決定、指示を廃止する。
4. 最高人民会議の休会中に内閣総理の提議により、副総理、委員長、相、その他の内閣成員を任命、または解任する。

第111条　国務委員会は、政令と決定、指示を下す。

第112条　国務委員会は、自らの活動について最高人民会議に対し責任を負う。

第4節　最高人民会議常任委員会

第113条　最高人民会議常任委員会は、最高人民会議の休会中の最高主権機関である。

第114条　最高人民会議常任委員会は、委員長、副委員長、書記長、委員で構成する。

第115条　最高人民会議常任委員会の任期は、最高人民会議の任期と同一である。

最高人民会議常任委員会は、最高人民会議の任期終了後も、次期常任委員会が選挙されるまで自らの任務を引き続き遂行する。

第116条　最高人民会議常任委員会は、次のような任務と権限を有する。

1. 最高人民会議を召集する。
2. 最高人民会議の休会中に提出された新たな部門法案と規定案、現行の部門法と規定の修正、補充案を審議、採択し、採択、実施した重要部門法を次回の最高人民会議の承認を受ける。
3. やむを得ない事情で最高人民会議の休会中に提出された国家の人民経済発展計画、国家予算とその調整案を審議し、承認する。
4. 憲法と現行の部門法、規定について解釈する。
5. 国家機関の法の順守、執行を監督し、対策を立てる。
6. 憲法、朝鮮民主主義人民共和国国務委員会委員長の命令、最高人民会議の法令、決定、国務委員会の政令、決定、指示、最高人民会議常任委員会の政令、決定、指示に反する国家機関の決定を廃止し、地方人民会議の誤った決定の執行を停止させる。
7. 最高人民会議代議員選挙のための活動を行い、地方人民会議代議員選挙を組織する。
8. 最高人民会議代議員との活動を行う。
9. 最高人民会議の各部門委員会との活動を行う。
10. 内閣の委員会、省を設置、または廃止する。
11. 最高人民会議常任委員会の各部門委員会の構成員を任命、または解任する。
12. 中央裁判所の判事、人民参審員を選出、または召還する。
13. 外国と締結した条約を批准、または廃棄する。
14. 勲章と賞牌、名誉称号を設け、外交職級を制定し、勲章、賞牌、名誉称号を授与する。
15. 大赦権を行使する。
16. 行政単位と行政区域を新設、または改定する。
17. 外国の国会、国際議会機構との活動をはじめとする対外活動を行う。

第117条　最高人民会議常任委員会委員長は、常任委員会の活動を組織指導する。

最高人民会議常任委員会委員長は、国家を代表して外国の使臣の信任状、召還状を接受する。

第118条　最高人民会議常任委員会は、全員会議と常務会議がある。

全員会議は委員全員で構成し、常務会議は委員長、副委員長、書記長で構成する。

第119条　最高人民会議常任委員会の全員会議は、常任委員会の任務と権限を実現するうえで提起される重要な問題を審議、決定する。

常務会議は、全員会議が委任した問題を審議、決定する。

第120条　最高人民会議常任委員会は、政令と決定、指示を下す。

第121条　最高人民会議常任委員会は、自らの活動を支援する部門委員会を設置することができる。

第122条　最高人民会議常任委員会は、自らの活動について最高人民会議に対し責任を負う。

第5節 内閣

第123条 内閣は、国家主権の行政執行機関であり、国家全般の管理機関である。

第124条 内閣は、総理、副総理、委員長、相とその他必要な構成員で構成する。

内閣の任期は、最高人民会議の任期と同一である。

第125条 内閣は、次のような任務と権限を有する。

1. 国家の政策を執行するための対策を立てる。
2. 憲法と部門法に基づいて、国家管理と関連する規定を制定、または修正、補充する。
3. 内閣の委員会、省、内閣直属機関、地方人民委員会の活動を指導する。
4. 内閣直属機関、重要な行政経済機関、企業所を設置、または廃止し、国家管理機構を改善する対策を立てる。
5. 国家の人民経済発展計画を作成し、実行のための対策を立てる。
6. 国家予算を編成し、執行のための対策を立てる。
7. 工業、農業、建設、運輸、通信、商業、貿易、国土管理、都市運営、教育、科学、文化、保健、スポーツ、労働行政、環境保全、観光、その他の各部門の活動を組織執行する。
8. 通貨および銀行制度を強固にするための対策を立てる。
9. 国家管理秩序を確立するための検査統制活動を行う。
10. 社会秩序の維持、国家および社会協同団体の所有と利益の保護、公民の権利保障のための対策を立てる。
11. 外国と条約を締結し、対外活動を行う。
12. 内閣の決定、指示に反する行政経済機関の決定、指示を廃止する。

第126条 内閣総理は、内閣の活動を組織指導する。

内閣総理は、朝鮮民主主義人民共和国政府を代表する。

第127条 内閣は、全員会議と常務会議がある。

内閣全員会議は内閣の全構成員で構成し、常務会議は総理、副総理とその他総理が任命する内閣成員で構成する。

第128条 内閣全員会議は、行政経済活動で提起される新たな重要な問題を審議、決定する。

常務会議は、内閣全員会議が委託した問題を審議、決定する。

第129条 内閣は、決定と指示を下す。

第130条 内閣は、自らの活動を支援する非常設部門委員会を設置することができる。

第131条 内閣は、自らの活動について最高人民会議と、その休会中は最高人民会議常任委員会に対し責任を負う。

第132条 新たに選出された内閣総理は、内閣の成員を代表して、最高人民会議で宣誓する。

第133条 内閣の委員会、省は、内閣の部門別執行機関であり、中央の部門別管理機関である。

第134条 内閣の委員会、省は、内閣の指導のもとで当該部門の活動を統一的に把握し、指導、管理する。

第135条 内閣の委員会、省は、委員会会議と幹部会議を運営する。

委員会、省の委員会会議と幹部会議は、内閣の決定、指示を実行するための対策とその他の重要な問題を審議、決定する。

第136条 内閣の委員会、省は指示を下す。

第6節 地方人民会議

第137条 道（直轄市）、市（区域）、郡人民会議は、地方の主権機関である。

第138条 地方人民会議は、一般、平等、直接の選挙原則により、秘密投票によって選出された代議員で構成する。

第139条 道（直轄市）、市（区域）、郡人民会議の任期は、4年とする。 地方人民会議の次期選挙は、地方人民会議の任期が終了する前に、当該地方人民委員会の決定に基づいて行う。

やむを得ない事情で選挙が実施できない場合は、選挙が実施されるまで任期を延長する。

第140条 地方人民会議は、次のような任務と権限を有する。

1. 地方の人民経済発展計画とその実行状況に関する報告を審議し、承認する。
2. 地方予算とその執行状況に関する報告を審議し、承認する。
3. 当該地域で国家の法を執行する対策を立てる。
4. 当該人民委員会の委員長、副委員長、事務長、委員を選出、または召還する。
5. 当該裁判所の判事、人民参審員を選出、または召還する。
6. 当該人民委員会と下級人民会議、人民委員会の誤った決定、指示を廃止する。

第141条　地方人民会議は、定期会議と臨時会議がある。

定期会議は、1年に1〜2回、当該人民委員会が召集する。

臨時会議は、当該人民委員会が必要と認めた場合、または全代議員の3分の1以上の要請がある場合に召集する。

第142条　地方人民会議は、全代議員の3分の2以上の参加により成立する。

第143条　地方人民会議は、議長を選出する。

議長は、会議を司会する。

第144条　地方人民会議は、決定を下す。

第7節　地方人民委員会

第145条　道（直轄市）、市（区域）、郡人民委員会は当該人民会議休会中の地方主権機関であり、当該地方主権の行政的執行機関である。

第146条　地方人民委員会は、委員長、副委員長、事務長、委員で構成する。

地方人民委員会の任期は、当該人民会議の任期と同一である。

第147条　地方人民委員会は、次のような任務と権限を有する。

1. 人民会議を召集する。
2. 人民会議代議員選挙のための活動を行う。
3. 人民会議代議員との活動を行う。
4. 朝鮮民主主義人民共和国国務委員会委員長の命令、最高人民会議の法令、決定、国務委員会の政令、決定、指示、最高人民会議常任委員会の政令、決定、指示、内閣と内閣の委員会、省の決定、指示、当該地方人民会議、上級人民委員会の決定、指示を執行する。
5. 当該地方のすべての行政活動を組織執行する。
6. 地方の人民経済発展計画を作成し、その実行対策を立てる。
7. 地方予算を編成し、その執行対策を立てる。
8. 当該地方の社会秩序維持、国家および社会協同団体の所有と利益の保護、公民の権利保障のための対策を立てる。
9. 当該地方で国家管理秩序を確立するための検査統制活動を行う。
10. 下級人民委員会の活動を指導する。
11. 下級人民委員会の誤った決定、指示を廃止し、下級人民会議の誤った決定の実行を停止させる。

第148条　地方人民委員会は、全員会議と常務会議を有する。

地方人民委員会全員会議は全委員で構成し、常務会議は委員長、副委員長、事務長で構成する。

第149条　地方人民委員会全員会議は、自らの任務と権限を実現するうえで提起される重要な問題を審議、決定する。

常務会議は、全員会議が委託した問題を審議、決定する。

第150条　地方人民委員会は、決定と指示を下す。

第151条　地方人民委員会は、自らの活動を支援する非常設部門委員会を設置することができる。

第152条　地方人民委員会は、自らの活動について当該人民会議に対し責任を負う。

地方人民委員会は、上級人民委員会と内閣、最高人民会議常任委員会に服する。

第8節　検察所と裁判所

第153条　検察活動は、中央検察所、道（直轄市）、市（区域）、郡検察所および特別検察所が行う。

第154条　中央検察所所長の任期は、最高人民会議の任期と同一である。

第155条　検事は中央検察所が任命、または解任する。

第156条　検察所は、次のような任務を遂行する。

1. 機関、企業所、団体および公民が国家の法律を順守しているかどうかを監察する。
2. 国家機関の決定、指示が、憲法、朝鮮民主主義人民共和国国務委員会委員長の命令、最高人民会議の法令、決定、国務委員会の政令、決定、指示、最高人民会議常任委員会の政令、決定、指示、内閣の決定、指示に反していないかどうかを監察する。
3. 犯罪者をはじめとする法の違反者を摘発し、法的責任を追及することによって、朝鮮民主主義人民共和国の主権と社会主義制度、国家と社会協同団体の財産、人民の憲法上の権利と生命、財産を保護する。

第157条　検察活動は、中央検察所が統一的に指導し、すべての検察所は上級検察所と中央検察所に服する。

第158条　中央検察所は、自らの活動について最高人民会議と、その休会中は最高人民会議常任委員会に対し責任を負う。

第159条　裁判は、中央裁判所、道（直轄市）裁判所、市（区域）、郡人民裁判所および特別裁判所が行う。

判決は、朝鮮民主主義人民共和国の名において言い渡す。

第160条　中央裁判所所長の任期は、最高人民会議の任期と同一である。

中央裁判所、道（直轄市）裁判所、市（区域）、郡人民裁判所の判事、人民参審員の任期は、当該人民会議の任期と同一である。

第161条　特別裁判所の所長と判事は、中央裁判所が任命、または解任する。

特別裁判所の人民参審員は、当該軍務者会議、または従業員会議で選出する。

第162条　裁判所は、次のような任務を遂行する。

1. 裁判活動を通じて朝鮮民主主義人民共和国の主権と社会主義制度、国家と社会協同団体の財産、人民の憲法上の権利と生命、財産を保護する。
2. すべての機関、企業所、団体と公民が国家の法律を順守し、階級の敵や、すべての法の違反者と積極的に闘うようにする。
3. 財産に関する判決、判定を行い、公証活動を行う。

第163条　裁判は、判事1名と人民参審員2名で構成された法廷で行う。特別な場合は、判事3名で行うことができる。

第164条　裁判は公開とし、被告人の弁護権を保障する。

法の定めるところにより裁判を公開しないこともある。

第165条　裁判は朝鮮語で行う。

外国人は、裁判で自国語を使用することができる。

第166条　裁判所は、裁判において独立しており、法律に依拠して裁判を行う。

第167条　中央裁判所は、朝鮮民主主義人民共和国の最高裁判機関である。

中央裁判所は、すべての裁判所の裁判活動を監督する。

第168条　中央裁判所は、自らの活動について最高人民会議と、その休会中は最高人民会議常任委員会に対し責任を負う。

第7章　国章、国旗、国歌、首都

第169条　朝鮮民主主義人民共和国国章は、「朝鮮民主主義人民共和国」と記した赤い帯をまいた稲穂の楕円形の枠の中に壮大な水力発電所を配し、その上に革命の聖山白頭山と、燦然と輝く赤い五角星がある。

第170条　朝鮮民主主義人民共和国国旗は、旗の中央に幅の広い赤地があり、その上下に細い白地、さらに青地があり、赤地の旗竿寄りの白い円の中に赤い五角星がある。

旗の縦横の比は1対2である。

第171条　朝鮮民主主義人民共和国の国歌は、「愛国歌」である。

第172条　朝鮮民主主義人民共和国の首都は、平壌である。

朝鮮労働党規約

2021年1月9日改正

序　文

　朝鮮労働党は、偉大な金日成・金正日主義の党である。

　金日成・金正日主義は、主体思想に基づいて全一的に体系化された革命と建設の百科全書であり、人民大衆の自主性を実現するための実践闘争の中でその真理性と活力が検証された革命的で科学的な思想である。

　朝鮮労働党は、偉大な首領達を永遠に高く奉じて首班を中心として組織思想的に強固に結合された労働階級と勤労人民大衆の核心部隊、前衛部隊である。

　朝鮮労働党は、偉大な金日成・金正日主義を唯一の指導思想とする主体型の革命的党である。

　朝鮮労働党は、偉大な金日成・金正日主義を党建設と党活動の出発点として、党の組織思想的強固化の旗職として、革命と建設の永遠の旗職として高く掲げていく。

　朝鮮労働党は、抗日革命闘争時期に創造され発展豊富化した主体の革命伝統を固守し、絶えず継承発展させる。

　朝鮮労働党は、労働者、農民、知識人をはじめとする勤労人民大衆の中に深く根を張り、彼らの中で社会主義偉業の勝利のために闘争する先進闘志として組織した労働階級の革命的党、勤労人民大衆の大衆的党である。

　朝鮮労働党は、朝鮮民族と朝鮮人民の利益を代表する。

　朝鮮労働党は、勤労人民大衆のすべての政治組織の中で最も高い形態の政治組織であり、政治、経済、軍事、文化をはじめとするすべての分野を統一的に導いていく領導的政治組織、革命の参謀部であり、朝鮮人民のすべての勝利の組織者、響導者である。

　朝鮮労働党は、全社会の金日成・金正日主義化を党の最高綱領とする。

　朝鮮労働党の当面の目的は、共和国北半部で富強で文明ある社会主義社会を建設し、全国的範囲で社会の自主的で民主主義的な発展を実現することにあり、最終目的は、人民の理想が完全に実現された共産主義社会を建設することにある。

　朝鮮労働党は、党内に思想と領導の唯一性を保障し、人民大衆と血縁的紐帯を強化し、党建設で継承性を保障することを党建設の基本原則とする。

　朝鮮労働党は、首領の革命思想と領導方式を党建設と党活動全般に徹底的に具現し、首領が成し遂げた不滅の革命業績をしっかりと擁護固守して絶えず輝かせていく。

　朝鮮労働党は、党中央の唯一的領導体系確立を中核に打ち立て、全党を金日成・金正日主義に一色化し、首班を中心とする全党の統一団結を百方に強化し、党中央の領導の下に組織規律に従って一様に動く厳格な革命的制度と秩序を立てる。

　朝鮮労働党は、党の思想に背反する資本主義思想、封建儒教思想、修正主義、教条主義、事大主義をはじめとするあらゆる反動的な機会主義的思想潮流に反対排撃し、マルクス・レーニン主義の革命的原則を堅持する。

　朝鮮労働党は、階級路線と群衆路線を徹底的に貫徹し、革命陣地、階級陣地をしっかりと固め、党と人民大衆の一心団結を百方に強化していく。

　朝鮮労働党は、朝鮮人民の物質文化生活を絶えず高めることを党活動の最高原則とする。

　朝鮮労働党は、人との事業を党事業の基本とし、抗日遊撃隊式事業方法を徹底的に具現する。

　朝鮮労働党は、革命と建設に対する領導で労働階級的原則、社会主義的原則を一貫して堅持し、主体性と民族性を固守する。

　朝鮮労働党は、人民大衆第一主義政治を社会主義基本政治方式とする。

　朝鮮労働党は、人民の尊厳と権益を絶対的に擁護して、すべての問題を人民大衆の無尽の力に依拠して解決していき、人民のために服務する政治を実現する。

　朝鮮労働党は、人民政権を強化して、思想、技術、文化の3大革命を力強く急き立てることを社会主義建設の総路線として掌握していく。

　朝鮮労働党は、自力更生の旗職の下に経済建設を急き立て、社会主義の物質技術的土台をしっかりと固め、社会主義文化を全面的に発展させて、社会主義の制度的優越性をさらに強固にして発揚させ、社会主義の完全勝利を早めるために闘争する。

朝鮮労働党は、共和国の武力を政治思想的に、軍事技術的に不断に強化し、自立的国防工業を発展させ、国の防衛力を絶えず打ち固めていく。

朝鮮労働党は、青年運動を強化することを党と国家の最大の重大事、革命の戦略的要求として打ち立て、青年を党の後備隊、斥候隊としてしっかり育てて、勤労団体の役割を高めて広範な群衆を党の周りに団結させ、社会主義建設のための闘争へと組織動員する。

朝鮮労働党は、全朝鮮の愛国的民主力量との統一戦線を強化し、海外同胞の民主主義的民族権利と利益を擁護保証し、彼らの愛国愛族の旗幟の下に固く団結させ、民族的自尊心と愛国的熱意を喚起し、祖国の統一発展と隆盛繁栄のための道に積極的に出ていくようにする。

朝鮮労働党は、南朝鮮で米帝の侵略武力を撤去させ、南朝鮮に対する米国の政治軍事的支配を終局的に清算し、あらゆる外勢の干渉を徹底的に排撃して強力な国防力で根源的な軍事的脅威を制圧し、朝鮮半島の安全と平和的環境を守護し、民族自主の旗幟、民族大団結の旗幟を高く掲げて祖国の平和統一を早め、民族の共同繁栄を成し遂げるために闘争する。

朝鮮労働党は、自主、平和、親善を対外政策の基本理念として、反帝自主力量との連帯性を強化し、他国との善隣友好関係を発展させ、帝国主義の侵略と戦争策動に反対し、世界の自主化と平和のために、世界社会主義運動の発展のために闘争する。

第1章　党員

第1条　朝鮮労働党は、首領の革命思想で徹底的に武装して、党組織規律に忠実で、党中央の領導に従ってわれわれ式社会主義偉業の新たな勝利、主体革命偉業の終局的勝利のために一身すべて捧げて闘争する主体型の革命家である。

第2条　朝鮮労働党は、朝鮮公民として党と革命、祖国と人民に無限に忠実で、党の綱領を信念で受け止め、党規約を遵守しようとする人々がなれる。

朝鮮労働党には、18歳から入党できる。

第3条　朝鮮労働党は、候補期間を終えた候補党員の中から受け入れる。

1) 入党しようとする人は、入党請願書と党員2人の入党保証書を党細胞に提出しなければならない。

社会主義愛国青年同盟員が入党する際には、市、郡青年同盟委員会の入党保証書を提出しなければならず、それは党員1人の入党保証書に代わる。

候補党員が党員として入党する際には、入党請願書と入党保証書を提出しない。しかし、党細胞が要求する際には、他の入党保証書を提出しなければならない。

2) 入党保証人は、3年以上の党生活年限を持たなければならない。

入党保証人は、入党請願者の社会政治生活をよく知らねばならず、保証内容に対して党の前に責任を負わなくてはならない。

3) 入党問題は、個別に審議しなければならない。

党細胞は、総会に入党請願者を参加させて入党問題を審議し、採択された決定は、市、郡党委員会の批准を受けなくてはならない。

入党保証人は、入党問題を討議する会議に参加しなくてもよい。

市、郡党委員会は入党問題についての党細胞の決定を1か月以内に審議し、処理しなければならない。

4) 候補党員の候補期間は、2年である。

党細胞は、候補党員の候補期間が終われば総会で彼の入党問題を審議して決定しなくてはならない。

特殊な場合には、候補期間が終わらない候補党員を党員として受け入れることができる。

候補党員が党員として入党する準備が整わない際には、候補期間を1年までの範囲内で一度延期することができ、その期間にも入党する資格を持てなければその者を除名しなくてはならない。

候補期間を延長したり候補党員を除名することについての党細胞の決定は、市、郡党委員会の批准を受けなければならない。

5) 入党日時は、党細胞総会で入党を決定した日である。

6) 党員として入党した人は、党員証を授与される際に入党宣誓を行う。

7) 特殊な環境で事業する人と、他党から脱党した人の入党問題は、党中央委員会が個別に規定した手続きと方法によって取り扱う。

第4条　党員の義務は次の通りである。

1) 党員は、党中央の領導に絶えず忠実でなければならない。

党員は、首領に対する忠実性を革命的信念、

義理として大切にし、党中央をしっかりと擁護して党の路線と政策を無条件に受け入れ徹底的に貫徹して、党の前に無限に誠実で、言葉と行動が一致しなくてはならない。

2) 党員は、偉大な金日成・金正日主義でしっかりと武装しなければならない。

党員は、首領の革命思想と理論、主体の革命伝統を深く研究体得し、すべての思考と行動の唯一の基準と捉え、事業と生活に徹底して具現していかなければならない。

3) 党員は、党生活に自覚的に参加し、党性を絶えず鍛錬しなければならない。

党員は、党組織観念を正しく持ち、党会議と党生活総括、党学習に誠実に参加し、党組織の決定と課題を責任もって執行し、批判と思想闘争を強化し、党組織規律を自覚的に持って、事業と生活に提起される諸問題を党組織に報告しなければならない。

4) 党員は、革命課業遂行で先鋒的役割をしなくてはならない。

党員は、自らの部門、自らの単位の前に提示された党政策を深く学習し、現代科学技術と専門知識をしっかり習得し、革命任務を責任もって遂行し、実力と能力で大衆を導き、群衆の中で核心的で模範的な役割をしなければならない。

5) 党員は、社会主義祖国を生命捧げて保衛しなくてはならない。

党員は、軍事重視を第一の国事として、国の防衛力を強化するための事業に積極的に貢献し、主体の戦争観点を持って軍事知識を誠実に学び、戦争に対処できる技術的準備をしっかりと備え、祖国守護精神を体現化して、有事には社会主義祖国と革命の獲得物を保衛し、生命捧げて戦う覚悟を持たなければならない。

6) 党員は、党的、階級的原則を徹底的に守らなければならない。

党員は、党と革命の利益を第一としてすべての問題を鋭利に見て、いかなる逆境の中でも革命的信念と志操を守り、階級的な敵とあらゆる異色的な思想要素、勢道や官僚主義、不正腐敗をはじめとする非社会主義的現象に反対し、しっかり闘争しなければならない。

7) 党員は、群衆と常に事業し、人民のために献身しなくてはならない。

党員は、群衆の中に党政策を解説宣伝し、その貫徹へと喚起させ、群衆の声に耳を傾けて

彼らの意見と要求を党組織に適時に反映させ、群衆の利益を擁護して実践するため積極的に努力しなければならない。

8) 党員は、革命的事業気風と生活気風を確立しなければならない。

党員は、消極的、保守的で安逸解弛な現象に反対し、革命的、戦闘的に働いて生活し、国家社会財産を主人として管理し、国家の法と規定を自覚的に遵守し、党、国家、軍事の秘密を厳格に守らなければならない。

9) 党員は、高尚な道徳品性を持たなければならない。

党員は、いつでも謙遜し、素朴かつ誠実で礼節があり、私利と功名を求めず、清廉潔白で社会公衆道徳と秩序を模範的に守り、助け合って導く社会主義的美風を高く発揮しなくてはならない。

10) 党員は、毎月党費を捧げなくてはならない。

党費は、月収入の2%である。

第5条　党員の権利は次の通りである。

1) 党員は、党会議と党出版物を通じて党の路線と政策を貫徹し、党事業を発展させることに助けとなる意見を発表することができる。

2) 党員は、党会議で決議権を持ち、各級党指導機関選挙で選挙権と被選挙権を有する。

3) 党員は、正当な理由と根拠がある際には、いかなる党員に対しても批判することができ、上級が与えるいかなる課業でもそれが党の路線と方針、党中央の思想と齟齬のあるときにはその執行を拒否することができる。

4) 党員は、自らの事業と生活に対する問題を討議決定する党会議に参加することを要求できる。

5) 党員は、党中央委員会に至るまでの各級党委員会に申告と請願をすることができ、脱党を要求することができる。

党員が脱党を要求する場合、党細胞は総会で討議決定し、市、郡党委員会の批准を受けて党隊列から送り出す。

第6条　候補党員の義務は党員の義務と同じであり、候補党員の権利は決議権と選挙権、被選挙権がない以外は党員の権利と同じである。

第7条　党組織規律を破った党員には党罰を与える。

1) 党中央の唯一的領導を拒否したり、党の路線と政策に反対して宗派行為を行ったり、敵と妥協することをはじめとして党と革命に厳重な

損失を及ぼした党員は追放する。

2) 追放しない程度の過誤を犯した党員には、その過誤の厳重性の程度によって、厳重警告、権利停止、候補党員への降格の罰を与える。

警告罰は6か月、厳重警告、権利停止罰は1年、候補党員への降格罰は2年を適用する。

党罰は、党員が過誤を犯すようになった動機と原因、過誤の効果とともに、その者の事業と生活を全面的に深く了解して慎重に与えなければならない。

3) 党細胞は、総会で過誤を犯した党員を参加させ、党罰を与えることについて審議決定する。特殊な場合には、本人の参加なく審議決定することができる。

党員に党罰を与えることについての党細胞の決定は、市、郡党委員会の批准を受けなければならず、党員を追放することについての党細胞の決定は、道党委員会の批准を受けなければならない。

4) 党細胞は、党罰を受けた党員が自らの過誤を深く反省して正すために努力し、事業で改善がある際には、総会で罰を免除することについて審議決定しなければならず、その決定は市、郡党委員会の批准を受けなければならない。

5) 党中央委員会と道、市、郡党委員会委員、候補委員に対する党罰問題は、党中央委員会が定めた手続きと方法によって取り扱う。

6) 党中央委員会と道、市、郡党委員会は、党規律問題に関連した党員の申告を適時に責任もって審議し処理しなければならない。

第8条　正当な理由なく6か月以上党生活に参加しなかったり、3年以上党員としての義務を履行しない党員に対しては、党細胞総会でその者を除名することを決定しなくてはならず、その決定は、市、郡党委員会の批准を受けなければならない。

第9条　党員の登録と異動は、党中央委員会が定めた手続きと方法によって行う。

第10条　朝鮮労働党員として党と革命、祖国と人民のために闘争して年金保障または社会保障を受けている党員をはじめ、党員としての活動を遂行できない党員は、名誉党員とする。

名誉党員には、名誉党員証を授与する。

党員を名誉党員として残す問題は、市、郡党委員会で批准する。

第2章　党の組織原則と組織構造

第11条　党は、民主主義中央執権制原則に従って組織し、活動する。

1) 各級党指導機関は、民主主義的に選挙し、選挙された指導機関は、選挙された党組織の前に自らの事業を正確に総括報告する。

2) 党員は、党組織に、少数は多数に、下級党組織は上級党組織に服従し、すべての党組織は党中央委員会に絶対服従する。

ある地域を担う党組織は、その地域の一部を担うすべての党組織の上級党組織になり、ある一部門や単位の事業を担う党組織は、その部門や単位の一部事業を担うすべての党組織の上級党組織となる。

3) すべての党組織は、党の路線と政策を無条件で擁護貫徹し、下級党組織は、上級党組織の決定を義務的に執行する。

4) 上級党組織は、下級党組織の事業を系統的に指導検閲し、下級党組織は、自らの事業状況を上級党組織に正確に報告する。

第12条　上級党組織は、地域単位と生産及び事業単位によって組織する。

第13条　各級党委員会は、該当単位の最高指導機関であり、政治的参謀部である。

党委員会の活動で基本は集団的指導である。

各級党委員会は、新しく重要な問題を必ず集団的に討議決定して執行し、ここに党指導機関成員と党員の責任制と創造性を密接に結合させなければならない。

第14条　各級党組織の最高指導機関は、次の通り組織する。

1) 党の最高指導機関は、党大会であり、党大会と党大会の間においては党大会が選挙した党中央委員会である。

道、市、郡党組織の最高指導機関は、該当の党代表会であり、党代表会と党代表会の間においては党代表会が選挙した該当の党委員会である。

基層党組織の最高指導機関は、党総会（党代表会）であり、党総会（党代表会）と党総会（党代表会）の間においては党総会（党代表会）が選挙した該当の党委員会である。

2) 党大会、党代表会の代表者は、一級低い党組織の党代表会または党総会で選挙する。

党大会代表者選出比率は、党中央委員会が規定し、道、市、郡党代表会選出比率は、党中

央委員会が定めた基準に従って該当の党委員
会が規定する。

3）党中央委員会の委員、候補委員の数は、党大
会で決定する。

道、市、郡党委員会の委員、候補委員の数と
基層党組織の委員数は、党中央委員会が定め
た基準に従って該当党代表会または党総会で
決定する。

党委員会の委員、候補委員の数を変更する必
要がある際には、党中央委員会全員会議と道、
市、郡党委員会全員会議、基層組織の総会
で再び決定することができる。

4）各級党指導機関の選挙は、党中央委員会が作
成した選挙細則に従って行う。

各級党指導機関の任期は、新たな党指導機関
を選挙する前までである。

第15条　各級党組織の指導機関成員の召喚（除名）
と補選は、次の通り行う。

1）党中央委員会と道、市、郡党委員会の委員、
候補委員の召喚（除名）と補選は、該当党委員
会全員会議で行う。

党中央委員会と道、市、郡党委員会委員が欠
員となった際には、該当党委員会候補委員の
中から補選する。

必要に応じて候補委員ではない党員を委員と
して補選することができる。

2）基層党組織の指導機関成員の召喚と補選は、
該当党総会（党代表者会）で行う。

規模が大きかったり下級組織が遠くに散在し
ているなど事業上の特性で党総会（党代表会）
を適時に招集できない初級党、分組級党にお
いては、党委員会で委員を召喚（除名）、補選
することができる。

3）上級党委員会は、欠員となった下級党委員会
の責任書記、書記、副書記を派遣することが
できる。

第16条　党会議は、該当党組織に所属する党員
（委員、代表者）総数の3分の2以上が参加して成
立し、提起された問題の可決は、決議権を有す
る党会議参加者の半分を超える賛成を受けて確
定する。

各級党委員会の候補委員は、該当党委員会全員
会議で発言権のみ有する。

第17条　道、市、郡党委員会の組織と解体問題は、
党中央委員会で、初級党と分組級党の組織と解
体問題は道委員会で、部門党と党細胞の組織と
解体問題は市、郡党委員会で批准する。

第18条　各級党委員会は、自らの事業の成果的保
障のために必要な部署を置く。

部署を設置したり廃止する権限は、党中央委員
会にある。

第19条　党中央委員会は、政治、軍事、経済的に
重要な部門に政治機関を組織する。

1）政治機関は、該当部門で党員と軍人と勤労者
に対する政治思想教養事業を組織実行し、該
当単位に組織された党委員会の執行部署と
して事業する。

政治機関は、党の路線と政策を貫徹するため
の闘争に党員と群衆を組織動員するため、党
熱誠者会議を招集することができる。

2）中央機関に組織された政治局（政治部）は、党
中央委員会に直属し、その指導の下に事業し、
自らの事業状況を党中央委員会に正確に報告
する。

政治局（政治部）は、下位の政治機関に対する
指導で該当地域の党委員会と緊密な連携を持
つ。

3）政治機関は、朝鮮労働党規約と党中央委員会
が批准した指導書と規定に従って組織され、
事業する。

第20条　党中央委員会は、いかなる党組織であれ
党の路線と政策、党規約を厳重に破ったり執行
しない際には、解散してそこに所属していた党員
を個別に審査し、再び登録して党組織を新たに
組織することができる。

党中央委員会は、担った事業を無責任に行った
り厳重な効果を招いたりした党組織と党機関内
の部署に警告、厳重警告、事業停止罰を与える。

第21条　党中央委員会は、政治、軍事、経済的に
重要な地域と部門、特殊な環境に合う党組織の
形式と活動方法、その他の党建設で現れる問題
を個別に決定する。

第3章　党の中央組織

第22条　党大会は、党の最高指導機関である。

党大会は、5年に1回、党中央委員会が招集し、
招集に関する発表は数か月前に行う。

第23条　党大会の事業は、次の通りである。

1）党中央委員会の事業を総括する。

2）党の綱領と規約を修正補充する。

3）党の路線と政策、戦略戦術の基本問題を討議
決定する。

4）党中央委員会を選挙する。

5）朝鮮労働党総書記を選挙する。

第24条　朝鮮労働党の首班は、朝鮮労働党総書記である。朝鮮労働党総書記は、党を代表して全党を組織領導する。

第25条　党中央委員会は、党大会と党大会の間に党のすべての事業を組織指導する。

党中央委員会は、全党と全社会の金日成・金正日主義化を自らの闘争の総的任務と捉え、党の唯一的領導体系を徹底的に立てて、党と革命隊伍をしっかりと整えてその威力を高め、革命発展の要求に合わせて路線と政策を立て、革命闘争と建設事業を政治的に指導し、国内外の各政党、諸団体と事業し、党の決定を管理する。

第26条　党中央委員会は、全員会議を1年に1回以上招集する。

党中央委員会全員会議は、該当時期に党の前に現れた重要な問題を討議決定し、党中央委員会政治局と政治局常務委員会を選挙し、党中央委員会第1書記、書記を選挙し、書記局を組織し、党中央軍事委員会を組織し、党中央検査委員会を選挙する。

党中央委員会に部署（非常設機構含む）を設置し、必要な場合、党規約を修正して執行し、党大会に提起して承認を受ける。

党中央委員会第1書記は、朝鮮労働党総書記の代理人である。

第27条　党中央委員会政治局は、全員会議と全員会議の間に党中央委員会の名で党のすべての事業を組織指導する。

党中央委員会全員会議を招集する。

第28条　党中央委員会政治局常務委員会は、政治、経済、軍事的に緊急に提起される重大な問題を討議決定し、党と国家の重要幹部を任命することについての問題を討議する。

朝鮮労働党総書記の委任によって、党中央委員会政治局常務委員会委員は、政治局会議を司会できる。

第29条　党中央委員会書記局は、党内部の事業で現れる問題とそのほかの実務的問題を随時に討議決定してその執行を組織指導する。

第30条　党中央軍事委員会は、党大会と党大会の間の党の最高軍事指導機関である。

朝鮮労働党総書記は、党中央軍事委員会委員長になる。

党中央軍事委員会は、党の軍事路線と政策を貫徹するための対策を討議決定し、共和国武力を指揮し、軍需工業を発展させるための事業をは

じめとして国防事業全般を党的に指導する。

党中央軍事委員会は、討議問題の性格によって、会議成立比率に関係なく必要な成員だけ参加させて招集することができる。

第31条　党中央検査委員会は、党中央の唯一的領導実現に阻害を与える党規律違反行為を監督調査し、党規律問題を審議して、申告請願を処理し、党の財政管理事業を検査する。

第32条　党中央委員会は、党大会と党大会の間に党代表者会を招集することができる。

党代表者会の代表者選出比率と代表者選出手続きは、党中央委員会が規定する。

党代表者会は、党の路線と政策、戦略戦術の重要な問題を討議決定し、党中央指導機関成員を召喚して補選する。

党代表者会は、党中央指導機関を選挙したり、党規約を修正補充したりすることができる。

第4章　党の道、市、郡組織

第33条　道、市、郡党代表会は、党の道、市、郡組織の最高指導機関である。

道、市、郡党代表会は、5年に1回ずつ党中央委員会の指示に従って道、市郡党委員会が招集する。

第34条　道、市、郡党代表会の事業は、次の通りである。

1）道、市、郡党委員会の事業を総括する。

2）道、市、郡党委員会を選挙する。

3）党大会、党代表者会と上級代表会に送る代表者を選挙する。

第35条　道、市、郡党委員会は、次のような事業を行う。

党中央の唯一的領導体系を立てる事業を中核に打ち立て、党と勤労者が党中央をしっかりと擁護し、党と革命隊伍の一心団結を強化して、党の路線と政策を決死貫徹し、党中央の領導下に一様に動くよう指導する。

幹部隊列をしっかり整え、その純血性を保障し、党発展事業と党員登録事業を進め、党員に対する党生活指導を強化し、人民大衆第一主義政治を具現し、広範な群衆を党の周りに団結させ、党組織の戦闘的機能と役割を高めるよう指導する。

革命伝統教養、忠実性教養、愛国主義教養、反帝階級教養、道徳教養を基本として掌握し、思想事業を攻勢的に展開し、党員と勤労者を党の

革命思想でしっかりと武装させ、大衆の精神力を高く発揚させ、帝国主義者の思想文化的浸透策動を蹴散らし、あらゆる異色的な思想要素と非社会主義的現象をはじめとする否定的な現象に反対して闘争する。

行政経済事業に対する党的指導を強化し、該当地域のすべての事業が党の政策的要求に合わせて進められるようにし、経済事業で転換を起こし、人民生活を向上させ、政権機関と青年同盟をはじめとする勤労団体組織をしっかり整え、その役割を高めるよう指導する。

民間武力の戦闘力を高め、戦闘動員準備を完成し、人民軍隊を積極的に援護するよう指導する。

道、市、郡党委員会の財政を管理する。

上級党委員会と党中央委員会に自らの事業状況を正確に報告する。

第36条　道党委員会は、全員会議を4か月に1回以上、市、郡党委員会は、全員会議を3か月に1回以上招集する。

道、市、郡党委員会全員会議は、党の路線と政策を貫徹するための対策を討議決定し、道、市、郡党委員会執行委員会と責任書記、書記を選挙して、書記処を組織し、道、市、郡党軍事委員会と検査委員会を選挙する。

第37条　道、市、郡党委員会執行委員会は、全員会議と全員会議の間に道、市、郡党委員会の名で行政経済事業に関連した党政策貫徹で現れる重要な問題を討議決定し、その執行のための事業を組織指導する。

道、市、郡党委員会執行委員会は、1か月に2回以上開催する。

第38条　道、市、郡党委員会の秘書処は、幹部事業をはじめとする党内部事業で現れる問題を随時討議決定し、組織執行する。

第39条　道、市、郡党軍事委員会は、党の軍事路線と政策を貫徹するための対策を討議決定し、その執行のための事業を組織指導する。

道、市、郡党軍事委員会は、党中央委員会の承認の下に、討議問題の性格に従って会議成立比率に関係なく、必要な活動家だけを参加させて招集することができる。

第40条　道、市、郡党検査委員会は、党中央の唯一的領導実現に阻害を与える党規律違反行為を監督調査し、党規律問題を審議し、申告請願を処理して、道、市、郡党財政管理事業を検査する。

第5章　党の基層組織

第41条　党の基層組織には、初級党、分組級党、部門党、党細胞がある。

党の末端基層組織は、党細胞である。

党細胞は、党員の党生活の拠点であり、党と大衆の血脈を一つに繋ぐ基本単位であり、党員と勤労者を組織動員し、党の路線と政策を貫徹していく直接的な戦闘単位である。

初級党は、党員が網羅され、政治組織生活を行う党の基層組織であり、党の路線と政策を執行していく基本戦闘単位である。

党中央委員会は、党細胞書記大会と初級党書記大会を5年に1回ずつ招集する。

第42条　党の基層組織は、次の通り組織する。

1) 党員が5人から30人までいる単位には党細胞を組織する。

特殊な場合には、党員が3～4人いたり30人を超したりしても党細胞を組織することができる。

2) 党員が31人から60人までいる独立的な単位には初級党を組織する。

3) 党員が61人以上いる単位には初級党を組織する。

4) 初級党（分組級党）と党細胞の間に党員が31人以上いる生産及び事業単位には、部門党を組織する。

5) 初級党、部門党、党細胞の組織形式だけで基層党組織を合理的に組織することができないときは、初級党と部門党間の生産及び事業単位に党員が60人を超えると分級党を組織する。

以上の党組織の形式が実情に合わない際には、党中央委員会の批准を受け、他の形式の党組織を設置することができる。

第43条　党総会（党代表会）は、党の基層組織の最高指導機関である。

1) 党細胞総会は、1か月に1回以上開催する。

2) 初級党、分組級党、部門党総会は、3か月に1回以上開催する。党員と候補委員が500人を超したり下級党組織が遠くに散らばっている際には、初級党総会（代表会）を1年に1回以上にすることができる。

第44条　基層党組織では、1年に1回ずつ指導機関の事業を総括し、新たな指導機関を選挙する。

1) 党細胞では、総会で党細胞事業を総括し、書記と副書記を選挙する。

市、郡党委員会に直属する党細胞に党員が20

人以上いれば、党細胞委員会を選挙して、その委員会で書記と副書記を選挙する。

2) 初級党、分組級党、部門党では、党総会（党代表会）で該当党委員会の事業を総括し、新たな党委員会を選挙し、その委員会で書記と副書記を選挙する。

初級党、分組級党委員会では、上級党の承認の下に執行委員会を選挙することができる。

第45条　基層党組織は、次のような事業を行う。

1) 党中央の領導を忠誠で奉じていくための事業を第一次的な事業として掌握していく。

党員と勤労者が党中央をしっかりと擁護し、党の路線と政策を徹底的に貫徹し、党中央の唯一的領導の下に一様に動く革命的規律を立てるようにする。

2) 党員に対する党生活組織と指導を強化する。

党員、候補党員を党組織に抜けることなく所属させ、党会議と党生活総括、党学習を高い政治思想的水準で組織遂行し、党員に党的課題を正確に与えて総括し、党員が党規約上の規範の要求通り事業して生活し、革命課業遂行で先鋒的役割をするようにする。

3) 初級活動家隊列をしっかり整え、検閲され準備された人たちを党に受け入れる。

初級活動家を党に忠実で実力があり事業作風が良い人たちから選抜配置し、彼らが担った業務がうまく進むよう指導し、入党対象者を了解把握して体系的に育て、党員の資格を備えた人たちを厳選して党に受け入れる。

4) 党員と勤労者に対する思想教養事業を力強く展開する。

党員と勤労者の中で革命伝統教養、忠実性教養、愛国主義教養、反帝階級教養、道徳教養を基本とし、思想教養を不断に強化して、ブルジョア思想文化の浸透を防ぎ、非社会主義的現象をはじめとするあらゆる否定的な現象に反対し、しっかりと闘争するようにする。

5) 群衆との事業を本質的に遂行する。

群衆との事業体系を整然と打ち立て、群衆を革命的に教養改造し、民心を掌握して群衆を党の周りに団結させ、人民のために減私服務するようにする。

6) 行政経済事業に対する党的指導を強化する。

党の路線と政策を貫徹するための対策を集団的に討議決定し、その執行のための組織政治事業を本質的に遂行し、大衆の精神力を総発動させ、党の思想貫徹戦、党政策擁護戦を力

強く展開し、科学技術発展を前面に掲げ、自強力を高く発揮して、生産と建設で継続して革新を起こし、生産文化、生活文化を確立して国家社会財産を主人として管理し、勤労者の後方事業を改善するようにする。

7) 勤労団体事業に対する党的指導を本質的に遂行する。

青年同盟をはじめとする勤労団体の初級活動家をしっかり整え、彼らの役割を高め、勤労団体組織の事業状況を了解して改善対策を立て、勤労団体組織に事業方向を正確に与え、勤労団体組織が自立性と創造性を高めて自らの任務を円満に遂行するようにする。

8) 民防衛事業を強化して人民軍隊を積極的に援護する。

労農赤衛軍と赤い青年近衛隊の隊列をしっかり整え、政治軍事訓練を強化するようにし、自らの単位の戦闘動員準備を完成し、援軍気風を立てて人民軍隊を誠心誠意援護する。

9) 3大革命赤い旗獲得運動と君子里労働階級称号獲得運動をはじめとする大衆運動を力強く展開する。

10) 上級党委員会に自らの事業状況を正確に報告する。

第46条　党細胞委員会は1か月に1回1以上、初級党、分組級党、部門党委員会は1か月に2回以上開催し、執行委員会が組織された初級党、分組級党では1か月に委員会は1回以上、執行委員会は2回以上開催する。

第6章　朝鮮人民軍内の党組織

第47条　朝鮮人民軍は、国家防衛の基本力量、革命の主力軍として社会主義祖国と党と革命を武装で擁護保衛し、党の領導を先頭で奉じていく朝鮮労働党の革命的武装力である。

朝鮮人民軍は、すべての軍事生活活動を党の領導の下に行う。

第48条　朝鮮人民軍の各級単位には党組織を置き、それを網羅する朝鮮人民軍党委員会を組織する。

朝鮮人民軍党委員会は、道党委員会の機能を遂行し、党中央委員会の指導の下に事業する。

第49条　朝鮮人民軍内の各級党組織は、次のような事業を行う。

全軍の金日成・金正日主義化を軍建設の総的課業として掌握し、人民軍隊を政治思想的に軍事

技術的に徹底的に準備させるために闘争する。

党中央の唯一的領軍体系を徹底的に打ち立て、党の命令指揮下に一様に動く革命的軍風を確立し、すべての事業を党の軍事路線と政策に立脚して組織進行する。

軍事指揮官と政治活動家をしっかりと整え、その役割を高めて党の発展事業を党的原則で実行し、党員に対する党生活組織と指導を強化し、人民軍隊内に幹部隊列と党隊列を質的に強固にする。

政治思想教養事業を強化し、すべての軍人を党の革命思想でしっかりと武装させ、不屈の革命精神と主体戦法を体質化した思想と信念の強者、一騎当千勇士に育てる。

人民軍内の青年同盟組織をしっかりと整えその機能と役割を高めるよう指導する。

党委員会の集団的指導を強化し、軍事事業を党的に、政治的に力強く推し進めて、党の軍事路線と政策を徹底的に貫徹し、戦闘準備を絶えることなく完成するようにする。

「一当百」のスローガンを高く掲げて、呉仲洽7連勝称号獲得運動と近衛部隊運動、名射撃手、名砲撃手運動を力強く展開し、部隊の政治軍事的威力を百方に強化する。

軍人の中で集団主義精神、大衆的英雄主義精神を培養し、革命的同志愛と官兵一致、軍民一致の伝統的美風を高く発揚させる。

第50条　朝鮮人民軍の各級単位には、政治機関を組織する。

朝鮮人民軍総政治局とその下の各級政治部は、該当党委員会の執行部署として党政治事業を組織執行する。

第51条　朝鮮人民軍の各級部隊には政治委員を置く。

政治委員は、該当部隊に派遣された党の代表として、党政治事業と軍事事業をはじめとする部隊内の全般事業に対して党的に、政治的に責任を負い、部隊のすべての事業が党の路線と政策に合わせて進められるよう掌握指導する。

第52条　朝鮮人民軍内の各級党組織と政治機関は、朝鮮労働党規約と朝鮮人民軍党政治事業指導書に従って事業する。

第7章　党と人民政権

第53条　人民政権は、社会主義偉業、主体革命偉業遂行の強力な政治的武器であり、党と人民大衆を連結させる最も包括的な紐帯であり、党の路線と政策の執行者である。

人民政権は、党の領導の下に活動する。

第54条　党は、人民政権内に党中央の唯一的領導体系をしっかり立て、党の路線と政策を徹底的に貫徹するよう指導する。

党は、人民政権が人民大衆の自主的権利の代表者、創造的能力と活動の組織者、人民生活を責任もつ戸主、人民の利益の保護者としての使命を立派に遂行し、社会に対する統一的指導機能と人民民主主義独裁機能を強化し、社会主義制度を擁護固守し、強固発展させ、社会主義建設を急き立てるよう指導する。

第55条　各級党組織は、人民政権機関活動家隊列をしっかり整え、活動家の役割を高め、人民政権機関が自らの任務を責任もって遂行するよう指導する。

第8章　党と勤労団体

第56条　勤労団体は、党の外郭団体であり、党と大衆を連結させる紐帯であり、党の頼もしい幇助者である。

社会主義愛国青年同盟は、朝鮮労働党の戦闘的後備隊であり、党の領導の下に主体革命偉業の完成のために闘争する青年の大衆的政治組織である。

勤労団体は、党の領導の下に活動する。

第57条　党は、勤労団体組織内に党中央の唯一的領導体系をしっかり立て、勤労団体を党に忠実な政治組織にして、勤労団体が党の思想と路線を徹底的に貫徹するよう政治的に指導する。

党は、勤労団体が同盟員の中で思想教養事業と同盟組織生活を強化し、大衆運動を力強く展開して彼らを党の周りにしっかり団結させ、社会主義建設に積極的に組織動員するよう指導する。

党は、青年重視路線を一貫して掌握し、社会主義愛国青年同盟が党に絶えず忠実な青年前衛の隊伍、祖国保衛と社会主義建設の先頭に立つ突撃隊になるよう指導する。

第58条　各級党組織は、青年同盟をはじめとする勤労団体の活動家隊列をしっかり整え、勤労団体の特性に合わせて事業方向を正確に与え、勤労団体組織が自らの任務を自立的に創造的に遂行するよう指導する。

第9章　党章、党旗

第59条 党章は、ハンマーと鎌、ペンが1つの場所に交錯するように描かれた朝鮮労働党の象徴的標識である。

党章は、朝鮮労働党の首領を中心として組織思想的に固く結ばれた労働者、農民、知識人をはじめとする勤労人民大衆の前衛部隊であり、人民大衆の中に深く根を下ろし、人民大衆の要求と利益のために闘争する革命的で大衆的な党だということを象徴する。

第60条 党旗は、赤い色の旗の中心に党章が刻まれている朝鮮労働党の象徴的な旗である。

党旗は、偉大な金日成・金正日主義を指導思想として主体の革命伝統を純潔に継いでいき、全人民を党と首領の周りに固く結びつけ、主体革命偉業を最後まで完成していく朝鮮労働党の革命的で大衆的な性格と不屈の意志、闘争精神を象徴する。

※2021年1月9日、朝鮮労働党第8回大会の会期中に党規約が改正された。その概要については党中央委員会機関紙『労働新聞』が報じたものの、全文は明らかにされなかった。その後、改正党規約を入手したとして、6月1日に韓国統一部が自国の報道機関にその概要「北韓党規約改正主要内容」を発表すると同時に、党規約の全文が出回るようになった。本稿はそれを全訳したものである。

共同宣言

●日朝平壌宣言

小泉純一郎日本国総理大臣と金正日朝鮮民主主義人民共和国国防委員長は、2002年9月17日、平壌で出会い会談を行った。

両首脳は、日朝間の不幸な過去を清算し、懸案事項を解決し、実りある政治、経済、文化的関係を樹立することが、双方の基本利益に合致するとともに、地域の平和と安定に大きく寄与するものとなるとの共通の認識を確認した。

1. 双方は、この宣言に示された精神及び基本原則に従い、国交正常化を早期に実現させるため、あらゆる努力を傾注することとし、そのために2002年10月中に日朝国交正常化交渉を再開することとした。

双方は、相互の信頼関係に基づき、国交正常化の実現に至る過程においても、日朝間に存在する諸問題に誠意をもって取り組む強い決意を表明した。

2. 日本側は、過去の植民地支配によって、朝鮮の人々に多大の損害と苦痛を与えたという歴史の事実を謙虚に受け止め、痛切な反省と心からのお詫びの気持ちを表明した。

双方は、日本側が朝鮮民主主義人民共和国側に対して、国交正常化の後、双方が適切と考える期間にわたり、無償資金協力、低金利の長期借款供与及び国際機関を通じた人道主義的支援等の経済協力を実施し、また、民間経済活動を支援する見地から国際協力銀行等による融資、信用供与等が実施されることが、この宣言の精神に合致するとの基本認識の下、国交正常化交渉において、経済協力の具体的な規模と内容を誠実に協議することとした。

双方は、国交正常化を実現するにあたっては、1945年8月15日以前に生じた事由に基づく両国及びその国民のすべての財産及び請求権を相互に放棄するとの基本原則に従い、国交正常化交渉においてこれを具体的に協議することとした。

双方は、在日朝鮮人の地位に関する問題及び文化財の問題については、国交正常化交渉において誠実に協議することとした。

3. 双方は、国際法を遵守し、互いの安全を脅かす行動をとらないことを確認した。また、日本国民の生命と安全にかかわる懸案問題については、朝鮮民主主義人民共和国側は、日朝が不正常な関係にある中で生じたこのような遺憾な問題が今後再び生じることがないよう適切な措置をとることを確認した。

4. 双方は、北東アジア地域の平和と安定を維持、強化するため、互いに協力していくことを確認した。

双方は、この地域の関係各国の間に、相互の信頼に基づく協力関係が構築されることの重要性を確認するとともに、この地域の関係国間の関係が正常化されるにつれ、地域の信頼醸成を図るための枠組みを整備していくことが重要であるとの認識を一にした。

双方は、朝鮮半島の核問題の包括的な解決のため、関連するすべての国際的合意を遵守することを確認した。また、双方は、核問題及びミサイル問題を含む安全保障上の諸問題に関し、関係諸国間の対話を促進し、問題解決を図ることの必要性を確認した。

朝鮮民主主義人民共和国側は、この宣言の精神に従い、ミサイル発射のモラトリアムを2003年以降も更に延長していく意向を表明した。

双方は、安全保障にかかわる問題について協議を行っていくこととした。

日本国総理大臣
小泉純一郎

朝鮮民主主義人民共和国国防委員会委員長
金正日

2002年9月17日　平壌

●南北共同宣言

祖国の平和的統一を願う全民族の崇高な意思にしたがい、朝鮮民主主義人民共和国の金正日国防委員長と大韓民国の金大中大統領は、2000年6月

13日から6月15日にかけて平壌で歴史的な対面を
果たし、最高位級会談をおこなった。

　南北両首脳は、分断史上初めて開かれた今回の
対面と会談が、相互の理解を深め、南北関係を発
展させ平和統一を実現するうえで、画期的な意義
を有すると評価し、次のように宣言する。

1. 北と南は、国の統一問題を、その主人であるわ
が民族同士が、互いに力を合わせて自主的に解決
することにした。

2. 北と南は、国の統一のための、北側の低い段階
の連邦制案と、南側の連合制案が、互いに共通性
があると認め、今後、この方向で統一を志向するこ
とにした。

3. 北と南は、今年の8・15に際して、離散家族・
親戚訪問団を交換し、非転向長期囚問題を解決す
るなど、人道的問題を早急に解決することにした。

4. 北と南は、経済協力によって民族経済を均衡的
に発展させ、社会、文化、スポーツ、保健、環境
など各分野の協力と交流を活性化し、相互間の信
頼を構築していくことにした。

5. 北と南は、以上の合意事項を早急に実践に移す
ため、早い日時内に当局間の対話を開催することに
した。

　金大中大統領は金正日国防委員長にソウルを訪
問されるよう丁重に招請し、金正日国防委員長は、
今後、適当な時期にソウルを訪問することにした。

2000年6月15日

朝鮮民主主義人民共和国国防委員長
金正日

大韓民国大統領
金大中

●南北関係発展と平和繁栄のための宣言

　朝鮮民主主義人民共和国の金正日国防委員長と
大韓民国の盧武鉉大統領との合意にもとづき、盧
武鉉大統領が2007年10月2日から4日まで平壌を
訪問した。

訪問期間に歴史的な対面と会談が行われた。

　対面と会談では、6.15共同宣言の精神を再確認
し、南北関係の発展と朝鮮半島の平和、民族共同
の繁栄と統一を実現するのにともなう諸般の問題を
虚心坦懐に協議した。

　双方は、わが民族同士で志と力を合わせれば、
民族繁栄の時代、自主統一の新時代を切り開いて
いくことができるという確信を表明し、6.15共同宣
言にもとづいて南北関係を拡大発展させていくため
に、次の通り宣言する。

1. 北と南は、6.15共同宣言を固守し、積極的に具
現していく。

　北と南は、「わが民族同士」の精神にもとづき、
統一問題を自主的に解決していき、民族の尊厳と
利益を重視し、万事をこれに志向させていくことに
した。

　北と南は、6.15共同宣言を変わることなく履行し
ていこうとする意志を反映して、6月15日を記念す
る方案を講じることにした。

2. 北と南は、思想と体制の違いを超越して、南北
関係を相互尊重と信頼の関係に確固と転換させて
いくことにした。

　北と南は、内部問題に干渉せず、南北関係の問
題を和解と協力、統一にかなうように解決していく
ことにした。

　北と南は、南北関係を統一志向的に発展させて
いくため、おのおのが法的・制度的装置を整備して
いくことにした。

　北と南は、南北関係の拡大と発展のための問題
を民族の念願に即して解決するため、双方の議会
など、各分野の対話と接触を積極的に推進してい
くことにした。

3. 北と南は、軍事的敵対関係を終息させ、朝鮮半
島において緊張緩和と平和を保障するため緊密に
協力することにした。

　北と南は、互いに敵視せず、軍事的緊張を緩和
し、紛争問題を対話と協商を通じて解決することに
した。

　北と南は、朝鮮半島においていかなる戦争にも反
対し、不可侵の義務を順守することにした。

　北と南は、西海における偶発的衝突を防止する
ために共同漁労水域を指定し、この水域を平和水
域にするための方案と各種の協力事業に対する軍
事的保障措置の問題など、軍事的信頼構築の措置

を協議するために、北側の人民武力部長と南側の国防部長官との会談を今年の11月中に平壌で開催することにした。

4. 北と南は、現在の停戦体制を終息させ、恒久的な平和体制を構築していかなければならないということで認識をともにし、直接に関連している3者または4者の首脳が朝鮮半島地域で会合し、終戦を宣言する問題を推進するために協力していくことにした。

北と南は、朝鮮半島の核問題を解決するため、6者会談の「9.19共同声明」と「2.13合意」が順調に履行されるよう、共同で努力することにした。

5. 北と南は、民族経済の均衡のとれた発展と共同の繁栄のために、経済協力事業を共利・共栄と有無相通じる原則に立って積極的に活性化し、持続的に拡大発展させていくことにした。

北と南は、経済協力のための投資を奨励し、経済下部構造の建設と資源の開発を積極的に推進し、民族内部の協力事業の特殊性に即して、さまざまな優遇条件や特恵を優先的に付与することにした。

北と南は、海州地域とその周辺海域を包括する「西海平和協力特別地帯」を設置し、共同漁労区域と平和水域の設定、経済特区の建設と海州港の活用、民間船舶の海州直航路通過、臨津江河口の共同利用などを積極的に推進していくことにした。

北と南は、開城工業地区の第1段階建設を早期に完成し、第2段階の開発に着手し、汶山―鳳東間の鉄道貨物輸送を開始し、通行、通信、通関の問題をはじめ諸般の制度的保障措置を速やかに完備していくことにした。

北と南は、開城―新義州鉄道と開城―平壌高速道路を共同で利用するため、改修・補修の問題を協議、推進していくことにした。

北と南は、安辺と南浦に造船協力地区を建設し、農業、保健医療、環境保護など、各分野における協力事業を進めていくことにした。

北と南は、南北経済協力事業の円滑な推進のために、現在の「南北経済協力推進委員会」を副総理級の「南北経済協力共同委員会」に格上げすることにした。

6. 北と南は、民族の悠久の歴史と優れた文化を輝かせるため、歴史、言語、教育、科学技術、文化芸術、スポーツなど、社会文化分野の交流と協力を発展させていくことにした。

北と南は、白頭山観光を実施し、このため白頭山―ソウル直航路を開設することにした。

北と南は、2008年北京五輪競技大会に、南北の応援団が西海線列車を初めて利用して参加することにした。

7. 北と南は、人道主義協力事業を積極的に推進していくことにした。

北と南は、離散家族・親戚の対面を拡大し、映像書簡交換活動を推進することにした。

このため、金剛山面会所が完成するにともなって、双方の代表を常駐させ、離散家族・親戚の対面を定期的に行うことにした。

北と南は、自然災害など災難が発生した場合、同胞愛と人道主義、相互扶助の原則にもとづいて積極的に協力していくことにした。

8. 北と南は、国際舞台で、民族の利益と海外同胞の権利と利益のための協力を強化することにした。

北と南は、この宣言の履行のため南北総理会談を開催することにし、第1回会議を今年の11月中にソウルで持つことにした。

北と南は、南北関係の発展のために首脳たちが随時対面し、懸案問題を協議することにした。

2007年10月4日　平壌

朝鮮民主主義人民共和国国防委員長
金正日

大韓民国大統領
盧武鉉

●朝鮮半島の平和と繁栄、統一のための板門店宣言

朝鮮民主主義人民共和国の金正恩国務委員長と大韓民国の文在寅大統領は、平和と繁栄、統一を念願する全同胞の一様な志向を込めて朝鮮半島で歴史的な転換が起きている意義深い時期に、2018年4月27日、板門店の「平和の家」で南北首脳の会談を行った。

南北の両首脳は、朝鮮半島にこれ以上戦争は起こらないし、新しい平和の時代が開かれたということを8000万のわが同胞と全世界に厳かに宣言した。

南北の両首脳は、冷戦の所産である長い分断と対決を一日も早く終息させ、民族の和解と平和・繁

栄の新しい時代を果敢に開いていき、南北関係をより積極的に改善し、発展させていかなければならないという確固たる意志を込めて歴史の地、板門店で、次のように宣言した。

1. 北と南は、南北関係の全面的で画期的な改善と発展を成し遂げることによって、断ち切られた民族の血脈をつなぎ共同繁栄と自主統一の未来を早めていく。

南北関係を改善し、発展させるのは全同胞の一様な所望であり、これ以上先送りすることのできない時代の差し迫った要求である。

①北と南は、わが民族の運命はわれわれ自らが決定するという民族自主の原則を確認し、すでに採択された両南北宣言と全ての合意を徹底的に履行することによって、関係の改善と発展の転換的局面を開いていくことにした。

②北と南は、高位級会談をはじめ、各分野の対話と協商を早い時日内に開催して首脳会談で合意した問題を実践に移すための積極的な対策を講じていくことにした。

③北と南は、当局間の協議を緊密にし、民間の交流と協力を円滑に保障するために、双方当局者が常駐する南北共同連絡事務所を開城地域に設置することにした。

④北と南は、民族の和解と団結の雰囲気を高調させていくために、各階層の多面的な協力と交流、往来と接触を活性化することにした。

内においては6.15をはじめ北と南に共に意義のある日々を契機に当局と議会、政党、地方自治団体、民間団体など、各階層が参加する民族共同行事を積極的に推し進めて和解と協力の雰囲気を高調させ、外においては2018年アジア競技大会をはじめ国際競技に共同で進出して民族の英知と才能、団結した姿を全世界に誇示することにした。

⑤北と南は、民族分裂によって生じた人道的問題を早急に解決するために努力し、南北赤十字会談を開催して離散家族・親戚の面会をはじめ、諸般の問題を協議、解決していくことにした。

差し当たり、来る8.15を契機に離散家族・親戚の面会を行うことにした。

⑥北と南は、民族経済の均衡的発展と共同繁栄を成し遂げるために10.4宣言で合意した事業を積極的に推し進め、1次的に東・西海線の鉄道と道路を連結し、近代化して活用するための実践的対策を取っていくことにした。

2. 北と南は朝鮮半島で先鋭な軍事的緊張状態を緩和し、戦争の危険を実質的に解消するために共同で努力していく。

朝鮮半島の軍事的緊張状態を緩和して戦争の危険を解消するのは、民族の運命に関わる非常に重大な問題であり、わが同胞の平和で安定した生を保障するための要の問題である。

①北と南は、地上と海上、空中をはじめ、全ての空間で軍事的緊張と衝突の根源となる相手に対する一切の敵対行為を全面中止することにした。

差し当たり、5月1日から軍事境界線一帯で拡声器放送とビラ散布をはじめ、全ての敵対行為を中止してその手段を撤廃し、今後、非武装地帯を実質的な平和地帯としていくことにした。

②北と南は、西海の「北方限界線」一帯を平和水域として偶発的な軍事的衝突を防止し、安全な漁労活動を保障するための実際の対策を講じていくことにした。

③北と南は、相互協力と交流、往来と接触が活性化されることに伴う各種の軍事的保障対策を講じることにした。

北と南は、双方間に提起される軍事的問題を遅滞なく協議、解決するために人民武力相会談をはじめとする軍事当局者会談を頻りに開催し、5月中にまず将官級軍事会談を開くことにした。

3. 北と南は、朝鮮半島の恒久的で強固な平和体制の構築のために積極的に協力していく。

朝鮮半島で不正常な現在の停戦状態を終息させ、確固たる平和体制を樹立するのはこれ以上、先送りすることのできない歴史的課題である。

①北と南は、いかなる形態の武力も互いに使用しないという不可侵合意を再確認し、厳格に順守していくことにした。

②北と南は、軍事的緊張が解消され、互いの軍事的信頼が実質的に構築されるにつれて段階的に軍縮を実現していくことにした。

③北と南は、停戦協定締結65年になる今年に終戦を宣言して停戦協定を平和協定に転換し、恒久的で強固な平和体制構築のための南北・米の3者、または南北・中・米の4者会談の開催を積極的に推し進めていくことにした。

④北と南は、完全な非核化を通じて核なき朝鮮半島を実現するという共同の目標を確認した。

北と南は、北側が取っている主動的な措置が朝鮮半島の非核化のためにとても有意義で、重大

な措置であることに認識を同じくし、今後、それぞれ自分の責任と役割を果たすことにした。

北と南は、朝鮮半島の非核化を目指す国際社会の支持と協力のために積極的に努力していくことにした。

南北の両首脳は、定期的な会談と直通電話を通じて民族の重大事を随時真摯に論議して信頼を強固にし、南北関係の持続的な発展と朝鮮半島の平和と繁栄、統一に向かう良好な流れをさらに拡大していくために共に努力していくことにした。

差し当たり、文在寅大統領は今年の秋に平壌を訪問することにした。

2018年4月27日　板門店

朝鮮民主主義人民共和国国務委員長
金正恩

大韓民国大統領
文在寅

●9月平壌共同宣言

朝鮮民主主義人民共和国の金正恩国務委員長と大韓民国の文在寅大統領は、2018年9月18日から20日まで平壌で南北首脳会談を行った。

両首脳は、歴史的な板門店宣言以後、南北当局間の緊密な対話と協商、多面的民間交流と協力が行われ、軍事的緊張緩和のための画期的な措置が取られるなど、立派な成果が収められたと評価した。

両首脳は、民族自主と民族自決の原則を再確認し、南北関係を民族の和解と協力、確固たる平和と共同繁栄のために一貫して持続的に発展させていくことにし、現在の南北関係の発展を統一につないでいくことを願う全同胞の志向と念願を政策的に実現するために努力していくことにした。

両首脳は、板門店宣言を徹底的に履行して南北関係を新しい高い段階に前進させていくための諸般の問題と実践的対策を虚心坦懐に深く論議し、今回の平壌首脳会談が重要な歴史的転機になることで認識を共にし、次のように宣言した。

1. 北と南は、非武装地帯をはじめ対峙地域での軍事的敵対関係の終息を朝鮮半島の全地域での実質的な戦争の危険除去と根本的な敵対関係の解消につないでいくことにした。

①北と南は、今回の平壌首脳会談を契機に締結した「板門店宣言軍事分野履行合意書」を平壌共同宣言の付属合意書として採択し、これを徹底的に順守して誠実に履行するとともに、朝鮮半島を恒久的な平和地帯につくるための実践的措置を積極的に講じていくことにした。

②北と南は、南北軍事共同委員会を速やかに稼動して軍事分野合意書の履行実態を点検し、偶発的武力衝突防止のための恒常的な連携と協議を行うことにした。

2. 北と南は、互恵と共利・共栄の原則に基づいて交流と協力をより増大させ、民族経済を均衡的に発展させるための実質的な対策を講じていくことにした。

①北と南は、今年中に東・西海線鉄道および道路連結と現代化のための着工式を行うことにした。

②北と南は、条件が整えば開城工業地区と金剛山観光事業をまず正常化し、西海経済共同特区および東海観光共同特区を造成する問題を協議していくことにした。

③北と南は、自然生態系の保護および復元のための南北環境協力を積極的に推し進めることにし、優先的に現在進行中の山林分野協力の実践的成果のために努力することにした。

①北と南は、伝染性疾病の流入および拡散防止のための緊急措置をはじめ、防疫および保健医療分野の協力を強化することにした。

3. 北と南は、離散家族・親戚問題を根本的に解決するための人道的協力をいっそう強化していくことにした。

①北と南は、金剛山地域の離散家族・親戚常設面会所を早いうちに再開し、そのために面会所の施設を速やかに復旧することにした。

②北と南は、赤十字会談を通じて離散家族・親戚のテレビ面会とビデオレター交換問題を優先的に協議、解決していくことにした。

4. 北と南は、和解と団結の雰囲気を高調させ、わが民族の気概を内外に誇示するために多様な分野の協力と交流を積極的に推し進めることにした。

①北と南は、文化および芸術分野の交流をいっそう増進させていくことにし、優先的に10月中に平壌芸術団のソウル公演を行うことにした。

②北と南は、2020年夏季五輪をはじめ、国際競技に共同で積極的に進出し、2032年夏季五輪の南北共同開催の誘致で協力することにした。

③北と南は、10.4宣言発表11周年を意義深く記念するための行事を有意義に開催し、3.1人民蜂起100周年を南北が共同で記念することにし、そのための実務的方案を協議していくことにした。

5. 北と南は、朝鮮半島を核兵器と核脅威のない平和の地盤にすべきであり、そのために必要な実質的進展を速やかに遂げなければならないということで認識を共にした。

①北側は、東倉里エンジン実験場とロケット発射台を関係国専門家の立ち合いの下で、まず永久的に廃棄することにした。

②北側は、米国が6.12朝米共同声明の精神に従って相応措置を取れば寧辺核施設の永久的廃棄のような追加的措置を引き続き講じていく用意があることを表明した。

③北と南は、朝鮮半島の完全な非核化を推し進めていく過程で共に緊密に協力していくことにした。

6. 金正恩国務委員長は、文在寅大統領の招請によって近いうちにソウルを訪問することにした。

2018年9月19日

朝鮮民主主義人民共和国国務委員長
金正恩

大韓民国大統領
文在寅

●米朝首脳共同声明

金正恩朝鮮民主主義人民共和国国務委員会委員長とドナルド・J・トランプ米合衆国大統領は、2018年6月12日、シンガポールで初の歴史的な首脳会談を開催した。

金正恩委員長とトランプ大統領は、新たな米朝関係樹立と朝鮮半島での恒久的で強固な平和体制構築に関する問題について、包括的で深く率直な意見交換を行った。

トランプ大統領は、朝鮮民主主義人民共和国に安全担保を提供することを確認し、金正恩委員長は、朝鮮半島の完全な非核化に対する確固たる不動の意志を再確認した。

金正恩委員長とトランプ大統領は、新たな米朝関係樹立が朝鮮半島と世界の平和と繁栄に貢献することを確信しながら、相互の信頼構築が朝鮮半島の非核化を推進できることを認め、次のように宣言する。

1. 朝鮮民主主義人民共和国とアメリカ合衆国は、平和と繁栄を望む両国人民の念願に合わせて新しい米朝関係を樹立していくことにした。

2. 朝鮮民主主義人民共和国とアメリカ合衆国は、朝鮮半島に恒久的で強固な平和体制を構築するために共同で努力する。

3. 朝鮮民主主義人民共和国は、2018年4月27日に採択された板門店宣言を再確認し、朝鮮半島の完全な非核化に向けて努力することを確約した。

4. 朝鮮民主主義人民共和国とアメリカ合衆国は、戦争捕虜や行方不明者の遺骨発掘を進め、すでに発掘確認された遺骨を直ちに送還することを確約した。

金正恩委員長とトランプ大統領は、歴史上初となる米朝首脳会談が両国の間に数十年間続いてきた緊張状態と敵対関係を解消し、新たな未来を開いていく上で大きな意義を持つ画期的な事変であることを認め、共同声明の条項を完全かつ迅速に履行することにした。

朝鮮民主主義人民共和国とアメリカ合衆国は、米朝首脳会談の結果を履行するため、できるだけ早くマイク・ポンペオ米合衆国国務長官と朝鮮民主主義人民共和国の該当高位人士の間の後続交渉を進めることにした。

金正恩朝鮮民主主義人民共和国国務委員会委員長とドナルド・J・トランプ米合衆国大統領は、新たな米朝関係の発展と朝鮮半島と世界の平和と繁栄、安全を推進するため協力することにした。

2018年6月12日
シンガポール・セントーサ島

朝鮮民主主義人民共和国国務委員会委員長
金正恩

アメリカ合衆国大統領
ドナルド・J・トランプ

理解を深めるための文献紹介

　北朝鮮を理解するために参考となる文献は、韓国や米国で出版されたものの翻訳を含めて日本でも多く出版されている。ここでは、日本で出版された主要な文献を紹介する。比較的新しい文献を中心としているが、重要度の高いものは出版時期に関係なく収録した。

■概説書・通史

アンドレイ・ランコフ（山岡由美訳、李鍾元解説）『北朝鮮の核心：そのロジックと国際社　会の課題』みすず書房、2015年。
小此木政夫編著『北朝鮮ハンドブック』講談社、1997年。
平岩俊司『北朝鮮：変貌を続ける独裁国家』中公新書、2013年。
――――『北朝鮮はいま、何を考えているのか』NHK出版新書、2017年。
和田春樹『北朝鮮現代史』岩波新書、2012年。

■資料集

伊藤亜人ほか監修『新版 韓国 朝鮮を知る事典』平凡社、2014年。
小此木政夫・徐大粛監修、鐸木昌之・坂井隆・古田博司責任編集『資料 北朝鮮研究：Ⅰ政　治・思想』慶應義塾大学出版会、1998年。
『北朝鮮政策動向』ラヂオプレス、月刊。
『北朝鮮の現況』ラヂオプレス、2004年。
ラヂオプレス編『クロノロジーで見る北朝鮮：年表・日誌』RPプリンティング、2004年。
――――『朝鮮民主主義人民共和国組織別人名簿』RPプリンティング、各年版。

■各章を理解する文献

第1章　3代世襲小史
李韓永（浅田修訳）『金正日が愛した女たち：金正男の従兄が明かすロイヤルファミリーの　豪奢な日々』徳間書店、2001年。
五味洋治『父・金正日と私：金正男独占告白』文藝春秋、2012年。
坂井隆・平岩俊司『独裁国家・北朝鮮の実像：核・ミサイル・金正恩体制』朝日新聞出版、　2017年。
徐大粛（古田博司訳）『金日成と金正日：革命神話と主体思想』岩波書店、1996年。
――――（林茂訳）『金日成：思想と政治体制』御茶の水書房、1992年。

成蕙琅（萩原遼訳）『北朝鮮はるかなり：金正日官邸で暮らした20年』文春文庫、2003年。

鄭昌鉉（佐藤久訳）『真実の金正日：元側近が証言する』青灯社、2011年。

黄長燁（萩原遼訳）『金正日への宣戦布告：黄長燁回顧録』文春文庫、2001年。

藤本健二『金正日の料理人：間近で見た権力者の素顔』扶桑社、2003年。

――――『核と女を愛した将軍様：金正日の料理人「最後の極秘メモ」』小学館、2006年。

――――『引き裂かれた約束：全告白・大将同志への伝言』講談社、2012年。

第2章　北朝鮮の政治体制

伊豆見元『北朝鮮で何が起きているのか：金正恩体制の実相』ちくま新書、2013年。

鐸木昌之『北朝鮮 首領制の形成と変容：金日成、金正日から金正恩へ』明石書店、2014年。

玄成日（北朝鮮難民救援基金翻訳チーム訳）『北朝鮮の国家戦略とパワーエリート』高木書房、2016年。

平井久志『なぜ北朝鮮は孤立するのか：金正日 破局へ向かう「先軍体制」』新潮選書、2010年。

――――『北朝鮮の指導体制と後継：金正日から金正恩へ』岩波現代文庫、2011年。

宮本悟『北朝鮮ではなぜ軍事クーデターが起きないのか？：政軍関係論で読み解く軍隊統制と対外軍事支援』潮書房光人社、2013年。

第3章　核・ミサイル開発

井上智太郎『金正恩の核兵器：北朝鮮のミサイル戦略と日本』ちくま新書、2023年。

ジェフ・ホワイト（秋山勝訳）『ラザルス：世界最強の北朝鮮ハッカー・グループ』草思社、2023年。

塚本勝一『北朝鮮・軍と政治』原書房、2000年。

古川勝久『北朝鮮核の資金源：「国連捜査」秘録』新潮社、2017年。

道下徳成『北朝鮮 瀬戸際外交の歴史：1966 ～ 2012年』ミネルヴァ書房、2013年。

第4章　北朝鮮の経済

伊集院敦・日本経済研究センター編著『金正恩時代の北朝鮮経済』文眞堂、2021年。

礒﨑敦仁『北朝鮮と観光：観光で読み解く金正恩政権の実態』毎日新聞出版、2019年。

今村弘子『中国から見た北朝鮮経済事情』朝日新聞社、1999年。

――――『北朝鮮「虚構の経済」』集英社新書、2005年。

木村光彦『北朝鮮の経済：起源・形成・崩壊』創文社、1999年。

月刊イオ編集部編『朝鮮 魅力の旅（改訂版）』朝鮮新報社、2012年。

小牧輝夫・財団法人環日本海経済研究所編『経済から見た北朝鮮：北東アジア経済協力の視点から』明石書店、2010年。

ステファン・ハガード、マーカス・ノーランド（杉原ひろみ・丸本美加訳）『北朝鮮 飢餓の政治経済学』中央公論新社、2009年。

中川雅彦編『朝鮮社会主義経済の現在』アジア経済研究所、2009年。

三村光弘『現代朝鮮経済：挫折と再生への歩み』日本評論社、2017年。

文聖姫『麦酒とテポドン：経済から読み解く北朝鮮』平凡社新書、2018年。

第5章　北朝鮮の社会

朝日新聞アエラ編集部編『北朝鮮からの亡命者：60人の証言』朝日文庫、1997年。

荒巻正行『巨人の箱庭：平壌ワンダーランド』駒草出版、2018年。

アンドレイ・ランコフ（鳥居英晴訳）『民衆の北朝鮮：知られざる日常生活』花伝社、2009
　　年。

石丸次郎責任編集『リムジンガン：北朝鮮内部からの通信』アジアプレス・インターナショ
　　ナル出版部、季刊。

――――編『北朝鮮内部映像・文書資料集：金正恩の新「十大原則」策定・普及と張成沢
　　粛清』アジアプレス・インターナショナル出版部、2014年。

伊藤亜人『北朝鮮人民の生活：脱北者の手記から読み解く実相』弘文堂、2017年。

李学俊（澤田克己訳）『天国の国境を越える：命懸けで脱北者を追い続けた1700日』東洋経
　　済新報社、2013年。

国分隼人『将軍様の鉄道：北朝鮮鉄道事情』新潮社、2007年。

崔銀姫・申相玉（池田菊敏訳）『闇からの谺（上・下巻）』文藝春秋、1989年。

鄭炳浩（金敬黙・徐淑美訳）『人類学者がのぞいた北朝鮮：苦難と微笑の国』青土社、2022
　　年。

西岡省二『「音楽狂」の国：将軍様とそのミュージシャンたち』小学館、2015年。

ノルベルト・フォラツェン（瀬木碧訳）『北朝鮮を知りすぎた医者』草思社、2001年。

門間貴志『朝鮮民主主義人民共和国映画史：建国から現在までの全記録』現代書館、2012
　　年。

第6章　日朝関係

有田芳生『北朝鮮 拉致問題：極秘文書から見える真実』集英社新書、2022年。

石高健次『金正日の拉致指令』朝日新聞社、1996年。

菊池嘉晃『北朝鮮帰国事業：「壮大な拉致」か「追放」か』中公新書、2009年。

――――『北朝鮮帰国事業の研究：冷戦下の「移民的帰還」と日朝・日韓関係』明石書店、
　　2020年。

金賢姫（池田菊敏訳）『いま、女として：金賢姫全告白（上・下巻）』文藝春秋、1994年。

高崎宗司『検証 日朝交渉』平凡社新書、2004年。

萩原遼『北朝鮮に消えた友と私の物語』文藝春秋、2001年。

朴正鎮『日朝冷戦構造の誕生：1945-1965 封印された外交史』平凡社、2012年。

蓮池薫『拉致と決断』新潮社、2015年。

増田剛『日朝極秘交渉：田中均と「ミスターX」』論創社、2023年。

山本栄二『北朝鮮外交回顧録』ちくま新書、2022年。

米村耕一『北朝鮮・絶対秘密文書：体制を脅かす「悪党」たち』新潮新書、2015年。

和田春樹『日朝交渉30年史』ちくま新書、2022年。

第7章　米朝関係

伊藤孝司『朝鮮民主主義人民共和国：米国との対決と核・ミサイル開発の理由』一葉社、
　　2018年。

ケネス・キノネス (伊豆見元監修、山岡邦彦・山口瑞彦訳)『北朝鮮：米国務省担当官の交
　　渉秘録』中央公論新社、2000年。

────『北朝鮮Ⅱ：核の秘密都市寧辺を往く』中央公論新社、2003年。

ジョン・ボルトン (梅原季哉監訳、関根光宏・三宅康雄他訳)『ジョン・ボルトン回顧録：
　　トランプ大統領との453日』朝日新聞出版、2020年。

太永浩 (鐸木昌之監訳、李柳真・黒河星子訳)『三階書記室の暗号：北朝鮮外交秘録』文藝
　　春秋、2019年。

デイヴィッド・ハルバースタム (山田耕介・山田侑平訳)『ザ・コールデスト・ウインター
　　朝鮮戦争 (上・下巻)』文藝春秋、2009年。

ドン・オーバードーファー、ロバート・カーリン (菱木一美訳)『二つのコリア：国際政治
　　の中の朝鮮半島 (第三版)』共同通信社、2015年。

船橋洋一『ザ・ペニンシュラ・クエスチョン：朝鮮半島第二次核危機』朝日新聞社、2006
　　年。

和田春樹『朝鮮戦争全史』岩波書店、2002年。

A・V・トルクノフ (下斗米伸夫・金成浩訳)『朝鮮戦争の謎と真実：金日成、スターリン、
　　毛沢東の機密電報による』草思社、2001年。

第8章　南北関係

林東源 (波佐場清訳)『南北首脳会談への道：林東源回顧録』岩波書店、2008年。

小此木政夫『朝鮮分断の起源：独立と統一の相克』慶應義塾大学出版会、2018年。

金大中 (波佐場清・康宗憲訳)『金大中自伝 (I) 死刑囚から大統領へ：民主化への道』岩波
　　書店、2011年。

────『金大中自伝 (Ⅱ) 歴史を信じて：平和統一への道』岩波書店、2011年。

金錬鐵 (李準憲訳)『冷戦の追憶：南北朝鮮交流秘史』平凡社、2010年。

第9章　北朝鮮と中国・ロシアの関係

五味洋治『中国は北朝鮮を止められるか：中朝愛憎の60年を追う』晩聲社、2010年。

下斗米伸夫『モスクワと金日成：冷戦の中の北朝鮮1945-1961年』岩波書店、2006年。

沈志華 (朱建栄訳)『最後の「天朝」：毛沢東・金日成時代の中国と北朝鮮 (上・下巻)』岩波
　　書店、2016年。

平岩俊司『朝鮮民主主義人民共和国と中華人民共和国：「唇歯の関係」の構造と変容』世織
　　書房、2010年。

参考文献
＊「理解を深めるための文献紹介」にあるものを除く。

【日本語】

アジア経済研究所編『アジア動向年報2010-2019：朝鮮民主主義人民共和国編』日本貿易振興機構アジア経済研究所、2022年。

――――『アジア動向年報 2000-2009：朝鮮民主主義人民共和国編』アジア経済研究所、2023年。

礒﨑敦仁「北朝鮮住民の意識動態：忠誠心の行方」小此木政夫編『韓国における市民意識の動態』慶應義塾大学出版会、2005年。

――――「金正日とイデオロギー：北朝鮮『先軍思想』への道」『慶應の教養学』慶應義塾大学出版会、2008年。

――――「北朝鮮の個人支配体制」『法学研究』第89巻3号、2016年。

――――「北朝鮮：『偉大な首領様』の神格化」根本敬・粕谷祐子編著『アジアの独裁と「建国の父」：英雄像の形成とゆらぎ』彩流社、2024年。

今村弘子編『東アジア分断国家：中台・南北朝鮮の共生は可能か』原書房、2013年。

欧陽善（富坂聰編）『対北朝鮮・中国機密ファイル：来るべき北朝鮮との衝突について』文藝春秋、2007年。

大内憲昭『朝鮮民主主義人民共和国の法制度と社会体制』明石書店、2016年。

大串康夫「在韓米軍問題と韓国の自主国防」『ディフェンス・リサーチ・センター年報（2003年度版）』ディフェンス・リサーチ・センター、2003年。

大澤傑『独裁が揺らぐとき：個人支配体制の比較政治』ミネルヴァ書房、2020年。

――――『「個人化」する権威主義体制』明石書店、2023年。

小倉和夫・康仁徳・日本経済研究センター編著『解剖北朝鮮リスク』日本経済新聞出版、2016年。

小倉紀蔵『北朝鮮とは何か：思想的考察』藤原書店、2015年。

――――編『新聞・テレビが伝えなかった北朝鮮：市民経済と大衆文化が明らかにする真実の姿』角川書店、2012年。

――――・小針進編『韓流ハンドブック』新書館、2007年。

小此木政夫・礒﨑敦仁編著『北朝鮮と人間の安全保障』慶應義塾大学出版会、2009年。

木宮正史『国際政治のなかの韓国現代史』山川出版社、2012年。

――――『ナショナリズムから見た韓国・北朝鮮近現代史』講談社、2018年。

木村幹「第二次世界大戦前における『植民地』言説を巡る一考察」『国際協力論集』28巻2号、2021年。

国連調査委員会（宋允復監訳、市民セクター訳）『日本語訳国連北朝鮮人権報告書』ころから、2016年。

澤田克己『「脱日」する韓国』ユビキタ・スタジオ、2006年。

―――――『韓国「反日」の真相』文春新書、2015年。

―――――「拉致問題、金正日総書記の誤算」毎日新聞外信部編著『世界はいまどう動いているか』岩波ジュニア新書、2003年。

―――――「慎重さ消えた文在寅政権の対外政策：米国との対北連携に見えてきた不安」『外交』vol.52、2018年。

添谷芳秀『入門講義 戦後日本外交史』慶應義塾大学出版会、2019年。

竹内舞子「国連による北朝鮮制裁の有効性：その効果と課題」『国際安全保障』第48巻第2号、2020年。

鄭大均『韓国のイメージ：戦後日本人の隣国観（増補版）』中公新書、2010年。

寺尾五郎『38度線の北』新日本出版社、1959年。

東京大学近代中国史研究会訳『毛澤東思想万歳（上巻）』三一書房、1974年。

中川雅彦編『朝鮮労働党の権力後継』アジア経済研究所、2011年。

中戸祐夫・森類臣編著『北朝鮮の対外関係：多角的な視角とその接近方法』晃洋書房、2022年。

藤井新（平岩俊司・鐸木昌之・坂井隆・礒﨑敦仁編）『北朝鮮の法秩序：その成立と変容』小石川ユニット、2014年。

訪朝記者団編『北朝鮮の記録：訪朝記者団の報告』新読書社、1960年。

松浦正伸『北朝鮮帰国事業の政治：在日朝鮮人大量帰国の要因を探る』明石書店、2022年。

三谷太一郎『日本の近代とは何であったか：問題史的考察』岩波新書、2017年。

室岡鉄夫「日本における北朝鮮研究：20世紀最後の10年間を中心に」『現代韓国朝鮮研究』創刊号、2001年。

文部省『國體の本義（復刻）』呉PASS出版、2015年。

梁文秀『北朝鮮経済論：経済低迷のメカニズム』信山社出版、2000年。

李相哲『金正日秘録：なぜ正恩体制は崩壊しないのか』産経新聞出版、2016年。

「金日成首相会見記」『世界』岩波書店、1972年2月号。

『平壌概観』平壌：外国文出版社、1995年。

『毎日新聞』『朝日新聞』『読売新聞』『日本経済新聞』『産経新聞』『東京新聞』『朝鮮新報』、共同通信、時事通信、NHK、アジアプレス・ネットワーク、The Daily Korea News、『北朝鮮政策動向』『朝鮮民主主義人民共和国月間論調』『防衛白書』

礒﨑敦仁・澤田克己「補講 北朝鮮入門」Wedge ONLINE。

【北朝鮮の文献】

『김일성선집』『김일성저작집』『김일성저작선집』『김일성전집』『김일성전집（증보판）』『김정일선집』『김정일전집』『김정일전집（증보판）』

『조선로동당력사』『조선중앙년감』

『로동신문』『민주조선』，조선중앙통신

【韓国の文献】

김영삼『김영삼대통령회고록 (상)』서울 : 조선일보사, 2001.

김유연・박상민・이혜원외『북한사회변동 2012—2020』서울 : 서울대학교통일평화연구원, 2022.

박경숙「북한의 식량난 및 기근과 인구변동」『통일정책연구』제21권 1호, 2012.

이영훈「탈북자를 통한 북한경제 변화상황 조사」서울 : 금융경제연구원, 2007.

정동준「북한주민의 남한 문화 경험이 통일의식에 미치는 영향 : 2011년부터 2016년까지 북한이탈주민 설문조사를 중심으로」『통일과평화』8집 2호, 2016.

하태경「탈북자 2만명 시대의 정책과제」『CFE Report』서울 : 자유기업원, 2010.

한기범「북한 정책결정과정의 조직행태와 관료정치 : 경제개혁 확대 및 후퇴를 중심으로 (2000~09)」서울 : 경남대학교대학원 박사학위논문, 2009.

허선행・임순희『2009 북한이탈주민 경제활동 동향 : 취업・실업・소득』서울 : 북한인권정 보센터, 2010.

『NARS현안보고소 제105호 한반도통일비용의 쟁점과 과제』서울 : 국회입법조사처, 2010.

『2022 국방백서』국방부, 2022.

『2022 북한 대외무역 동향』서울 : KOTRA, 2023.

『2014 북한이탈주민 실태조사』서울 : 남북하나재단, 2014.

『2022 북한이탈주민 정착실태조사』서울 : 남북하나재단, 2022.

『2022 북한이탈주민 사회통합조사』서울 : 남북하나재단, 2022.

『북한의 주요통계지표 2007』대전 : 통계청, 2007.

『북한의 주요통계지표 2015』대전 : 통계청, 2015.

『2022 북한의 주요통계지표』대전 : 통계청, 2022.

『북한이해 2016』서울 : 통일교육원, 2015.

『북한이해 2023』서울 : 통일연구원, 2023.

『북한지식사전』서울 : 통일교육원, 2021.

『2015 통일의식조사』서울 : 서울대학교통일평화연구원, 2016.

『2022 통일의식조사』서울 : 서울대학교통일평화연구원, 2022.

『朝鮮日報』『中央日報』『東亜日報』『京郷新聞』『民族21』『DailyNK』、聯合뉴스、自由北韓放送、열린北韓放送

【英語】

Central Bureau of Statistics, Institute of Child Nutrition, Democratic People's Republic of Korea, *DPRK 2004 Nutrition Assessment Report of Survey Results*, Geneva: Relief Web, February 2005.

Defence Casualty Analysis System, *U.S. Military Casualties-Korean War Casualty Summary*, As of 16 May 2008.

Edward R. Royce, *Gangster Regime: How North Korea Counterfeits United States*

Currency, Washington DC: United States House of Representatives, 12 March 2007.

InterMedia, *International Broadcasting in North Korea: An Evaluation of Three South Korean Independent Radio Stations*, March to August 2008.

Isozaki Atsuhito, "Characteristics of Kim Jong-un's leadership: analyzing the tone of official North Korean media," *Journal of Contemporary East Asia Studies*, Taylor & Francis, 9 (1), pp.50–64, 2020.

Malcolm Chalmers, "Preparing for War in Korea", *Royal United Services Institute: RUSI Whitehall Report 4–17*, 27 September 2017, https://rusi.org/explore-our-research/publications/whitehall-reports/preparing-war-korea.

Michael J. Zagurek Jr., "A Hypothetical Nuclear Attack on Seoul and Tokyo: The Human Cost of War on the Korean Peninsula", *38North*, 4 October 2017, http://www.38north.org/2017/10/mzagurek100417/.

Nat Kretchun, Jane Kim, *A Quiet Opening: North Koreans in a Changing Media Environment*, Washington DC: Intermedia, May 2012.

National Intelligence Council, *Strategic Implications of Global Health*, December 2008.

Rhoda Margesson, Emma Chanlett-Avery, Andorra Bruno, *North Korean Refugees in China and Human Rights Issues: International Response and U.S. Policy Options*, Washington DC: Congressional Research Service, 26 September 2007.

Roger Cavazos, "Mind the Gap Between Rhetoric and Reality", *NAPSNet Special Reports*, Nautilus Institute, 26 June 2012, https://nautilus.org/napsnet/napsnet-special-reports/mind-the-gap-between-rhetoric-and-reality/.

United Nations Security Council, *Final report of the Panel of Experts submitted pursuant to resolution 2627 (2022)*, 7 March 2023.

U.S. Department of State, *2009 Human Rights Report*, 12 March 2010.

U.S. White House, *The National Security Strategy*, September 2002.

World Health Organization, *World Health Report 2005*, 7 April 2005.

【中国語】

内蒙古自治区司法厅「政策解读──全区民族语言授课学校小学一年级和初中一年级使用国家统编《语文》教材实施方案政策解读」2020年（http://sft.nmg.gov.cn/sfyw/sfxzyw/202011/t20201118_1198205.html、2023年6月15日最終アクセス）。

関連年表

日 付		北朝鮮をめぐる動き	韓国／世界の動き
1912年	4月15日	金日成誕生（父・金亨稷、母・康盤石）	
1942年	2月16日	金正日誕生（父・金日成、母・金正淑）	
1945年	8月15日	**日本の敗戦で朝鮮半島解放**	
	9月19日	金日成が元山に帰還	
	10月10日	朝鮮共産党北部朝鮮分局設置（現在の朝鮮労働党創建記念日）	
	10月14日	平壌でソ連軍歓迎大会（金日成が初めて群衆の面前に登場）	
1946年	8月28日	北朝鮮労働党創立大会（～30日）	
1948年	2月8日	朝鮮人民軍創建	
	8月15日		大韓民国樹立
	9月9日	**朝鮮民主主義人民共和国樹立（金日成が首相に）**	
	10月12日	ソ連と国交樹立	
	12月26日	ソ連軍撤退完了	
1949年	1月1日		米韓国交樹立
	6月30日	南北の労働党が合党し朝鮮労働党に	
	10月1日		中華人民共和国樹立
	10月6日	中国と国交樹立	
1950年	6月25日	**朝鮮戦争**（～1953年7月27日）	
1951年	9月8日		サンフランシスコ講和条約、日米安保条約締結
1954年	4月20日	最高人民会議第1期第7回会議（～23日、人民戦後復旧発展計画3カ年計画1954-56）	
1955年	2月25日	南日外相、対日関係改善呼びかけ	
	12月15日	朴憲永に死刑判決（ソウルを拠点に活動し、後に北朝鮮労働党に合流した共産主義者・南朝鮮労働党派の粛清）	
1956年	2月14日		ソ連共産党第20回大会（～25日、スターリン批判が行われた）
	4月23日	第3回党大会（～29日、人民経済発展5カ年計画1957-61）	
	8月30日	党中央委員会8月全員会議（～31日、8月宗派事件、政変を企図した延安派・ソ連派幹部を除名）	
1958年	10月26日	中国人民志願軍撤退完了	
1959年	1月1日		キューバ革命（社会主義化）
	3月9日	千里馬運動開始	
	12月14日	第1次在日朝鮮人帰国船新潟出発（16日清津着）	
1960年	4月19日		韓国学生革命（李承晩大統領下野）
	9月1日	金正日、金日成総合大学入学	
	12月		**ベトナム戦争始まる**
1961年	5月16日		**韓国で軍事クーデター（朴正熙）**
	7月6日	**ソ朝友好協力相互援助条約**	
	7月11日	**中朝友好協力相互援助条約**	
	7月22日	金正日、朝鮮労働党入党	
	9月11日	第4回党大会（～18日、人民経済発展7カ年計画1961-67）	

日付		北朝鮮をめぐる動き	韓国／世界の動き
1962年	10月		キューバ危機
	12月10日	党中央委員会第4期第5回全員会議（〜14日、四大軍事路線「全軍の幹部化、全軍の現代化、全人民の武装化、全地域の要塞化」を採択）	
1965年	4月14日	金日成、インドネシアのアリ・アルハム社会科学院で講演（**初めて主体思想に言及**、金正日も外遊に同行）	
	6月22日		日韓基本条約調印（日韓国交正常化）
1966年	5月		**中国で文化大革命始まる**
	10月12日	党中央委員会第4期第14回全員会議（党委員長が党中央委総書記に）	
1967年	5月4日	党中央委員会第4期第15回全員会議（〜8日、甲山派粛清、金日成の唯一思想体系確立）	
1968年	1月21日	韓国大統領襲撃未遂事件（大統領官邸「青瓦台」付近への北朝鮮ゲリラ浸透）	
	1月23日	プエブロ号事件（米国情報収集艦拿捕）	
1969年	3月2日		ダマンスキー島事件（中ソ軍事衝突）
	11月		米ソが第1次戦略兵器制限交渉（SALT-I）開始
1970年	3月31日	よど号ハイジャック事件（日本赤軍の犯人が平壌亡命）	
	11月2日	第5回党大会（〜13日、人民経済発展6カ年計画1971-76）	
1971年	9月13日		**林彪事件**（中国でのクーデター未遂）
	10月25日		中国が国連復帰
	11月16日	日朝友好促進議員連盟発足	
1972年	2月21日		**米大統領ニクソン訪中**
	7月4日	**南北共同声明**	
	9月29日		日中国交正常化
	12月25日	最高人民会議第5期第1回会議（〜28日、新憲法採択で主席制導入）	
	12月27日		**韓国維新憲法を発布**（朴正熙の大統領権力強化）
1973年	2月	三大革命小組運動開始（金正日が提唱した青年学生による思想的運動）	
	8月8日		金大中拉致事件（韓国情報機関による東京滞在中の在野指導者拉致事件）
	9月4日	党中央委員会第5期第7回全員会議（〜17日、金正日が政治委員候補、党書記に）	
1974年	2月11日	党中央委員会第5期第8回全員会議（〜13日、**金正日が政治委員に、後継者として内定**）	
	2月19日	金正日「全社会の金日成主義化」を指示	
	3月20日	最高人民会議第5期第3回会議（〜25日、税金制度廃止決定）	
	3月25日	**米国に平和協定締結を提案**	
	4月14日	金正日、党の唯一思想体系確立の10大原則提示	
	8月15日		朴正熙暗殺未遂事件（流れ弾で夫人の陸英修が死亡）
	10月3日	70日戦闘（〜12月29日、金正日が提唱した増産のための大衆動員運動）	
1975年	4月30日		**サイゴン陥落**（南北ベトナム統一へ）

日付	北朝鮮をめぐる動き	韓国／世界の動き
12月1日	三大革命赤い旗獲得運動開始（金正日が提唱した大衆運動）	
1976年　8月18日	板門店ポプラ事件（北朝鮮兵士による米軍将校斬殺）	
9月9日		中国国家主席、毛沢東死去
1977年　8月3日	金日成花制定	
12月15日	最高人民会議第6期第1回会議（〜17日、第2次人民経済発展7カ年計画1978-84）	
1978年　12月18日		**中国共産党第11期中央委員会第3回全体会議（〜22日、中国、改革開放路線へ）**
12月25日	金正日、スローガン「われわれ式に生きてゆこう！」提示	
1979年　10月26日		**韓国大統領、朴正煕暗殺**
12月12日		韓国粛軍クーデター（全斗煥）
1980年　5月18日		韓国光州事件（大規模民主化運動の鎮圧）
9月1日		韓国大統領に全斗煥就任
10月10日	第6回党大会（〜14日、金正日を党政治局常務委員に選出。公式報道に金正日初登場）	
1981年　9月30日		ソウル五輪開催決定
1982年　4月15日	金日成生誕70周年行事（主体思想塔、凱旋門）	
1983年　6月1日	金正日訪中（〜12日、北京、南京、上海）	
10月9日	**ラングーン爆弾テロ事件**（韓国大統領暗殺未遂）	
11月15日	第18富士山丸事件（日本漁船拿捕）	
1984年　9月8日	合営法（合弁法）制定	
1985年　3月11日		**ソ連でゴルバチョフ政権誕生、その後ペレストロイカとグラスノスチ訴える**
9月20日	初の南北離散家族相互訪問	
12月12日	核拡散防止条約（NPT）加入	
1986年　7月15日	金正日「社会政治的生命体論」に関する談話発表	
1987年　1月22日	北朝鮮船ズ・ダン号福井港漂着（2月8日、台湾を経て韓国亡命）	
4月21日	最高人民会議第8期第2回会議（〜23日、第3次7カ年計画1987-93）	
6月29日		韓国民主化宣言（盧泰愚）
9月26日	**対米直接対話呼びかけ**	
11月29日	**大韓航空機爆破事件**（工作員・金賢姫拘束）	
12月16日		民主化以降初の韓国大統領選挙（盧泰愚当選）
1988年　1月12日	ソウル五輪不参加表明	
2月25日		盧泰愚就任
7月7日		盧泰愚が7・7宣言
9月17日		**ソウル五輪**（〜10月2日、アジアでは東京五輪に次いで2番目）
1989年　2月1日		韓国・ハンガリー国交正常化
6月4日		**天安門事件**
7月1日	**第13回世界青年学生祝典**（〜8日）	
11月9日		ベルリンの壁崩壊
12月2日		米ソ首脳会談で冷戦終結を宣言（〜3日）
12月25日		ルーマニアで大統領チャウシェスク処刑

日付	北朝鮮をめぐる動き	韓国／世界の動き
1990年 5月24日	最高人民会議第9期第1回会議（～26日、金正日が国防委員会第1副委員長に）	
9月24日	元自民党副総裁の金丸信と社会党委員長の田辺誠が訪朝（～28日）。三党共同宣言（28日）	
9月30日		ソ韓国交樹立
10月3日		東西ドイツ統一
10月9日	自民党幹事長の小沢一郎と社会党委員長の土井たか子が訪朝（～11日、第18富士山丸船員帰国）	
1991年 1月30日	第1回日朝国交正常化交渉本会談	
7月1日		ワルシャワ条約機構解散
8月24日		ソ連共産党解体宣言
9月17日	南北国連同時加盟	
12月13日	南北基本合意書締結	
12月18日		韓国核不在宣言
12月24日	党中央委員会第6期第19回全員会議（金正日を軍最高司令官に推戴）	
12月25日		ソ連崩壊
12月28日	羅津・先鋒自由経済貿易地帯設置	
1992年 1月20日	南北非核化共同宣言	
1月30日	国際原子力機関（IAEA）と保障措置協定調印	
4月8日	最高人民会議第9期第3回会議（～10日、憲法修正で主席・国防委員長兼務規定削除）	
4月13日	金日成が大元帥に	
4月20日	金正日と人民武力部長、呉振宇が共和国元帥に	
8月24日		中韓国交樹立
11月5日	第8回日朝国交正常化交渉本会談、李恩恵問題で中断	
1993年 2月25日	IAEA特別査察要求を拒否	韓国大統領に金泳三就任
3月8日	軍最高司令官、金正日が準戦時態勢宣布（米韓合同軍事演習チームスピリット93に対応）	
3月12日	NPT脱退宣言	
4月7日	最高人民会議第9期第5回会議（～9日、金正日を国防委員会委員長に推戴）	
6月2日	ニューヨークで初の米朝高官協議	
7月26日	金英柱（金日成実弟）、18年ぶりに登場	
8月9日		細川内閣発足（非自民・非共産連立政権）
12月8日	党中央委員会第6期第21回全員会議（第3次7カ年計画未達成を認める）	
1994年 1月1日	金日成、「新年の辞」で3年間の経済調整期間を設けると表明	
3月19日	南北特使交換のための第8回実務代表接触（ソウル火の海発言）	
6月13日	IAEA即時脱退表明	
6月15日	元米大統領カーター訪朝（～18日、金日成との会談で第1次核危機収束へ）	
6月28日	南北最高首脳会談予備会談	
6月30日		村山内閣発足（自民党・社会党・新党さきがけ連立政権）
7月8日	金日成死去	
10月21日	米朝枠組み合意	

日付		北朝鮮をめぐる動き	韓国／世界の動き
1995年	1月1日	「新年の辞」に代わって『労働新聞』など3紙による新年共同社説を発表（前年を総括し、その年の施政方針を提示）。金正日「タバクソル哨所」訪問（その後、軍視察活発化）	
	3月9日	朝鮮半島エネルギー開発機構（KEDO）発足	
	5月26日	日本にコメ支援要請	
	8月17日	**洪水被害発生を公表**	
1996年	1月1日	新年共同社説で「苦難の行軍」呼びかけ	
	1月19日	朝鮮社会主義労働青年同盟を金日成社会主義青年同盟に改称	
	4月16日		米韓、四者会談提案
	9月18日	江陵浸透事件（北朝鮮特殊潜水艦の韓国沿岸座礁発覚）	
1997年	2月12日	**黄長燁、北京の韓国大使館に亡命申請**	
	3月25日		日本で北朝鮮による拉致被害者家族連絡会結成
	7月8日	喪明け宣言。党中央委員会・党中央軍事委員会・国防委員会・中央人民委員会・政務院が主体年号と太陽節（4月15日）創設の決定書	
	10月8日	金正日が党総書記に就任	
	11月6日	農業担当書記、徐寛熙処刑と共同通信報道	
	11月8日	日本人妻里帰り第1陣（〜15日）	
	12月9日	**米中朝韓四者会談**第1回本会談（〜10日、ジュネーブ）	
1998年	2月25日		**韓国大統領に金大中就任**
	6月5日	北朝鮮赤十字、日本人行方不明者はいないとする調査結果を発表	
	6月16日	現代グループ名誉会長の鄭周永、牛500頭と陸路訪朝	
	6月22日	韓国東海岸に北朝鮮潜水艇侵入	
	8月31日	**テポドン発射**（三陸東方沖の太平洋上に着弾、9月4日、北朝鮮は人工衛星だと発表）	
	9月5日	最高人民会議第10期第1回会議（憲法修正で主席制廃止、金正日が国防委員長に再選）	
	11月18日	金剛山観光開始	
	11月19日	韓国東海岸に北朝鮮潜水艇侵入	
	12月18日	韓国領海侵入の北朝鮮小型潜水艇撃沈	
1999年	3月16日	地下核施設建設疑惑めぐる米朝協議終了	
	6月15日	黄海の延坪島沖で南北艦船銃撃戦	
	6月25日	米国務省、金倉里の核開発疑惑地下施設調査報告を発表。疑惑はシロ	
	9月2日	北方限界線（NLL）の無効を宣言し、新たな海上軍事境界線発表	
	12月3日	村山訪朝団、日朝国交正常化交渉再開で一致	
2000年		イタリア、豪州、フィリピン、英国等と国交	
	2月9日	露朝友好善隣協力条約	
	3月9日	**金大中、冷戦状態の終結を訴え、対北経済協力実施の準備があると演説（ベルリン宣言）**	
	4月4日	第9回日朝国交正常化交渉（〜7日）	
	4月10日	初の南北首脳会談を6月に平壌で開くと発表	
	5月29日	金正日訪中（〜31日）	

日付	北朝鮮をめぐる動き	韓国／世界の動き
6月13日	金大中訪朝（～15日）。平壌で南北首脳会談を開き南北共同宣言に署名	
7月19日	露大統領プーチン訪朝（～20日）。朝露共同宣言	
10月8日	**国防委第1副委員長、趙明禄訪米（～12日）。**12日、米朝共同コミュニケ	
10月13日		金大中へのノーベル平和賞授与発表
10月23日	**米国務長官オルブライト訪朝（～25日）**	
12月28日	米大統領クリントンの訪朝断念	
2001年	オランダ、ベルギー、カナダ、スペイン、ドイツ、ルクセンブルク、ギリシャ、ブラジル、ニュージーランド、クウェート、バーレーン、トルコ等と国交	
1月15日	金正日訪中（～20日）	
1月20日		米大統領にブッシュが就任
5月1日	金正男とみられる男性、成田空港で拘束	
5月2日	EU最高位級代表団訪朝（～3日、ペーション・スウェーデン首相）	
7月26日	金正日訪露（～8月18日）、朝露モスクワ宣言	
9月3日	中国国家主席、江沢民訪朝（～5日）	
9月11日		米国同時多発テロ事件
10月7日		アフガニスタン戦争開始
12月11日		中国、WTO（世界貿易機関）加盟
12月22日	奄美大島沖で国籍不明不審船発見、海上保安庁巡視船と銃撃戦で沈没（後に北朝鮮工作船と判明）	
2002年 1月29日		**ブッシュ、一般教書演説で北朝鮮・イラク・イランを「悪の枢軸」と非難**
4月29日	マスゲーム・芸術公演「アリラン」開幕（以降毎年のように公演）	
5月8日	瀋陽事件（脱北者5人が駐瀋陽日本総領事館に亡命求めて駆け込み）	
6月29日	黄海上で南北艦艇武力衝突	
7月1日	**経済管理改善措置（7・1措置）導入**	
8月20日	金正日訪露（～24日、極東）	
9月12日	新義州特別行政区設置政令	
9月17日	**首相の小泉純一郎が訪朝し、平壌で日朝首脳会談。日朝平壌宣言に署名**	
9月18日	南北鉄道・道路連結のための着工式	
10月3日	日本政府、奄美大島沖で引き揚げた不審船を北朝鮮工作船と断定	
10月15日	日本人拉致被害者5人帰国	
10月16日	**米国務省、10月上旬に訪朝した国務次官補ケリーに北朝鮮が高濃縮ウラン施設建設など認めたと発表（第2次核危機の始まり）**	
10月29日	第12回日朝国交正常化交渉（～30日）	
11月13日	金剛山観光地区設置政令発表	
11月20日	開城工業地区設置政令発表	
2003年 1月10日	核拡散防止条約（NPT）脱退表明	
2月25日		**韓国大統領に盧武鉉就任（太陽政策を平和繁栄政策に改称）**
3月20日		**イラク戦争開始**

日 付	北朝鮮をめぐる動き	韓国／世界の動き
4月23日	**核問題をめぐる米朝中3カ国協議**（〜25日、北京）。**核兵器保有を米国に非公式に通告**	
5月1日	人民生活公債販売開始	
6月30日	開城工業団地着工式	
8月27日	**第1回6カ国協議**（〜29日、北京）	
10月		中国が東北地方の開発を本格化
12月19日		リビアが核兵器開発計画の放棄を表明
2004年 2月25日	第2回6カ国協議（〜28日、作業部会新設で合意）	
4月19日	金正日訪中（〜21日）	
4月22日	平安北道龍川郡の龍川駅で列車爆発事故、死傷者約1400人（朝鮮新報）	
5月22日	小泉が再び訪朝し、平壌で**日朝首脳会談**。2002年に帰国していた拉致被害者、蓮池夫妻と地村夫妻の子供5人が首相とともに帰国	
5月24日	高容姫（金正日夫人）、パリで死去	
10月18日	米国、北朝鮮人権法発効	
11月9日	日朝実務者協議（〜14日、平壌、横田めぐみさんのものとされる「遺骨」提示）	
2005年 2月10日	**6カ国協議参加無期限中断の外務省声明、「自衛のために核兵器をつくった」と公式に宣言**	
5月11日	寧辺の原子力発電所から8000本の使用済み燃料棒を取り出す作業を終えたと発表	
8月24日	金正日の先軍革命領導開始が1960年8月25日だったことが明らかに	
9月13日	第4回6カ国協議第2ラウンド（〜19日、核計画放棄とNPT早期復帰を盛り込んだ共同声明採択）	
9月15日	米国、北朝鮮のからむマネーロンダリングなどでマカオの銀行バンコ・デルタ・アジア（BDA）に対する金融制裁を発動	
10月28日	中国国家主席、胡錦濤訪朝（〜30日）	
11月23日	KEDO事業終了決定	
2006年 1月10日	金正日訪中（〜18日）	
6月16日	「拉致問題その他北朝鮮当局による人権侵害問題への対処に関する法律」（日本版北朝鮮人権法）成立	
10月9日	**初の核実験に成功と発表**	
2007年 1月16日	米朝ベルリン接触（〜18日、6カ国協議再開で一致）	
2月8日	第5回6カ国協議第3セッション（〜13日、共同声明履行への初期段階措置について合意文書採択、核施設閉鎖の見返りに重油提供、無能力化でエネルギー・人道支援提供を確認）	
3月19日	**米国、BDAに対する金融制裁解除**	
6月2日	青森県深浦港に脱北者4人が乗った船漂着	
10月2日	**盧武鉉訪朝**（〜4日）。平壌で**南北首脳会談**	
12月5日	韓国人を主対象とした開城観光開始	
2008年 2月25日		韓国大統領に李明博就任（北朝鮮の核放棄を経済協力の前提とする演説）
2月26日	ニューヨークフィル平壌公演	
6月26日	「全ての核計画」申告書を中国に提出	

日付		北朝鮮をめぐる動き	韓国／世界の動き
	7月11日	金剛山で人民軍兵士による韓国人女性観光客射殺事件（金剛山観光中断へ）	
	8月11日	日朝実務者協議（～12日、瀋陽、拉致問題再調査で合意）	
	8月中旬	**金正日、脳卒中で倒れる**	
	9月9日	建国60周年慶祝労農赤衛隊（民兵）閲兵式欠席で金正日重病説	
	9月		リーマンショック
	10月4日	北朝鮮メディアが、51日ぶりに金正日動静を報道	
	10月11日	**米国、北朝鮮のテロ支援国指定解除**	
	12月15日	平壌で第3世代携帯電話サービス開始発表	
2009年	1月20日		米大統領にオバマが就任
	4月5日	**テポドン2（人工衛星光明星2）発射**	
	4月9日	最高人民会議第12期第1回会議（憲法改正：国防委員長を最高領導者と規定、主体思想に加えて先軍思想も指導的指針に）	
	5月25日	**核実験（2回目）**	
	6月13日	ウラン濃縮作業着手と保有するプルトニウム全量の兵器化を表明	
	8月4日	元米大統領クリントン訪朝（～5日、北朝鮮に拘束された女性記者釈放）	
	9月3日	ウラン濃縮実験成功を表明	
	9月16日		鳩山政権発足（民主党・社民党・国民新党の連立政権）
	11月30日	**貨幣交換措置（デノミ）**	
2010年	1月4日	羅先市（旧羅津・先鋒市）を特別市に	
	3月26日	**韓国哨戒艦「天安」号沈没事件（5月20日、北朝鮮による魚雷攻撃との韓国側調査結果発表）**	
	5月3日	金正日訪中（～7日）	
	5月24日		韓国が沈没事件で制裁（5・24措置）
	6月7日	**最高人民会議第12期第3回会議（金正日の妹婿・張成沢が国防委副委員長に）**	
	8月26日	金正日訪中（～30日）	
	9月27日	金正恩が大将に（28日公表）	
	9月28日	第3回党代表者会（金正恩が中央委員に）、党中央委員会2010年9月全員会議（金正恩が中央軍事委副委員長に）	
	11月23日	**延坪島砲撃事件**	
2011年	5月20日	金正日訪中（～26日）	
	8月20日	金正日訪露（～25日）	
	8月23日		リビアのカダフィ政権崩壊
	8月25日	金正日、訪露の帰途に訪中（～27日）	
	10月20日		カダフィが殺害される
	12月17日	**金正日死去**	
	12月19日	金正日死去を発表。北朝鮮メディアは金正恩を「領導者」と呼び始める	
	12月30日	**金正恩が軍最高司令官就任**	
2012年	1月1日	新年共同社説で「先軍政治」踏襲を強調	
	1月12日	金正日の誕生日（2月16日）を「光明星節」に	
	2月14日	金正日に共和国大元帥の称号授与。初の金正日銅像除幕	

日付	北朝鮮をめぐる動き	韓国／世界の動き
2月29日	北朝鮮のウラン濃縮や長距離弾道ミサイル発射の一時停止を盛り込んだ米朝合意を発表	
4月11日	**第4回党代表者会（金正恩が党第1書記に。金正日は「永遠の総書記」に）**	
4月13日	「人工衛星打ち上げ」に失敗し、公表	
	最高人民会議第12期第5回会議（金正恩が国防委員会第1委員長に。金正日は「永遠の国防委員長」に）	
7月6日	牡丹峰楽団初公演	
7月15日	李英鎬軍総参謀長、全ての役職から解任	
7月17日	金正恩に共和国元帥の称号授与	
11月15日		中国共産党総書記に習近平が就任
12月12日	「人工衛星打ち上げに成功」と発表。衛星軌道に物体を投入	
2013年 2月12日	**核実験（3回目）**	
2月25日		韓国大統領に朴槿恵就任
3月5日	朝鮮戦争休戦協定白紙化宣言	
3月7日	北朝鮮外務省、核による先制攻撃の権利に言及した声明発表	
3月14日		習近平が中国国家主席に就任
3月31日	**党中央委員会全員会議、経済建設と核武力開発の「並進路線」を戦略的路線として採択**	
4月2日	北朝鮮が寧辺の黒鉛減速炉再稼働表明	
4月3日	北朝鮮が開城工業団地への韓国側関係者の入境禁止（5月3日撤収終了）	
5月14日	内閣官房参与、飯島勲が訪朝（〜17日）	
5月22日	朝鮮人民軍総政治局長の崔龍海が訪中（〜24日）。24日に習近平と会談	
5月29日	経済開発区法を制定	
6月27日		朴槿恵、米国に続く2カ国目の外遊として訪中
7月25日	朝鮮戦争休戦60年記念行事で中国国家副主席の李源潮が訪朝（〜28日）	
9月16日	開城工業団地が再稼働	
12月12日	**張成沢に国家安全保衛部特別軍事法廷で死刑判決。即日執行**	
2014年 3月10日	拉致被害者、横田めぐみの娘と両親がモンゴルで面会（〜14日）	
5月29日	**拉致問題再調査などのストックホルム合意**	
7月3日		習近平が北朝鮮より先に韓国を訪問（〜4日）
7月4日	ストックホルム合意に基づき、北朝鮮が特別調査委員会を設置。日本は独自制裁を一部解除	
10月4日	軍総政治局長の黄炳瑞らがアジア大会閉会式出席のため訪韓、統一相の柳吉在らと会談	
12月19日	FBI、ソニー米映画子会社へのサイバー攻撃を北朝鮮の犯行と断定	
2015年 1月1日	金正恩が「新年の辞」で韓国に対話呼びかけ	
1月10日	朝鮮中央通信、米韓演習中止なら核実験を中止する用意があると米国に提案したと報道	
5月9日	朝鮮中央通信、潜水艦発射弾道ミサイル（SLBM）発射実験に成功と報道	

日付		北朝鮮をめぐる動き	韓国／世界の動き
	7月14日		イラン核問題で欧米など6カ国とイランが最終合意
	7月20日		キューバが米国と国交正常化
	8月15日	「平壌時間」開始（日本より30分遅れの時差、2018年5月に廃止）	
	8月21日	金正恩が前線地帯に準戦時態勢宣布（22年ぶり）	
	9月2日		朴槿恵訪中（～4日）。習近平、プーチンと天安門広場で抗日戦争勝利70周年の閲兵式に参加（3日）
	10月9日	党創建70周年で中国共産党政治局常務委員の劉雲山が訪朝（～12日）	
2016年	1月6日	**核実験（4回目）。北朝鮮は「初の水爆実験に成功」と発表**	
	2月7日	「人工衛星打ち上げ」。日米韓は「テポドン2改良型の発射」と判断	
	2月10日	日本が独自制裁を強化。韓国は開城工業団地「全面中断」を発表	
	2月12日	北朝鮮、ストックホルム合意に基づく「特別調査委員会」解体を表明	
	3月15日	朝鮮中央通信、「大気圏再突入模擬実験」成功と報道	
	5月6日	第7回朝鮮労働党大会（～9日、金正恩が党委員長に）	
	5月31日	党副委員長の李洙墉が訪中（～6月2日）、習近平と会談（1日）	
	6月29日	**最高人民会議第13期第4回会議（金正恩が国務委員長に）**	
	9月9日	**核実験（5回目）**	
2017年	1月21日		米大統領にトランプが就任
	2月13日	**金正男暗殺事件**	
	3月10日		韓国で朴槿恵罷免
	5月10日		韓国大統領に文在寅が就任
	5月中旬～		約150カ国で身代金要求型ウイルス「ワナクライ」によるサイバー攻撃確認
	7月4日	初のICBM「火星14型」発射	
	8月29日	北海道上空を通過させて「火星12型」発射	
	9月3日	**核実験（6回目）**	
	11月20日		米、北朝鮮をテロ支援国に再指定
	11月29日	**新型のICBM「火星15型」発射し、政府声明で「国家核武力完成」宣言**	
	12月19日		米政府、「ワナクライ」事件は北朝鮮によるものと断定
2018年	1月1日	金正恩、平昌冬季五輪への参加表明	
	2月9日	金与正訪韓（～11日）。文在寅とソウルで会談　平昌冬季五輪開幕、南北が合同入場行進	
	3月5日	韓国の特使訪朝。平壌で金正恩と会談	
	3月6日	韓国、4月末の南北首脳会談開催を発表	
	3月8日	トランプ、米朝首脳会談に応じる意向表明	
	3月25日	**金正恩、初の外遊として訪中（～28日）。北京で習近平と中朝首脳会談**	
	4月1日	米中央情報局（CIA）長官ポンペオが秘密訪朝。平壌で金正恩と会談	

日付	北朝鮮をめぐる動き	韓国／世界の動き
4月20日	党中央委員会第7期第3回全員会議。核実験とICBM発射実験の中止（モラトリアム）、核実験場の廃棄を決定。金正恩が並進路線の「勝利」を宣言し、経済建設に集中する新路線提示	
4月27日	**板門店で南北首脳会談。板門店宣言に署名**	
5月5日	平壌時間を廃止	
5月7日	金正恩訪中（〜8日）。大連で中朝首脳会談	
5月9日	4月末に国務長官となったポンペオが再訪朝。平壌で金正恩と会談。金正恩、拘束中の米国人3人を特赦で解放	
5月24日	豊渓里核実験場の坑道爆破	
5月26日	**板門店で南北首脳会談**	
6月1日	板門店で南北閣僚級会談。開城工業団地への共同連絡事務所設置に合意	
6月12日	**初の米朝首脳会談（シンガポール）。金正恩とトランプが共同声明に署名**	
6月19日	金正恩訪中（〜20日）。北京で中朝首脳会談	米韓、8月の合同軍事演習中止を発表
7月1日		日本外務省が対北朝鮮外交専門の北東アジア第2課新設
7月5日		首相、安倍晋三がトランプとの会談後、拉致問題解決のための日朝首脳会談に意欲表明
7月6日	ポンペオ訪朝（〜7日）。朝鮮労働党副委員長の金英哲と高官級協議	
7月15日	板門店で米朝が将官級実務協議。朝鮮戦争中不明の米兵遺骨の捜索再開で合意	
9月14日	南北共同連絡事務所（北朝鮮・開城）を開設	
9月18日	**文在寅訪朝（〜20日）。平壌で南北首脳会談を開き、9月平壌共同宣言に署名。南北国防相が軍事合意書署名（19日）**	
9月26日		3年ぶり日朝外相会談（国連本部）
10月7日	ポンペオ訪朝。平壌で金正恩と会談	
10月19日		米韓、12月の合同防空演習を中止
12月26日	南北間の鉄道・道路連結着工式	
2019年 1月7日	金正恩訪中（〜10日）。北京で中朝首脳会談	
2月27日	**第2回米朝首脳会談（ハノイ、〜28日）**	
3月1日	金正恩がベトナム公式親善訪問（〜2日）。ベトナム国家主席グエン・フー・チョンと会談	
3月10日	最高人民会議第14期代議員選挙。金正恩は当選者に含まれず	
4月11日	最高人民会議第14期第1回会議（〜12日）。金正恩が施政演説で「年末まで米国の勇断を待つ」。憲法を改正し、金正恩が再任された国務委員長について「国家を代表」と規定。金正恩の名前を存命の指導者として憲法に初めて明記	
4月24日	金正恩訪露（〜28日）。ウラジオストクで露大統領プーチンと会談（25日）	
5月1日	安倍、『産経新聞』とのインタビューで日朝首脳会談の無条件開催を目指すと表明	
6月20日	習近平訪朝（〜21日）。中国国家主席の訪朝は14年ぶり。平壌で金正恩と会談	
6月30日	板門店で米朝首脳が会談（北朝鮮は「対面」と表現）。文在寅も一部同席	

日付		北朝鮮をめぐる動き	韓国／世界の動き
	8月29日	最高人民会議第14期第2回会議。憲法を改正し、国務委員長の法的地位や権限を強化	
	12月16日		中露、対北制裁一部停止の決議案を安保理に提出
	12月28日	党中央委員会第7期第5回全員会議（〜31日）。**金正恩が「自力更生」による「正面突破戦」を提示**	
2020年	1月31日	新型コロナウイルス対策で中国との国際列車運行停止	
	2月3日	ロシアとの国際列車運行停止	
	3月22日	金与正が談話で、金正恩がトランプから防疫協力を申し出る親書を受け取ったと公開	
	6月16日	北朝鮮、南北共同連絡事務所を爆破	
	9月24日	韓国国防部、黄海を漂流の韓国人を北朝鮮軍が海上で射殺と発表	
	10月3日	金正恩、トランプにコロナ克服祈る見舞い電報	
	12月14日	韓国国会、対北ビラ散布禁止法案を可決	
2021年	1月5日	**第8回党大会（〜12日）。金正恩が党総書記に。**金正恩、演説で米国を「最大の主敵」。9月の朝鮮中央通信報道で「国防科学発展および兵器システム開発5カ年計画」が提示されていたと判明	
	1月20日		米大統領にバイデンが就任
2022年	1月30日	中距離弾道ミサイル「火星12型」発射。中距離以上の発射は2018年以降初めて	
	2月24日		ロシアがウクライナに侵攻
	3月24日	新型ICBM「火星17型」発射	
	5月10日		韓国大統領に尹錫悦が就任
	5月12日	**党第8期第8回政治局会議。新型コロナ患者確認を初めて公表**	
	5月26日		中露、国連安保理で対北追加制裁決議案に拒否権行使
	9月7日	最高人民会議第14期第7回会議（〜8日）。核の先制使用含む核ドクトリン採択	
	11月3日	ICBM「火星17型」と推定されるミサイルを発射し、失敗	
	11月18日	ICBM「火星17型」発射	
2023年	2月18日	ICBM「火星15型」発射	
	3月16日	ICBM「火星17型」発射	
	3月24日、4月8日	「核無人水中攻撃艇」の実験をしたと報道	
	4月14日	固体燃料型のICBM「火星18型」の初の発射実験に成功と報道（発射は13日）	
	5月31日	偵察衛星の打ち上げ失敗	
	7月12日	ICBM「火星18型」発射。過去最長の74分間飛行	
	7月27日	「祖国解放戦争勝利（朝鮮戦争休戦）」70周年で閲兵式。ロシア国防相セルゲイ・ショイグと中国全人代副委員長の李鴻忠が参加	
	8月24日	偵察衛星の打ち上げ失敗	
	9月12日	**金正恩訪露（〜18日）。極東アムール州のボストーチヌイ宇宙基地でプーチンと会談（13日）**	
	11月21日	**偵察衛星を打ち上げ、地球周回軌道に投入**	

日付	北朝鮮をめぐる動き	韓国／世界の動き
12月3日	朝鮮中央通信、偵察衛星運用室が2日に任務を始めたと報道	
12月18日	ICBM「火星18型」発射	
2024年　1月5日	金正恩、「日本国総理大臣 岸田文雄閣下」宛に令和6年能登半島地震の見舞い電	

（注）より詳しい年表を知りたい場合には、平岩俊司「北朝鮮関連年表」小此木政夫編著『北朝鮮ハンドブック』およびラヂオプレス発行の『北朝鮮の現況2004』を参照のこと。また、ラヂオプレスが月刊で発行している『北朝鮮政策動向』には詳しい日誌が掲載されている。

320

索　引

【著者紹介】
礒﨑敦仁（いそざき　あつひと）
慶應義塾大学教授。1975年東京都生まれ。慶應義塾大学商学部中退。在学中、上海師範大学で中国語を学ぶ。慶應義塾大学大学院修士課程修了後、ソウル大学大学院博士課程に留学。在中国日本国大使館専門調査員、外務省専門分析員、警察大学校専門講師、ジョージワシントン大学客員研究員、ウッドロウ・ウィルソンセンター客員研究員を歴任。著書に『北朝鮮と観光』（毎日新聞出版）、共編に『北朝鮮と人間の安全保障』（慶應義塾大学出版会）など。

澤田克己（さわだ　かつみ）
毎日新聞論説委員。1967年埼玉県生まれ。慶應義塾大学法学部卒業。在学中、韓国・延世大学で韓国語を学ぶ。1991年毎日新聞社入社。ソウル特派員、ジュネーブ特派員、外信部長などを経て2020年から現職。著書に『「脱日」する韓国』（ユビキタ・スタジオ）、『韓国「反日」の真相』（文春新書、アジア・太平洋賞特別賞）、『反日韓国という幻想』（毎日新聞出版）など、訳書に『天国の国境を越える』『犠牲者意識ナショナリズム』（共に東洋経済新報社）。

最新版 北朝鮮入門
金正恩時代の政治・経済・社会・国際関係

2024年4月2日発行

著　者——礒﨑敦仁／澤田克己
発行者——田北浩章
発行所——東洋経済新報社
　　　　　〒103-8345　東京都中央区日本橋本石町1-2-1
　　　　　電話＝東洋経済コールセンター　03(6386)1040
　　　　　https://toyokeizai.net/

装　丁…………竹内雄二
ＤＴＰ…………アイランドコレクション
印刷・製本……丸井工文社
編集担当………水野一誠